VIA CLAUDIA

Schriften des Freilichtmuseums des Bezirks Oberbayern
an der Glentleiten, Nr. 24
Bezirk Oberbayern

Begleitband zur gleichnamigen Ausstellung im Freilichtmuseum
Glentleiten vom 1. April 2000 bis zum 1. November 2001

Impressum

Herausgeber: Hans-Dirk Joosten und Christoph Kürzeder
im Auftrag des Bezirks Oberbayern
Redaktion: Hans-Dirk Joosten, Christoph Kürzeder,
Kathrin Lindauer
Gestaltung: Ute Dissmann Grafikdesign, München
Satz: Rupert Graf zu Stolberg
Korrektur: Dagmar Biechele
Druck: GWE - Graphische Werkstatt Eichenlaub,
München
Copyright: Freilichtmuseum des Bezirks Oberbayern,
Großweil, www.glentleiten.de

ISBN: 3 - 924842 - 25 - 6
Großweil 2000

Die Deutsche Bibliothek - CIP-Einheitsaufnahme

Via Claudia - Stationen einer Straße : 2000 Jahre unterwegs zwischen Zirl und Partenkirchen ; [Begleitband zur gleichnamigen Ausstellung im Freilichtmuseum Glentleiten vom 1. April 2000 bis zum 1. November 2001] / hrsg. von Hans-Dirk Joosten und Christoph Kürzeder. [Im Auftr. des Bezirks Oberbayern]. - Großweil : Freilichtmuseum des Bezirks Oberbayern, 2000
(Schriften des Freilichtmuseums des Bezirks Oberbayern ; Nr. 24)
ISBN 3-924842-25-6

VIA CLAUDIA
Stationen einer Straße

2000 Jahre unterwegs zwischen Zirl und Partenkirchen

Herausgegeben von
Hans-Dirk Joosten und Christoph Kürzeder

Großweil 2000

Inhalt

- 7 Vorwort
  Helmut Keim
- 9 Einleitung
  Hans-Dirk Joosten
- 15 Die Via Claudia Augusta in römischer Zeit
  Martin Ott
- 27 Zum Handel über den Scharnitzpaß in Mittelalter und früher Neuzeit
  Andreas Otto Weber
- 55 „Zur Post" in Partenkirchen. Ein Gasthof seit mehr als 500 Jahren
  Josef Ostler
- 73 Das Rottwesen in der Grafschaft Werdenfels
  Peter Schwarz
- 89 Der Ausbau der Fernstraße zwischen Partenkirchen und Mittenwald zu einer Chaussee
  Andrea Heinzeller
- 103 Die Via Claudia als „via triumphalis". Kaiser, Könige und Kurfürsten auf der Durchreise
  Karl Gattinger
- 117 „Zu ewigen Zeiten ein Pilgram- oder Bruderhaus". Das Mittenwalder Pilgerhaus und die christliche „hospitalitas"
  Christoph Kürzeder
- 133 Abseits der Straße – „allerlei haillos und liederliches Gesindel"
  Alexa Gattinger
- 151 „Pestilenzische Sucht unnd andere Haimsuchungen". Der Schwarze Tod auf Reisen
  Karl Berger
- 167 Der Verlauf der Rottstraße durch die Grafschaft Werdenfels
  Peter Schwarz
- 173 Von der Porta Claudia zur Edi-Linser-Kurve
  Renate Erhart, Claudia Gombocz und Doris Hillebrand
- 183 Bildnachweis

Vorwort

Ein Freilichtmuseum kann mit seinen originalen Gebäuden, deren Einrichtung und mit begleitenden Informationen den Besuchern zwar Einblicke in Alltagskultur und Lebensbewältigung vergangener Zeiten bieten, ist dabei aber stets an einen regional und sozial begrenzten Rahmen gebunden.

Beim Freilichtmuseum Glentleiten ist das Einzugsgebiet auf Oberbayern beschränkt; aber auch im gesellschaftlich-sozialen Bereich sind unsere Möglichkeiten für Darstellung und Vermittlung begrenzt; die Gebäude und ihre Ausstattung können meist nur für den mehr oder weniger »seßhaften« Teil der Bevölkerung sprechen. Dagegen bieten Ausstellungen und Publikationen die Möglichkeit, über solche Grenzen hinauszugreifen und größere geografische und sozialgeschichtliche Zusammenhänge zu beleuchten.

Für die Millennium-Ausstellung an der Glentleiten wurde aus diesem Grunde das Thema »Straße« gewählt – am Beispiel der Strecke zwischen Zirl und Partenkirchen, Teil des bereits unter Kaiser Claudius ausgebauten Straßennetzes, welches das antike Rom mit seiner Provinz Raetien verband. Aus dieser, früher wie heute bedeutenden Nord-Süd-Verbindung lassen sich Stationen herausgreifen, die die Lebensumstände derer beleuchten, die unterwegs waren, der Reisenden jeglicher Art. Für unsere heutige, mobile Gesellschaft ist es kaum vorstellbar, was es früher bedeutete, unterwegs zu sein, welchen Unwägbarkeiten, Gefahren, Krankheiten der Reisende ausgesetzt war.

Bei der Spurensuche zu diesem Thema stieß unser Team auf wenig erforschte und kaum publizierte Bereiche der gemeinsamen Geschichte von Tirol und Bayern. Dementsprechend bot sich eine grenzüberschreitende Zusammenarbeit an – mit dem Museum Tiroler Bauernhöfe in Kramsach sowie mit Studenten der Volkskunde an der Universität Innsbruck. Diese Kooperation wurde maßgeblich unterstützt aus Mitteln der »EU-Gemeinschaftsinitiative Interreg II zur Förderung grenzüberschreitender Zusammenarbeit im bayerisch-österreichischen Grenzraum«. Die Ausstellung läuft außerdem im Rahmen des Kulturprojekts »Grenzenlos – Erbe und Auftrag einer kulturgeprägten Region« der EUREGIO Zugspitze, Wetterstein, Karwendel.

Gleichzeitig steht die Ausstellung »Via Claudia – Stationen einer Straße« im Freilichtmuseum Glentleiten in einem größeren thematischen Zusammenhang von »Mobilität«. So zeigte die Ausstellung »Ziemer zu vermithen« Aspekte des Fremdenverkehrs in Oberbayern. 2003 werden wir eine Ausstellung zum Thema »Fremde auf dem Lande« präsentieren.

An dieser Stelle danken wir unseren Autorinnen und Autoren, die seit 1999 mit den Recherchen zu dieser Ausstellung betraut waren. Ein besonderer Dank gilt – stellvertretend für alle Personen und Institutionen, die uns bei den Vorbereitungen unterstützt haben – Herrn Andreas Baumann und dem Werdenfelser Museum in Partenkirchen.

Ebenso möche ich Herrn Dr. Hans-Dirk Joosten, Volkskundler am Freilichtmuseum Glentleiten, sowie dem freien Mitarbeiter, Herrn Christoph Kürzeder, ebenfalls Volkskundler und Assistent am Institut für Pastoraltheologie an der Universität München danken, in deren Händen die Organisation und Durchführung der Ausstellung sowie die Herausgabe dieser Publikation lagen.

Die Ausstellung lädt den Besucher zu einer Wanderung durch Zeit und Raum ein, der vorliegende Begleitband bietet darüberhinaus die Möglichkeit, einzelne Themenbereiche zu vertiefen; ich wünsche beiden, Ausstellung und Publikation, ein großes Interesse des Publikums.

Dr. Helmut Keim
Museumsdirektor

Großweil im März 2000

Hans-Dirk Joosten

Stationen einer Straße – Via Claudia

»Via Claudia? – Ja, die kenne ich. Da bin ich mal entlanggeradelt.[1] Die ist doch zwischen Donauwörth und Füssen.« Stimmt. Aber spätestens nach dem Fund und der dendrochronologischen Datierung eines römischen Prügelweges durch das Moos bei Farchant wissen wir, daß auch die Strecke über den Brennerpaß, den Zirlerberg und den Seefelder Sattel zur Regierungszeit des Kaisers Claudius im Jahr 43 n. Chr. ausgebaut wurde: *Der Ausdruck Via Claudia Augusta bezeichnet also unseres Erachtens die direkte Verbindung von Oberitalien nach Raetien, gleichgültig, ob auf der Reschen- oder Brennerroute.*[2] Da man an der Brennerstrecke jedoch keinen Meilenstein des Claudius gefunden hatte, bürgerte sich der Name nur zögerlich ein. Eine Namensgebung mit Bezug auf andere am Weg gefundene Steine, die etwa aus den Regierungszeiten des Septimius Severus und des Julian Apostata stammen, hat sich nicht durchgesetzt. In einigen Publikationen sowie auf einem Hinweisschild an dem Geleiseweg bei Klais findet man den Namen Via Raetia, der aber in der wissenschaftlichen Literatur nicht weiter vorkommt. Die Straße braucht aber einen Namen, und so ist es naheliegend, sie nach dem Kaiser zu benennen, der sie zu einer Straße gemacht hat.

Kaiser Claudius. In seiner Regierungszeit (41–54 n.Chr.) wurde das Thema des vorliegenden Bandes geschaffen.

Irgendwie ist der Name *Via Claudia* auch naheliegend. Daß er eine gewisse Attraktivität hat – Via Severa klingt zu streng und Via Apostata irgendwie merkwürdig – sei dabei nur am Rande erwähnt. Interessanter ist schon die Tatsache, daß eines der prägenden Bauwerke an der Straße den Namen *Porta Claudia* trägt. Es sei zugegeben, daß wir, das heißt die Arbeitsgruppe zur Ausstellung, zunächst vermuteten, daß auch hier Kaiser Claudius Namenspate war. Daß die Festung frühneuzeitlich und nicht römisch war, störte uns zunächst nicht. Erkenntnisse

betreffend der Rezeption römischer Geschichte im Mittelalter ließen eine an der Klassik orientierte Namensprägung durchaus plausibel erscheinen. Wir befanden uns mit dieser Annahme in guter Gesellschaft; 1796 schreibt Adrian von Riedl in seinem Reiseatlas von Baiern über Scharnitz: *Der Ort war schon zu Römerszeiten, und nannte sich Porta Claudia.*[3] Wir wissen heute, daß die Sperrfeste 1633 auf Veranlassung der Erzherzogin Claudia von Medici gebaut und auch nach dieser benannt wurde – oder zog man damals schon die gedankliche Verbindung zu dem römischen Kaiser? Nicht genug der Zufälle: es befinden sich an der Straße eine Pension Claudia in Mittenwald und eine Pizzeria Claudia in Zirl. Aber daß auch noch eine der Autorinnen dieses Buches Claudia heißt, ist dann wohl doch zu weit hergeholt...
Ungeachtet des Haupttitels beschäftigen sich die Ausstellung und der Begleitband nicht ausschließlich mit der Römerzeit. In den Anfängen der Planung gab es noch die Idee, ein beliebiges Datum – beispielsweise den 15.02.1836 – zu nehmen und eine Reise über den Paß mit all seinen Abenteuern (falls es solche überhaupt gab) und Stationen zu simulieren. Wir kamen von diesem Konzept ab. Der Hauptgrund dafür war nicht allein die Quellenlage – es hätte sicher Probleme bereitet, wirklich Interessantes unter verschiedenen Aspekten und zu einem festgelegten Zeitschnitt zu finden –, sondern auch die Befürchtung, etwas Wichtiges weglassen zu müssen. So hätten wir nicht die Römerzeit darstellen können, nicht die große Zeit der Weintransporte, nicht die Verführungen des Venedighandels, nicht die Eisenbahn und nicht den Tiroler Rennfahrer Otto Mathé. Übriggeblieben wäre die Choleraepidemie in Mittenwald und die Überlegung der Partenkirchner, bedürftigen Reisenden, vor allem den in Scharen durchziehenden Handwerksburschen, ein sogenanntes Marktgeschenk in Form einer kleinen Geldspende zu übergeben, um sie vom Betteln abzuhalten.
Wir haben uns deshalb zu dem zugegeben waghalsigen Unternehmen hinreißen lassen, 2000 Jahre Straßengeschichte anhand spannender Themenschwerpunkte aufzuarbeiten und den Leser auf eine virtuelle Reise durch die Jahrhunderte zu schicken. Er begleitet Handelsreisende, Pilger und Fürsten, aber auch Schmuggler und »Gesindel« auf der beschwerlichen Strecke, deren Ausbau, Unterhaltung und Bewältigung immer wieder eine technische Herausforderung darstellten. Und er erfährt, daß es neben der positiven Seite des Alpenübergangs, als Brücke zwischen den Kulturen, auch eine andere Seite gab: mit den Reisen von Mensch und Vieh wurden Seuchen verbreitet, vor denen man sich schützen mußte.
Das Buch beginnt – wie sollte es auch anders sein – am Anfang. Mit Martin Otts Artikel über die Römer, die die Strecke, die seit der Bronzezeit schon Handelsweg war,[4] zunächst während der Germanienfeld-

Claudia von Medici setzte sich mit der »Porta Claudia« ein Denkmal, Kupferstich von Uldaricus von Ettenhard, um 1648.

züge von Tiberius und Drusus nutzten und später unter Claudius als Straße ausbauten. Besonders in spätrömischer Zeit scheint die Brennerverbindung wichtig gewesen zu sein; so ist sie zum Beispiel in einer sehr frühen Karte aus der Spätantike, der Tabula Peutingeriana, aufgeführt.

Das nächste Kapitel, geschrieben von Andreas Otto Weber, beschäftigt sich mit dem mittelalterlichen Handel, dessen Eckpunkte nicht, wie im Altertum, Rom und Augsburg, sondern Venedig und Augsburg waren. Nicht nur Erlesenes und Exotisches fand seinen Weg nach Norden, sondern auch Lebenswichtiges: So gab es intensive Handelsverbindungen zwischen Südtirol und Werdenfels/Bayern. Von Süden kam der Wein – wer hätte gedacht, daß das bayerischste aller bayerischen Getränke, das Bier, eine neuzeitliche Entwicklung ist –, in der anderen Richtung Getreide, das – heute auch kaum vorstellbar – sogar im Alpenrandgebiet angebaut wurde.

Die Händler und Fuhrleute wollten nicht auf der Straße übernachten. Sie brauchten Unterkünfte. Josef Ostler beschreibt eine solche, den Gasthof zur Post in Partenkirchen. Nicht nur normale Gäste wurden in dem Haus untergebracht; es gab auch Zwangseinweisungen von Militär. Und wenn dieses wieder fort war, fehlte so einiges... Übrigens: das möglicherweise noch am ursprünglichsten erhaltene Wirtshausgebäude an der Strecke ist die Blaue Traube in Scharnitz.

Zur Transportinfrastruktur gehörte auch das Rottwesen, das von Peter Schwarz beschrieben wird. Güter wurden von Fuhrleuten, die eine Konzession für eine Teilstrecke hatten, bis zur nächsten Rottstation gefahren, wo die Ware auf das Fuhrwerk des nächsten Konzessionärs umgeladen wurde.

Das Wichtigste an einer Straße ist die Straße selbst. Die Straßenverhältnisse waren in früheren Zeiten so miserabel, daß sogar Päpste in ihren Kutschen verunfallten.[5] Schlimmer noch: die vielen Löcher und Unebenheiten veranlaßten die Fuhrleute zu lautem Fluchen.[6] Andrea Heinzeller beschreibt, wie man mit dem Bau von Chausseestraßen diesem Übel abzuhelfen versuchte.

Auch andere Motive als den Handel gab es, auf Reisen zu gehen. So erinnert heute noch das Pilgerhospiz in Mittenwald daran, daß unsere

Straße einst von Rompilgern benutzt wurde. Der Aufsatz von Christoph Kürzeder beschäftigt sich mit den Pilgern und der ihnen zur Verfügung stehenden Infrastruktur.

Wurden die Rompilger als eine Art »notwendiges« Übel angesehen, so kann man das von anderem Volk, fahrendem, bettelndem, musizierendem, stehlendem – oder einfach fremdem – nicht behaupten. Alexa Gattinger beschreibt die Zustände auf und abseits der Straße im 18. und 19. Jahrhundert.

Noch weniger gern gesehen – man sah sie erst gar nicht, sondern nur das, was sie anrichteten – waren Krankheitserreger wie die Pest und Cholera, die sich auf Handels- und Verkehrswegen verbreiteten. Karl Berger sucht nach Spuren des Schwarzen Todes.

Was gibt es noch so alles entlang des Weges? Peter Schwarz beschreibt den Werdenfelser Anteil der Strecke und sucht nach Spuren der ehemaligen Rottstraße. Renate Erhart, Claudia Gombocz und Doris Hillebrand beschäftigen sich mit dem Tiroler Abschnitt von Scharnitz bis Zirl. Sie rücken den architektonisch bemerkenswerten Rasthof am Zirlerberg ins rechte Licht und enthüllen, warum die Spitzkehre, in der er liegt, Edi-Linser-Kurve genannt wird.

Edi Linser vor seinem letzten Rennen. Er gewann viermal am Zirlerberg.

Anmerkungen

1. Die ehemalige Via Claudia zwischen Donauwörth und Füssen wurde für die Radtouristik erschlossen. Für die radelnswerte Strecke wurde eine Broschüre erstellt: Radwandern auf den Spuren der Via Claudia Augusta. Entdecken – Geniessen – Sich erholen – über 160 km entlang der Römerstraße von der Donau bis zu den Alpen. Herausgegeben von der LAG Via Claudia Augusta / Via Raetica Bayern. Landsberg am Lech 1998.
2. Siehe dazu LANG, AMEI / SCHULZ, ULRICH / ZANIER, WERNER: Eine frührömische Holz-Kies-Straße im Moos bei Eschenlohe, S. 7. In: Moor – Löwe – Raute – Beiträge zur Geschichte des Landkreises Garmisch-Partenkirchen, Band 6, 1998.
3. RIEDL, ADRIAN VON: Reiseatlas von Bajern. Geographisch-geometrische Darstellung aller bajerischen Haupt- und Landstraßen mit den daranliegenden Ortschaften und Gegenden nebst kurzen Beschreibungen alles dessen, was auf und an einer jeden der gezeichneten Strassen für den Reisenden merkwürdig sein kann. München 1796, S. 10.
4. HOCHHOLDINGER, W. / BRUNNER, W.: Vorrömische Zeit im oberen Isartal und dem umgebenden Alpenraum. In: Mohr – Löwe – Raute – Beiträge zur Geschichte des Landkreises Garmisch-Partenkirchen, Band 6, 1998, S. 11.
5. Der Weg in den Süden. Reisen durch Tirol von Dürer bis Heine. Katalog Landesmuseum Schloß Tirol, 1998, S. 23 (es war Johannes XXIII im Jahr 1413).
6. Siehe dazu den Beitrag von ERHART, RENATE / GOMBOCZ, CLAUDIA / HILLEBRAND, DORIS.

Martin Ott

DIE VIA CLAUDIA AUGUSTA IN RÖMISCHER ZEIT

Via Claudia – das ist der Name einer der »Europastraßen« der römischen Antike. Die Einrichtung und Unterhaltung einer hochentwickelten Verkehrsinfrastruktur mit festen Straßen und Versorgungseinrichtungen ist ein Kennzeichen der römischen Verwaltung im ganzen römischen Reich. Zuerst in Italien, dann rund um das Mittelmeer und in Westeuropa haben die Römer in allen neu eroberten Gebieten mit großem technischen Aufwand Straßen neu eingerichtet oder bestehende Verbindungen ausgebaut.

Angesichts der Nähe zu Italien gerieten Süddeutschland und Österreich erst relativ spät ins Visier der römischen Expansionspolitik. Um 15 v. Chr. führte der römische Feldherr Drusus Truppen von Italien her über die Alpenpässe um Reschen und Brenner. Damit kamen auch Tirol und Südbayern dauerhaft in den Verwaltungsbereich des römischen Reiches. Dabei zählte in Bayern das Gebiet westlich des Inn zur Provinz Raetia, der Rest zur Provinz Noricum. Zur Hauptstadt Raetiens wurde bald Augsburg, das antike »Augusta Vindelicorum«, ausgebaut. Augsburg war so das selbstverständliche Ziel einer römischen Alpenstraße von Italien in den bayerischen Raum.

Der Ausbau dieser Straße ist mit dem Namen des römischen Kaisers Claudius verbunden, der von 41 bis 54 nach Christus herrschte. Claudius hat die bereits seit Drusus bestehende Alpenverbindung ausgebaut; die »Via Claudia Augusta« reichte nunmehr vom Fluß Po in Italien bis an die Donau nahe der Mündung des Lech.[1] Lange Zeit hat man angenommen, daß diese Straße die Alpen zunächst nur auf dem Reschenpaß und dem Fernpaß überquert hat. Die Verbindung über den Brennerpaß und den Zirler Berg und dann Mittenwald und Partenkirchen hielt man – zumindest als vollständig ausgebaute Straße – für eine Neuschöpfung des 2. oder 3. Jahrhunderts nach Christus, für die man den künstlichen Namen *Via Raetia* schuf.[2] Inzwischen kann als gesichert gelten, daß auch die Strecke von Zirl nach Partenkirchen seit Beginn der römischen Herrschaft in Bayern von Bedeutung war. Im Jahr 1996 wurde im Eschenloher Moos eine römische Holz-Kies-Straße neu untersucht und dendrochronologisch auf das Jahr 43 n.Chr. datiert.[3] Dieses Ergebnis legt bereits für die Zeit des Kaisers Claudius ein Verkehrssystem nahe, in dem die Straße von Zirl nach Partenkirchen und nordwärts in das Alpenvorland hinein eine bedeutende Rolle spielt. So läßt sich der Name *Via Claudia Augusta* für das Gesamt-

Römische Münze mit Claudiusportrait, 51–54 n.Chr.

system der Alpenstraßen von Italien über Reschen oder Brenner nach Augsburg anwenden, also auch für den Straßenabschnitt von Zirl nach Partenkirchen.[4]

Der Bau der römischen Fernstraßen wurde zentral gesteuert und oblag den Kaisern. Die Leistung, die die römischen Bauingenieure erbrachten, blieb nach dem Ende des römischen Reiches bis in die Neuzeit hinein unerreicht.

Wann immer das Gelände es erlaubte, führten römische Straßen geradewegs auf das Ziel zu. In unwegsameren Abschnitten, und dazu zählten natürlich gerade die Alpenübergänge, war das nicht möglich. Hier paßten die römischen Ingenieure den Straßenverlauf optimal an die Geländeformen an, errichteten Dämme, um Senken auszugleichen oder steile Anstiege abzuschwächen, und verließen die gerade Richtung, wann immer es vorteilhaft erschien.

Wie eine Römerstraße im Profil aussehen kann, zeigen Untersuchungen aus Königsbrunn nahe Augsburg. Die Straße zeigt sich dort als ein 10 m breites Schotterpaket mit Straßengräben zur Wasseraufnahme an beiden Seiten.[5] Eine glatte Fahrbahndecke aus Steinplatten gab es in Bayern nur selten. Die massive Geleisestrecke bei Klais, auf der die Via Claudia kurz vor Mittenwald einen Hügel erklimmt, ist eine Aus-

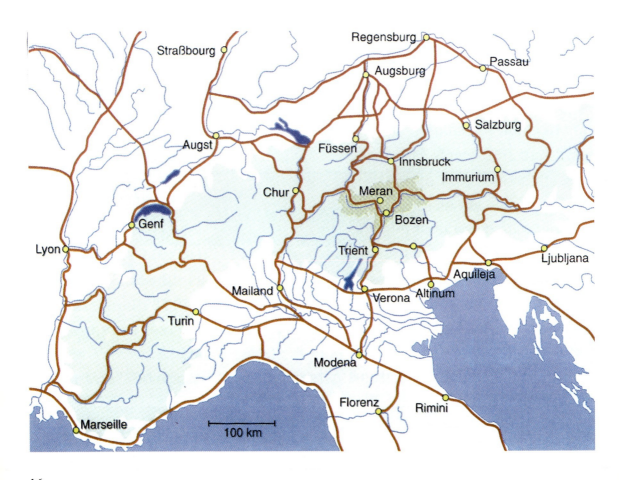

Als eines der wenigen erhaltenen Teilstücke der Römerstraße gilt die Geleisestrecke bei Klais.

nahme: mit letzter Sicherheit ist allerdings nicht zu belegen, daß es sich hier um eine Anlage aus römischer Zeit handelt.⁶

Das Material für den Bau und die Ausbesserung der Schotterstraßen entnahm man, wenn möglich, Materialgruben, die dem Straßenverlauf in unmittelbarer Nähe folgten.⁷

Römische Straßen lassen zuerst an eine militärische Nutzung denken. In der Tat mußten die römischen Heere rasch und zuverlässig jede Provinz erreichen können. In Bayern war das besonders wichtig, als die römische Herrschaft noch am Anfang stand und gefestigt werden mußte, vor allem aber als seit ca. 200 n.Chr. die Nordgrenze Raetiens und des römischen Reiches am Limes und an der Donau immer wieder von germanischen Stämmen überrannt wurde, die dann sengend und brennend in der Provinz umherzogen.⁸ Jetzt wurde es notwendig, Truppen über weite Entfernungen hinweg rasch in gefährdete Regionen zu verlegen und sie dort mit Lebensmitteln zu versorgen; dazu war ein funktionierendes Straßensystem von entscheidender Bedeutung.⁹ Als diese kriegerischen Zeiten anbrachen, ließ Kaiser Septimius Severus mit einigem Aufwand die Brennerstraße von Italien nach Raetien instandsetzen und ausbauen. Das belegen die Meilensteine, die er an dieser Strecke errichten ließ, und auf denen er sich für dieses Unternehmen rühmt. Auch an der Straße von Zirl nach Parten-

Mit Hilfe des dichten Fernstraßennetzes der Römer wurde die Barriere Alpen bereits in der Antike überwunden.

kirchen wurde ein solcher Stein gefunden.[10] Seit dieser Zeit war die Verbindung über den Brenner und den Zirler Berg der wichtigste Reiseweg von Italien in das südliche Bayern.

Aber der Zweck einer solchen Baumaßnahme erschöpfte sich nicht in diesem rein militärischen Aspekt. Für die Verwaltung des Reiches waren funktionierende Kommunikationsstränge zur Übermittlung von Nachrichten und Anweisungen unverzichtbar. Nur so konnte an eine zentrale Steuerung der Reichspolitik von Rom aus und die Kontrolle der peripheren Machtzentren gedacht werden.[11] So waren die römischen Fernstraßen nicht nur zum Transport von Militär und Waren bestimmt, sie hatten auch die kommunikative Funktion einer modernen Telefonleitung. Für öffentliche Belange stand hier der *cursus publicus* zur Verfügung,[12] eine Einrichtung, die heute nicht mehr mit »staatlicher Post« übersetzt werden sollte: Dieser Übersetzung liegt noch der Gedanke an die »Postkutsche« zugrunde, die von Poststation zu Poststation reist, und nicht der Verkehr von Medien im Sinne des modernen Postbetriebes.

Von antiken »Postkutschen« wissen wir nichts, wohl aber von Vorläufern der »Gasthäuser zur Post«: In regelmäßigen Abständen lagen an den Fernverbindungen Straßenstationen, die Übernachtung, Mahlzeit und frische Pferde oder Ochsen bieten konnten, aber nicht unbedingt dem »privaten« Reisenden oder dem Fernhändler, sondern von der Intention her dem berechtigten Mitglied der staatlichen Verwaltung, also dem Boten des Kaisers oder dem Truppenbefehlshaber. Die Straßenanrainer hatten vielfach zur Organisation dieser Einrichtung beizutragen und etwa Reit- und Zugtiere oder Wagen zu stellen.[13]

Römischer Reisewagen, Marmorrelief

Eine römische Fernstraße war eine Einheit aus Straßenlauf und der zugehörigen Infrastruktur, die auf die Straßenstationen fokussiert war.[14] Diese prägen das Bild der Straße in den Vorläufern moderner »Autoatlanten«: Die Römer kannten keine Landkarten im heutigen Sinn, die ihnen auf Reisen den Weg weisen konnten.[15] Sie benutzten Wegbeschreibungen, die ihnen die Routen durch das Imperium wiesen. Diese Itinerare führten den Reisenden weniger von Stadt zu Stadt als von Straßenstation zu Straßenstation, denn diese bestimmten den Wegverlauf zwischen den großen Zentren.

Auch für die Strecke zwischen Zirl und Partenkirchen liegen Wegbeschreibungen vor. Die Straße von Augsburg (hier: *Augusta Vindelicum*) über Partenkirchen, Zirl, Sterzing und Trient nach Verona erscheint im spätantiken Straßenverzeichnis, das unter dem Namen *Itinerarium Antonini* bekannt ist.[16] Die Entfernungen werden in römischen Meilen angegeben: *m.p.* steht für *mille passuum*, tausend Doppelschritte. Damit ist ein Maß von 1480 Metern bezeichnet. Zunächst gibt der Text die Gesamtdistanz von Augsburg nach Verona an:

Item ab Augusta Vindelicum Verona   m.p. CCLXXII
(Nun von Augsburg nach Verona: 272 Meilen)

Dann wird diese Straße in einzelne Strecken aufgeschlüsselt, die wohl Tagesreisen entsprechen sollen; Ausgangspunkt ist Augsburg.

Abuzaco (Epfach)	*m.p. XXXVI*	*(36 röm. Meilen)*
Parthano (Partenkirchen)	*m.p. XXX*	*(30 röm. Meilen)*
Veldidena (Wilten)	*m.p. XXX*	*(30 röm. Meilen)*
Vipiteno (Sterzing/Vipiteno)	*m.p. XXXVI*	*(36 röm. Meilen)*
Sublavione (Klausen/Chiusa)	*m.p. XXXII*	*(32 röm. Meilen)*
Endidae (Neumarkt/Egna)	*m.p. XXIIII*	*(24 röm. Meilen)*
Tridento (Trient)	*m.p. XXIIII*	*(24 röm. Meilen)*
Ad Palatium (Ala)	*m.p. XXIIII*	*(24 röm. Meilen)*
Verona	*m.p. XXXVI*	*(36 röm. Meilen)*[17]

Ebenfalls auf die Spätantike geht die einzige Landkarte des römischen Weltreiches zurück, die Tabula Peutingeriana, die allerdings das Land nicht im modernen Sinne geographisch »richtig« abbildet, sondern stark verzerrt.[18] Die Mittelmeerwelt wird insgesamt auf eine Kartenrolle von nur 34 cm Höhe, aber 6,75 m Länge gezeichnet. Tatsächlich kommt es in dieser »Karte« auch nur auf die Straßenverbindungen und die Stationen an den Straßen an, die hier schematisch wiedergegeben werden, ganz ähnlich einem modernen Verkehrsnetzplan zum Beispiel im öffentlichen Nahverkehr.[19] Die Information, die die Tabula Peutingeriana vermittelt, entspricht ganz der aus einem Itinerar: Hier wird die Straße ebenfalls als eine – allerdings gezeichnete – Liste von Straßenstationen dargestellt.[20]

Die Strecke von Augsburg nach Italien führt auch hier über Partenkirchen, Zirl und den Brenner. Von Parthano – Partenkirchen (auf der Karte steht *Tarteno* – das ist ein Schreibfehler, der vermut-

Das römische Kastell Teriolis (Zirl), Ausschnitt aus der Illustration des Amtsbereiches des Dux Raetiae, Vorlage wohl Anfang 5. Jahrhundert. Abschrift 1551 für Pfalzgraf Ottheinrich angefertigt.

lich auf den mittelalterlichen Kopisten zurückgeht) führt der Weg über Scarbia (Mittenwald oder Scharnitz) und Vetonina (wohl bei Zirl) zum Brenner.[21]

In beiden geographischen Werken wird die Verbindung von Augsburg nach Italien über die Strecke von Partenkirchen nach Zirl und dann den Brenner geführt. Daran zeigt sich die gestiegene Bedeutung dieser Straße gegenüber der Alternativroute über den Fernpaß und den Reschenpaß in der Endphase der römischen Herrschaft in Südbayern.

Von Ochsen mit dem Stirnjoch gezogener Leiterwagen mit zwei aufgebockten Weinfässern, Reliefquader eines römischen Grabmals.

Den größten Teil des Verkehrs auf den römischen Fernstraßen bestritten Transporte von Handels- und Versorgungsgütern. Diese waren größtenteils für die militärischen Einrichtungen an der Nordgrenze des Reiches am Limes bestimmt. Augsburg war als Provinzhauptstadt Mittelpunkt des Handels in Raetien; hier hatten sich spezialisierte Händler niedergelassen.[22]

Den Fernhandel betreiben Kaufmannsgilden, die in den größeren Städten – auch in Augsburg – nachweisbar sind. Typische Handelsgüter, die von Italien her über die Alpen nach Bayern gelangten, sind Lebensmittel wie Wein, Öl und die Fischsoße *Garum*, unverzichtbarer Bestandteil der römischen Küche. So wurde auch am vergleichsweise rauhen Nordrand des Imperiums zumindest die Zubereitung der Speisen nach mediterraner Gewohnheit ermöglicht. Zum Transport der Lebensmittel dienten Amphoren und Holzfässer.[23] In Raetien hergestellt und dann exportiert wurden zum Beispiel Textilien.[24]

Aus römischen Inschriften geht hervor, daß in Augsburg unter anderem Schweinefleisch, Kleidung, gefärbte Stoffe und Geschirr gehandelt wurden;[25] man darf aber auch von Austern[26] und Luxusgütern wie Glas[27] ausgehen. Die Handelswaren reisten auf den Straßen oder auf den Flüssen des Landes;[28] die Straße von Zirl nach Partenkirchen war eines der Einfalltore für Waren aus dem Mittelmeerraum.

Der Zugang zu den Einrichtungen des *cursus publicus* war Händlern

Ein Aussschnitt aus der Tabula Peutingeriana, der hochmittelalterlichen Kopie einer antiken Weltkarte.

und privaten Reisenden, also Pilgern, Studienreisenden etc. vermutlich verwehrt. Sie fanden ein weniger gut organisiertes, aber funktionsfähiges Netz an Gasthöfen vor.[29]

Im 5. Jahrhundert n. Chr. lockerte sich die römische Herrschaft über Südbayern. Die Raubzüge der Alamannen verwüsteten immer wieder das Land.[30] Der Überlieferung nach verließen um 480 n.Chr. die letzten offiziellen römischen Militäreinheiten das Land zwischen Alpen und Donau und zogen – wohl über die Via Claudia – nach Italien ab. Die archäologische Forschung geht inzwischen eher von einem allmählichen Übergang im Verlauf des 5. Jahrhunderts aus, ohne allerdings Einigkeit über die einzelnen Stationen dieser Entwicklung zu erzielen.[31]

Es ist anzunehmen, daß die Verkehrsinfrastruktur in dieser Zeit bereits in Trümmern lag: An geregelten Handel war längst nicht mehr zu denken, und ob die Straßenstationen des *cursus publicus* noch in Stand gehalten werden konnten, ist zweifelhaft. Doch vielleicht sind die schlimmsten Stürme der Völkerwanderungszeit an den Anrainern der Straße von Partenkirchen nach Zirl vorübergegangen. Die Namen der römischen Orte an der Straße haben überlebt: So wurde Parthano zu Partenkirchen, Teriolis zu Zirl. Womöglich haben auch die romanischen Bewohner der einen oder anderen Siedlung, geschützt durch das Gebirge, die unruhigen Zeiten unbeschadet überstanden. Für die Straße selbst ist das sicher: Der Straßenzug von Partenkirchen über Mittenwald, Scharnitz und Seefeld blieb auch im Mittelalter Teil einer der wichtigsten Verbindungen von Deutschland nach Italien.

Der Verlauf der Straße von Zirl nach Partenkirchen

Abschließend wird nun kurz der Straßenverlauf von Zirl nach Partenkirchen beschrieben.[32]

Von Innsbruck her folgte die Straße zunächst westwärts dem Lauf des Inn. Nach einigen Kilometern verließ sie das Tal und erklomm unweit

Derselbe Ausschnitt aus der Tabula Peutingeriana in moderner Umzeichnung.

der heutigen Bundesstraße den Zirler Berg.[33] Da bislang keine eindeutigen Überreste dieses Straßenstücks identifiziert werden konnten, ist der genaue Verlauf des Anstieges nicht bekannt, und die Altstraßenforschung hat immer wieder neue Routen vorgeschlagen.[34] Auch der weitere Verlauf der Straße über Seefeld, Scharnitz, Mittenwald und Klais nach Partenkirchen hat nur an wenigen Stellen in der Landschaft Spuren hinterlassen. So wurde 1996 zwischen Scharnitz und Mittenwald ein Meilenstein des 4. Jahrhunderts n.Chr. gefunden, den Kaiser Julian Apostata, letzter heidnischer Imperator, vor dem endgültigen Sieg des Christentums im Jahr 363 setzen ließ und der noch für diese Zeit zumindest Instandsetzungsarbeiten an der Straße dokumentiert.[35]

Etwas näher nach Mittenwald zu stand ein weiterer Meilenstein, den Kaiser Decius im Jahr 250 n. Chr. setzen ließ.[36] Die wissenschaftliche Bearbeitung dieses Meilensteines hat den Beweis dafür geliefert, daß unter Decius nicht, wie lange Zeit vermutet, ein neuer Straßenzug von Innsbruck nach Bregenz geführt wurde, der gemeinsam mit der Via Claudia den Zirler Berg erklommen hätte. Die These von der *Via Decia*, die auf einer Lesevariante von Meilensteinen des Decius gründete, ist dadurch widerlegt, daß auf dem Mittenwalder Stein ausdrücklich Augsburg als Ausgangspunkt der Straße angegeben wird. Die Meilensteine des Decius zeigen also Instandsetzungsarbeiten an einer Route der Via Claudia an.[37] Bereits angesprochen wurde die gut erhaltene Geleisestrecke im Abschnitt zwischen Mittenwald und Klais. Die Reste des Straßendammes, die Barthel Eberl noch in den 1920er Jahren entlang der damaligen Straße von Klais nach Partenkirchen beschreiben konnte, sind nun kaum noch auszumachen.[38] Auch von den Straßenstationen und Rasthäusern an der Via Claudia, die aus den Wegbeschreibungen der Antike bekannt sind, hat sich keine sichere Spur erhalten. Einzig in Zirl konnte durch die Grabungen zuletzt von Anton Höck nahegelegt werden, daß auf dem Martinsbühel, einem Hügel im Inntal unweit des Ortes, genau die kleine spätrömische Festungsanlage stand, die in den antiken Schriftquellen den Namen Teriolis trug.[39]

Das nahezu spurlose Verschwinden der römischen Via Claudia und der Straßenstationen und Gasthäuser an ihrem Lauf zwischen Zirl und Partenkirchen fällt auf. Andere Straßenstrecken in Bayern sind archäologisch wesentlich besser dokumentiert.

Die Gründe sind wohl in der engen Tallage zu suchen, in der die Menschen in der Geschichte immer wieder dieselben Plätze bebaut und so die Überreste der Antike eben

Das antike Rom, im 18. Jahrhundert von Matthäus Günther auf dem zentralen Deckenfresko der Pfarrkirche St. Peter und Paul in Mittenwald dargestellt.

nicht in Ruhe gelassen haben, in der an einzelnen Stellen Murenabgänge und Felsstürze die historische Landschaft neu gestalteten, in der aber auch neue Straßenanlagen immer wieder ähnlichen Trassen folgten wie ihre Vorgänger und so Altstraßen überdeckten.

So bleiben neben den spärlichen Straßenresten und den wenigen Meilensteinen und Fundmünzen vor allem die Einträge in den Wegbeschreibungen der Antike als Zeugnisse für die Bedeutung der Europastraße Via Claudia Augusta im Altertum.

Anmerkungen

[1] KARLHEINZ DIETZ, Okkupation und Frühzeit, in: WOLFGANG CZYSZ u.a., Die Römer in Bayern, Stuttgart 1995, S. 18-99, hier: 29-30.

[2] Siehe zu dieser Problematik WILLY HOCHHOLDINGER/WOLF BRUNNER, Die Römerstraße durch Werdenfels, in: Mohr, Löwe, Raute 6, 1998, S. 58-74, hier: 59.

[3] AMEI LANG u.a., Eine frührömische Holz-Kies-Straße im Eschenloher Moos. Ein Vorbericht der Grabung 1996, in: ELISABETH WALDE (Hrsg.), Via Claudia. Neue Forschungen, Innsbruck 1998, S. 315-325; leicht verändert und ergänzt noch einmal: AMEI LANG u.a., Eine frührömische Holz-Kies-Straße im Moos bei Eschenlohe, in: Mohr, Löwe, Raute 6, 1998, S. 22-40 mit Karten. Die dendrochronologische Datierung beruht auf der vergleichenden Untersuchung von Jahresringen in Fundobjekten aus Holz. Auf diese Weise ergibt sich das Jahr, in dem der Baum geschlagen worden ist, aus dessen Holz ein hölzernes Objekt verfertigt wurde.

[4] Zu diesem Schluß kommen LANG u.a 1998 (1), S. 318-319; DIES. 1998 (2), S. 32. Dabei spielt die zentralörtliche Funktion von Kempten-Cambodunum in frührömischer Zeit eine wichtige Rolle: Das neu untersuchte Straßenstück im Eschenloher Moos deutet auf die Anbindung Kemptens an die Brennerstraße hin. Zum »formalen« Aufbau eines römischen Straßensystems siehe HELMUT BENDER, Verkehrs- und Transportwesen in der römischen Kaiserzeit, in: HERBERT JANKUHN u.a.(Hrsg.), Untersuchungen zu Handel und Verkehr der vor- und frühgeschichtlichen Zeit in Mittel- und Nordeuropa. Teil V: Der Verkehr. Verkehrswege, Verkehrsmittel, Organisation (Abhandlungen der Akademie der Wissenschaften in Göttingen, Philosophisch-historische Klasse, Dritte Folge 180), Göttingen 1989, S. 108-154, hier: 108-109.

Spätrömischer Meilenstein des Julian Apostata aus Mittenwald, 363 n.Chr.

5   Wolfgang Czysz, Via Claudia Augusta - Gestalt und Geschichte, in: Wolfgang Czysz/Günter Krahe, Via Claudia Augusta (Denkmalpflege Informationen), München 1986, S. 1-7, hier: 5; vgl. ders., Der antike Straßenbau in Westrätien, in: Die Römer in Schwaben. Jubiläumsausstellung 2000 Jahre Augsburg, hrsg. v. Bayerischen Landesamt für Denkmalpflege (Arbeitsheft 27), München 1985, S. 135-136 mit weiterführender Literatur.

6   So hat Paul Mayr auf die höchst unterschiedlichen Spurbreiten der angeblich römerzeitlichen Geleisestraßen im Alpenraum hingewiesen; von einer omnipräsenten »römischen Normalspur« könne man nicht ausgehen. Vielmehr müsse man mit der Möglichkeit rechnen, daß die Geleisestraßen zu höchst unterschiedlichen Zeiten angelegt wurden. Paul Mayr, Randbemerkungen zur »Via Claudia Augusta«. II. Die »römischen Geleisestraßen«, in: Der Schlern 57, 1983, S. 267-269, hier: 269.

7   Czysz 1986, S. 5.

8   Hans-Jörg Kellner, Die große Krise im 3. Jahrhundert, in: Wolfgang Czysz u.a., Die Römer in Bayern, Stuttgart 1995, S. 309-357, hier: 315.

9   Czysz 1986, S. 4 zum Problem der Versorgung der Soldaten. Czysz 1985 (1), S. 135 zur militärischen Mobilität.

10 Der Stein *Vollmer* 450 nach Friedrich Vollmer (Hrsg.), Inscriptiones Bavariae Romanae sive Inscriptiones provinciae Raetiae, adiectis aliquot Noricis Italisque, München 1915, ein Meilenstein des Septimius Severus, der im 16. Jahrhundert zwischen Mittenwald und Partenkirchen gefunden und beschrieben wurde, und der inzwischen verschollen ist. Für einen weiterer Meilenstein, *Vollmer* 451, der um 1500 in Mittenwald zu sehen gewesen sein muß, wird heute nicht mehr angenommen, daß er aus dem Umkreis von Mittenwald stammt; es handelt sich wohl um einen Stein, der im Mittelalter von seinem ursprünglichen Standort entfernt und über eine Distanz von zumindest 40 km nach Mittenwald verbracht wurde. Siehe dazu Hochholdinger/Brunner 1998, S. 60-61.

11 Bender 1989, S. 108; illustriert durch die Aussage des Rhetors Aelius Aristides aus dem 2. Jh. n. Chr., die Straßen ermöglichen es dem Kaiser, von Rom aus mit Briefen zu regieren. (Aelius Aristides XIV 336, 9).

12 Pascal Stoffel, Über die Staatspost, die Ochsengespanne und die requirierten Ochsengespanne. Eine Darstellung des römischen Postwesens auf Grund der Gesetze des Codex Theodosianus und des Codex Iustinianus (Europäische Hochschulschriften III 595), Bern u.a. 1994, S. 4-7; siehe auch Elisabeth Walde, Betrachtungen zum römischen Reiseverkehr - eine Einleitung, in: Elisabeth Walde (Hrsg.), Via Claudia. Neue Forschungen, Innsbruck 1998, S. 11-13, hier: 12.

13 Stoffel 1994, S. 6; - Walde 1998, S. 11.

14 Zu dieser Infrastruktur in Raetien siehe Wolfgang Czysz, Rasthäuser und Meilensteine, in: Bayerisches Landesamt für Denkmalpflege: Die Römer in Schwaben. Jubiläumsausstellung 2000 Jahre Augsburg (Arbeitsheft 27), München 1985, S. 139-140.

15 Zur antiken Darstellung der Landschaft siehe jetzt Kai Brodersen, Terra Cognita. Studien zur römischen Raumerfassung (Spudasmata 59), Hildesheim u.a. 1995.

16 Otto Cuntz (Hrsg.), Itineraria Romana I. Itineraria Antonini Augusti et Burdigalese, Leipzig 1929.

17 Itinerarium Antonini 274, 8 - 275, 9. Zum Itinerarium Antonini und der Darstellung der Brennerstraße vgl. Konrad Miller, Itineraria Romana. Römische Reisewege an der Hand der Tabula Peutingeriana, Stuttgart 1916, S. LXI und Sp. 277-278; Identifizierung der Orte nach Gerold Walser, Die römischen Straßen und Meilensteine in Raetien (Kleine Schriften zur Kenntnis der römischen Besetzungsgeschichte 29), Stuttgart 1983, S. 36.

18 Tabula Peutingeriana. Codex Vindobonensis 324. Vollständige Faksimile-Ausgabe im Originalformat, Graz 1976.

19 Brodersen 1995, S. 187.

20 Brodersen 1995, ebd.

21 Tabula Peutingeriana, Segment III; zur Identifizierung der genannten Orte siehe Miller 1916, Sp. 275-277. Die Lokalisierung von *Scarbia* muß offen bleiben, seit die Station neuerdings von Peter W. Haider mit dem Ort Scharnitz gleichgesetzt wird: Peter W. Haider, Antike und frühestes Mittelalter, in: Josef Fontana u.a., Geschichte des Landes Tirol, Band 1, Bozen u.a. 1990, S. 133-290, hier: 165-166. Grundlage ist eine Neubewertung der Entfernungsangaben der Tabula Peutingeriana.

22 Wolfgang Czysz, Das zivile Leben in der Provinz, in: Wolfgang Czysz u.a., Die Römer in Bayern, Stuttgart 1995, S. 177-308, hier: 257.

23 Czysz 1995, S. 259-262.

24 Ebd. 1995, S. 262-264.

25 Ebd. 1995, S. 257. Czysz bezieht sich auf die Inschriften *Vollmer* 175, 127, 111 und 144.

26 Günther E. Thüry, Römische Austernfunde in der Schweiz, im rechtsrheinischen Süddeutschland und in Österreich, in: Jörg Schibler u.a. (Hrsg.), Festschrift für Hans R.

Stampfli. Beiträge zur Archäologie, Anthropologie, Geologie und Paläontologie, Basel 1990, S. 285-301. Der Augsburger Fund: S. 294.

27 Einen Glasfund aus Augsburg dokumentieren LOTHAR BAKKER u.a., Römische Stein- und Holzgebäude an der Jesuitengasse in Augsburg, in: Das Archäologische Jahr in Bayern 1989 (erscheinen 1990), S. 122-129, hier: 126-129; die Autoren denken angesichts der Vielzahl der Glasfragmente an das Lager eines Glashändlers.

28 Ab Mittenwald konnte auf der Isar, ab Partenkirchen auf der Loisach an Transportflöße gedacht werden: Siehe die Karte von JOCHEN GARBSCH, in: Mann und Roß und Wagen. Transport und Verkehr im antiken Bayern, Einführung und Katalog von JOCHEN GARBSCH (Ausstellungskataloge der Prähistorischen Staatssammlung 13), München 1986, Vorsatz.

29 WALDE 1998, S. 11-13; - CZYSZ 1985 (2), S. 139.

30 Das geht z.B. aus EUGIPP, Vita Sancti Severini XVIII 1 und XXVII 1 hervor, einer im 6. Jh. n. Chr. verfaßten Quelle.

31 Zum aktuellen Forschungsstand HANS-JÖRG KELLNER, Römische Fundmünzen vom Martinsbühel und der Münzumlauf in Raetien im 4. Jahrhundert, in: Veröffentlichungen des Tiroler Landesmuseums Ferdinandeum 78, 1998, S. 89-114, hier: 94-98.

32 Für Abbildungen vgl. auch den Beitrag von PETER SCHWARZ über den Verlauf der Rottstraße

33 Die ausführlichste Dokumentation des Straßenverlaufes findet sich bei BARTHEL EBERL, Die römische Strassenverbindung Augsburg - Parthenkirchen - Innsbruck (-Brenner), in: Das schwäbische Museum 1928, S. 62-88, hier: 84-88.

34 ARMON PLANTA, Straßenforschung in Tirol. Zum Verlauf der neuen Via Claudia Augusta bei Zirl, in: Veröffentlichungen des Tiroler Landesmuseum Ferdinandeum 62, 1982, S. 99-116, hier: 99-103.

35 KARLHEINZ DIETZ/ M. PIETSCH, Zwei neue römische Meilensteine aus Mittenwald, in: Mohr, Löwe, Raute 6, 1998, S. 41-57, hier: 41-47.

36 DIETZ/PIETSCH 1998, S. 48-54.

37 DIETZ/PIETSCH 1998, S. 50 (Inschriftentext) und 52-53 (Falsifizierung der Hypothese einer »Via Decia« mit den einschlägigen Literaturangaben).

38 EBERL 1928, S. 85-86; zum aktuellen Zustand: Fundakten des Bayerischen Landesamts für Denkmalpflege, Fundstellennummern 8432/0013, 8532/0001, 8532/0010, 8533/0005, 8533/0008 sowie HOCHHOLDINGER/BRUNNER 1998, S. 61-63 und 68-73.

39 ANTON HÖCK, Untersuchungen im Kastell von *Teriolis* und dem *vicus* von *Veldidena*, in: Veröffentlichungen des Tiroler Landesmuseums Ferdinandeum 75/76, 1995/1996, S. 150-152. Den jeweils aktuellen Stand der Grabungen hat Höck in den Jahresberichten des Tiroler Landesmuseums Ferdinandeum in der gleichen Zeitschrift vorgelegt; siehe die Bände 75/76, 1995/1996 und 78, 1998. Zur Geschichte des spätantiken Zirl siehe KELLNER 1998, S. 89-94. Die Identifizierung von Teriolis mit Zirl und dem Martinsbühel wurde seit Beginn des 20. Jahrhunderts vorgeschlagen, siehe zur älteren Forschung WALTHER CARTELLIERI, Die römischen Alpenstraßen über den Brenner, Reschen-Scheideck und Plöckenpass (Philologus suppl. 18, H. 1), Göttingen 1926, S. 146-148.

Andreas Otto Weber

ZUM HANDEL ÜBER DEN SCHARNITZPASS IN MITTELALTER UND FRÜHER NEUZEIT

Der Handel über die Alpen im Mittelalter

Der Handel über die Alpen folgt seit jeher den von der Gestalt der Berge vorgegebenen Verbindungslinien, also den in die Alpen hinein reichenden Tälern und den sie verbindenden Pässen. Wie uns das Beispiel des »Mannes von Similaun« (»Ötzi«) klar vor Augen führt, wurden neben den uns heute bekannten Pässen schon sehr früh auch

Ochsengespann beim Weintransport oberhalb des Kalterer Sees, Foto von Luis Oberrauch.

beschwerliche und gefährliche Nebenwege vom Menschen genutzt. Dennoch bildeten sich im Verlauf der Geschichte Pässe oder Paßstraßensysteme von größerer, überregionaler Bedeutung heraus. Zu diesen gehört auch der Scharnitzpaß und seine Zugänge von Tirol und Bayern her. In welchem System von Alpenübergängen ist unsere Via Claudia also zu sehen? Machen wir dazu eine Reise über die Alpenpässe im späteren Mittelalter: Vom Südwesten beginnen wir in den französisch-italienischen Seealpen. Die Nähe zum Meer, das als Seeweg Handel und Transport zwischen der Republik Genua und der Grafschaft Provence ermöglicht, hat es mit sich gebracht, daß die Pässe hier eher regionale Bedeutung hatten. Erst westlich von Turin finden wir erste auch überregional bedeutende Pässe: Den Montgenèvre (1854m) und den Mont-Cenis (2083m), die das westliche Oberitalien, also Cremona, Piacenza, Pavia, Mailand und Piemont-Savoyen mit der Dauphiné, dem nordalpinen Savoyen und weiter mit dem »Istmus« Frankreichs, dem Rhône- und Saônetal verbanden. Etwas weiter nördlich führt der Große St. Bernhardpass (2469m) vom Aostatal ins Wallis. Dieser wohl bedeutendste antike Übergang über die Westalpen erschließt die Verbindung nach Burgund und zu den großen Warenmessen in der Champagne, aber auch zum Rhein und damit bis in die Niederlande. Bis in das 11. Jahrhundert war dies eine Nord-Süd-Handelsstraße von erstem europäischem Rang. Dies gilt auch für die nun folgenden, ebenfalls wichtigen »Bündner« Pässe, den Gotthard (2108m), den San Bernardino (2065m) mit der Via Mala, den Septimer (2310m) und den Julierpass (2284m), die ebenfalls auf eine Verbindung Mailands mit der Wasserstraße Rhein hin zielen.[1] Von Mailand aus nach Schwaben und Franken kam man am schnellsten über den San Bernardino und Chur, wollte man weiter östlich reisen, bot sich der Seeweg auf dem Comersee und der Übergang über den Malojapaß (1817m) ins Engadin an. Hier traf man in der Nähe der Finstermünz auf Reisende, die über den Reschenpaß aus Bozen oder aus dem Veltlin kamen. Hier – auf der westlichen Route der Via Claudia – kam man über den Fernpaß und Füssen nach Augsburg, aber auch nach Kempten, Marktoberdorf, Kaufbeuren...

Nun haben wir schon das Verkehrssystem der Via Claudia und damit den mittleren Alpenraum erreicht. Das von Süden her fast bis zum Alpenhauptkamm reichende Etschtal von Verona bis Bozen und weiter bis Meran bietet für das östliche Oberitalien (Verona, Modena, Bologna) und die Toskana einen bequemen Weg nach Norden. Gleichzeitig ist der Brennerpaß, über den man den Alpenhauptkamm überquerte, mit 1375 m der niedrigste Hauptpaß der Zentralalpen. Über den Zirlerberg, Mittenwald und Partenkirchen kam man auf diesem Weg nach Augsburg oder München, über das Inntal nach Ostbayern und Regensburg. Eine für den Handel überaus wichtige Variante dieses Weges führt von Venedig über Treviso, Belluno und Cortina d'Ampezzo ins Pustertal und von dort über den Brenner. Dies ist die wichtigste Verbindung des Orienthandels über Venedig nach Oberdeutschland. Auch sie führt durch das Werdenfelser Land. Im Osten folgen weitere stark frequentierte Alpenübergänge für den Handel mit Venedig und den Adrialändern.[2] Darunter sind eine Reihe von Pässen, die einem ganzen Gebirgszug ihre Namen gegeben haben: die hohen und die niederen Tauern als wichtige Verbindung nach Salzburg und in den Salzach-Donauraum im heutigen Österreich. Besonders der Radstädter Tauern (1739 m), der eine Anbindung an die Enns bot, und

Plan der Straßensituation zwischen der Grenzfestung Scharnitz und Mittenwald, um 1670.

über den Phyrnpaß Ober- und Niederösterreich erschloß, war hier sehr wichtig. Die Erze des steirischen Erzberges, die in Venedig sehr begehrt waren, kamen über das Murtal und den Perchauer Sattel (995 m) nach Kärnten und nach Friaul. Dazwischen liegen weitere Alpenpässe, die hier nicht alle einzeln genannt werden müssen. Alle diese Alpenübergänge dienten sowohl dem Fernhandel, also in erster Linie dem Handel mit den Produkten des Mittelmeerraumes und des Orients im Austausch gegen die der Länder jenseits der Alpen, wie auch dem Regionalhandel.

Die Bedeutung der Verbindung Innsbruck-Mittenwald-Partenkirchen für den Alpenhandel

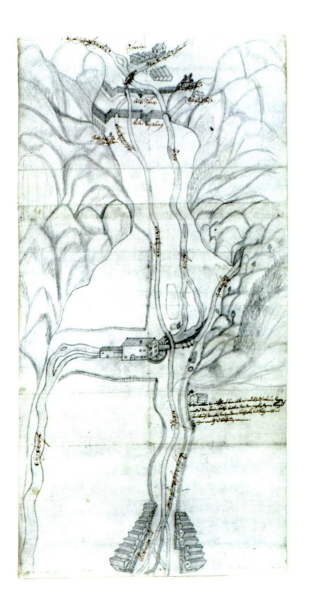

Als Regionalhandel kann zum Beispiel durchaus der Handel zwischen Südbayern und Tirol bezeichnet werden, der für unser Thema eine große Rolle spielt, wurde doch ein großer Teil dieses Handels über den Scharnitzpaß, Mittenwald und Partenkirchen abgewickelt. Daneben war aber auch das Inntal zwischen Innsbruck und Wasserburg ein wichtiger Weg in den südbayerischen Raum. Als Händler finden wir auf diesen Strecken sowohl die berühmten Namen der Großhändler, wie der Runtinger aus Regensburg oder der Fugger aus Augsburg, aber eben auch einfache Bauern aus dem bayerischen Oberland.

Zwar waren zunächst der große St. Bernhard und der Septimerpaß die für den Fernhandel zwischen Italien und Deutschland wichtigsten Alpenübergänge, doch besonders unter den Stauferkaisern erlangte die von Italien über den Brenner nach Innsbruck und weiter über Mittenwald nach Augsburg, Frankfurt und Köln führende alte Straßenverbindung ebenfalls hohe Bedeutung.[3] Neben der Ausrichtung nach Augsburg waren aber auch Nürnberg und Regensburg Handelsziele, die man über diesen Weg und seine Nebenwege erreichen konnte. Der Bau der Steinernen Brücke über die Donau in Regensburg von 1135 bis 1146 fällt in diese Zeit und ist ein deutlicher Hinweis auf den Aufschwung, den

29

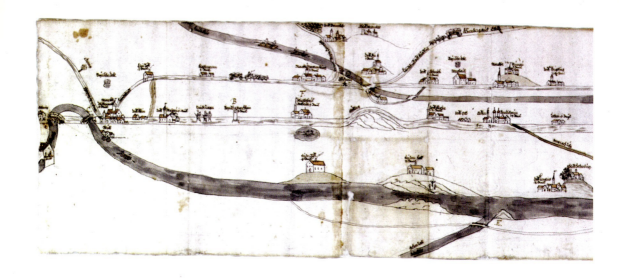

der Nord-Süd-Handel in der Stauferzeit erlebte. Ein weiterer Hinweis ist auch die Entstehung des Handelsortes am Paßfuß der Brennerstraße und an der Brücke des Inns, nämlich Innsbruck, das 1187 erstmals erwähnt wird. Auch die Entstehung eines neuen Straßenstützpunktes nahe dem Scharnitzpaß, der um 1100 – wie sein Name sagt – »mitten im Wald« lag, und später zum Marktort Mittenwald wurde, ist im Rahmen dieser wachsenden Bedeutung der alten Via Claudia zu sehen. Bayern wurde in dieser Zeit in den internationalen Transithandel von den Mittelmeerländern bis nach Flandern, die Niederlande, Friesland und in den Einzugsbereich der Ostseehanse einbezogen, der Aufstieg seiner Märkte zu Handelsstädten begann.[4]

Es ist hier nicht der Ort, um Aufstieg und Niedergang der Handelstätigkeit auf dieser Straße oberflächlich über die Jahrhunderte zu verfolgen. Versuchen wir lieber wichtige Thematiken im Detail zu erfassen und so möglichst nahe an die Menschen auf und an der Via Claudia zu kommen. Betrachten wir zuerst unsere Straße genauer: Nachdem der von Süden kommende Reisende den steilen Aufstieg von Zirl auf das Hochplateau von Seefeld geschafft und das waldreiche Hochtal bis nach Scharnitz durchritten oder durchlaufen hat, erreicht er die Landesgrenze zwischen der Grafschaft Tirol und der Grafschaft Werdenfels, die gleichzeitig die Paßhöhe ist.

Der alte Weg teilt sich bei Mittenwald in drei Hauptwege auf. Wir können dies sehr anschaulich auf einem Straßenplan, der um 1670 entstanden ist, erkennen:[5] Zwei Wege verlassen Mittenwald zu Land. Der erste ist die Landstraße in Richtung Partenkirchen und weiter nach Augsburg, der zweite führt über den Kesselberg nach München, der dritte ist der Wasserweg der Isar über Tölz ebenfalls nach München. Der Plan zeigt uns gleichzeitig schon die wichtigsten Transportgüter dieser drei Wege: In Richtung Augsburg sind vierrädrige Wagen mit

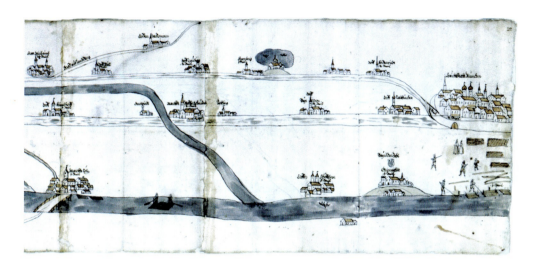

Plan der Straßen von Mittenwald bis München von ca. 1670.

bis zu sechs angespannten Pferden unterwegs. Auf den Wagen erkennen wir die charakteristischen Ballen der Handelswaren. Auf dem Weg über den Kesselberg ist gerade eine Dreiergruppe von Fußgängern unterwegs nach Mittenwald. Sie sind mit Wanderstöcken ausgerüstet und tragen Kraxen auf dem Rücken. Diese *Traidt Trager* zeigen uns die wichtige Funktion der Straße für die Getreideversorgung der Bergtäler um Mittenwald und in Tirol. Auf unserem dritten Weg, dem Isarfluß, finden wir Flöße abgebildet. Eines dieser Flöße hat gerade Tölz passiert. Seine Ladung besteht aus drei Fässern, die ohne Zweifel Wein aus dem heutigen Südtirol zum Inhalt haben. Hier dokumentiert sich die wichtigste Gegenleistung Tirols im Alpentransithandel: die Versorgung Südbayerns mit dem hochgeschätzten Wein aus dem »Etschland«. Die Via Claudia war also unter anderem eine wichtige Weinstraße!

Die Weinstraße

Wein spielte im Altbayern des Mittelalters eine wichtige Rolle als Nahrungsmittel, er war, bevor im 16. Jahrhundert das Bier in Massenproduktion aufkam, praktisch das einzige Volksgetränk. In Altbayern ist in den Tälern von Donau, Isar, Rott und Inn seit dem frühen 8. Jahrhundert Weinbau nachweisbar. Der hier erzeugte »Baierwein« war der billigste Wein, teurer waren die Weine, die aus Franken, Württemberg, Österreich (»Osterweine«) und vor allem aus Südtirol (»Welschweine«) und dem Mittelmeerraum ins Land kamen. Das bayerische Alpenvorland zwischen Salzburg und Schongau wurde vorwiegend mit Welschwein versorgt. Vor allem in der Gegend nördlich von München findet man schon im 15. Jahrhundert Überschneidungen mit dem Absatzgebiet des Weinbaugebietes an der Donau um Regensburg.

In den Klöstern brauchte man neben dem Tischwein auch den Meßwein, hatte also hohen Bedarf. Wichtig war auch der aus Wein erzeugte Essig, der zur Haltbarmachung von Lebensmitteln diente. In der Küche wurde

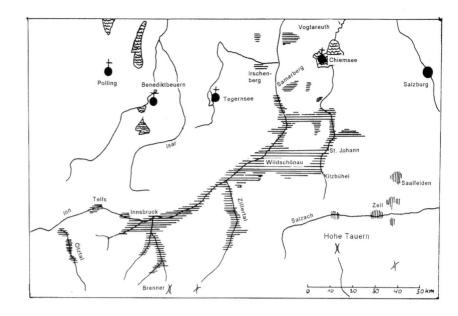

Wein ebenfalls in großen Mengen benötigt, wie zum Beispiel die Kochrezepte des Klosters Tegernsee aus dem 15. Jahrhundert zeigen. Daneben galt Wein auch als Medikament und spielte eine wichtige Rolle im gesellschaftlichen Leben des Mittelalters.[6]

Schon in der Antike wurde Wein aus Italien und dem ganzen Mittelmeerraum über die Alpen in das raetische Alpenvorland transportiert.[7] Auf diesen Weinhandel deuten zahlreiche Darstellungen des Weinhandels und -ausschanks auf römischen Grabdenkmälern in Augsburg hin, wie das des Weinhändlers Pompeianus Silvinus und seines Bruders Victor, auf dem sogar Szenen aus einer römischen Taberna dargestellt sind.[8] Die antike Metropole Raetiens, *Augusta Vindelicorum*-Augsburg, war eine Drehscheibe des nordalpinen Weinhandels. Aber auch in *Batavis*-Passau zeigt uns der Grabstein des Weinhändlers Publius Tenatius Essimnus aus Trient, daß eine Versorgung des ostraetischen und norischen Raumes über den Brenner und weiter auf Inn und Donau mit dem *vinum Raeticum*, also Wein aus dem heutigen Trentino und Südtirol bestand.[9] Transportiert wurde der Wein sowohl in Keramikamphoren als auch in Holzfässern, wobei über 70% der bisher gefundenen Stücke aus Tannenholz bestehen.[10]

Wahrscheinlich wurde der Weinbau im Raum des heutigen Südtirol von der Spätantike bis in das Mittelalter ohne Unterbrechung gepflegt. Ob auch der Weintransport über die Alpen kontinuierlich beibehalten wurde, ist nicht zu klären. Jedenfalls ist es sicher, daß die frühmittelalterlichen Bajuwaren spätestens im 8. Jahrhundert Weinberge bei Bozen besaßen und den daraus gewonnenen Wein nach Südbayern brachten. Eine besondere Rolle spielten hierbei neben dem Herzog der frühe Adel und vor allem die Bistümer (Augsburg und Freising) und

Weinberge und Weintransport des Klosters Schäftlarn um 1313.

Verbreitungsgebiet der Weinsaumdienste im mittleren Alpenraum im Mittelalter.

Südtiroler Wein
Friauler Wein

bald die frühen Klöster im Süden Bayerns, wie Benediktbeuern, Tegernsee, Weihenstephan, Kochel, Polling, Wessobrunn, Scharnitz und Schäftlarn.[11] All diese Klöster bekamen vermutlich schon bei ihrer Gründung Weinberge im Raum Bozen und mußten den hier erzeugten Wein über den Brenner und den Scharnitzpaß transportieren. Kloster Tegernsee meldete um 1060 n. Chr. Ansprüche auf Weingärten an, aus denen das Kloster 40 Wagenladungen (circa 24000 l) Wein erwarten konnte.[12] Dies erforderte natürlich eine gut organisierte Transportorganisation. Bis in das 14. Jahrhundert beruhte der Transport des klösterlichen Weines ganz auf Transportleistungen von Grunduntertanen. So verfügten die Klöster Südbayerns in den Alpentälern (Loisachtal, Inntal, Zillertal, Wipptal), die an der Brenner-Scharnitzroute lagen, über Besitz. Die auf diesen Gütern sitzenden Grunduntertanen hatten für ihren Grundherrn, anstelle der sonst üblichen Naturalabgaben aus der Landwirtschaft, Wein zu transportieren, zum Teil mußten sie auch eine bestimmte Menge Wein abgeben, den sie selbst gekauft hatten. Die Bauern in den Dörfern um Innsbruck bis Zirl waren also zumindest im Nebenerwerb Transporteure, wahrscheinlich auf eigene Rechnung.[13] Dafür besaßen sie zum Teil bis zu zehn Pferde. Der Grundherr konnte diese Kapazitäten und die daraus folgende Transporttätigkeit für seine eigene Weinversorgung nutzen.

Die wichtigsten Voraussetzungen für einen preiswerten Transport des Südtiroler Weines über die Alpen waren, neben den Transportleistungen klösterlicher Grunduntertanen, vor allem Zollbefreiungen, die die meisten bayerischen Klöster mit Weinbergsbesitz in Tirol verliehen bekommen hatten. Zoll und Transport waren im Mittelalter die bedeutendsten Kostenfaktoren für den Wein. Die Transportleistung für eine bestimmte Menge Wein aus Südtirol war etwa halb soviel wert wie der Wein selbst. Am Beispiel des Klosters Schäftlarn, dessen Weintransport über den Scharnitzpaß und Mittenwald lief, können wir einen detaillierten Einblick in die Verhältnisse gewinnen:[14]

Schäftlarn hatte Zollbefreiungen für den herzoglich-bayerischen Zoll in Wolfratshausen an der Isar, und Zoll- und Mautfreiheit für einen jährlich einmal durchzuführenden Weintransport mit 60 Pferden über den Brennerpaß. Auf dem Rücken eines Pferdes konnten zwei *lagenae* oder Lagl (von lat. Lagellum) von je ca. 60 Litern transportiert werden, also 120 Liter.

Die Zollfreiheit umfaßte demnach etwa 72 hl. Dabei mußte der Wein bis Martini (11. November) außer Landes gebracht werden. Erst 1777 wurde diese Tradition durch Kaiserin Maria Theresia beendet, die die Zollbefreiung aufhob. Der Transport mußte in einem geschlossenen Verband geschehen, da sonst die Maut- und Zollfreiheit kaum durch-

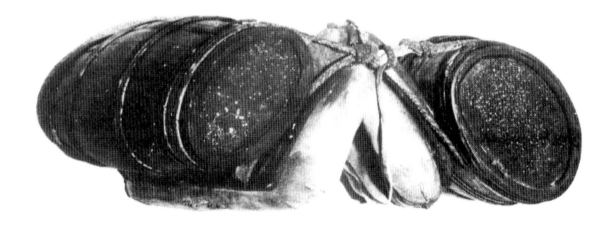

Pferdetragegestell für 2 Lagl (je 50–60 Liter Inhalt).

setzbar gewesen wäre. Deshalb wurde der noch gärende, unfertige Wein über die Alpen gebracht. Nicht nur die Klöster transportierten Most und nicht fertig vergorenen Wein über die Berge, sondern auch Händler kauften ihren Most *ab der Torggl* oder *von der potich*, also nach der Pressung aus dem Mostbottich.[15] Auch der für den Weinhandel wichtige Egidimarkt in Bozen fand während der Weinlese statt. Für den Transport von gärendem Most mußten spezielle Transportspunde vorhanden sein, die einen Druckausgleich zuließen. Es ist auch möglich, daß der Zellerar des Klosters bereits vor dem Abtransport klärende Substanzen wie Eiweiß in den Most mischte, die sich während des Transports, durch die ständige Bewegung, gut im Wein verteilen konnten und so im Klosterkeller eine vollständige Klärung des Weines möglich machten. Der Weintransport ging in mehreren Schritten vor sich.

Nach einem Güterverzeichnis des 13. Jahrhunderts standen dem Kloster Schäftlarn 86 Pferde einmal jährlich zum Weintransport zur

Verfügung. Gehen wir von einer Saumlast von zwei Lageln zu 60 Liter aus, dann konnten die Schäftlarner Pferde ca. 103,2 hl nach Mittenwald bringen. Dieser Wein stammte aus den Schäftlarner Gütern, die vor allem im Bozner Viertel Gries und auf dem darüberliegenden Guntschnaberg lagen.

Es muß schon ein eindrucksvolles Bild gewesen sein, wenn die 86 mit Weinlageln beladenen Pferde über die Pässe nach Mittenwald geführt wurden. Wenn man bedenkt, daß alle altbayerischen Klöster, aber auch der Adel und viele Händler ihren Wein aus Südtirol auf diese Weise über die Alpen brachten, kann man sich im Herbst nach der Weinernte stark benutzte Wege vorstellen. Stau am Brenner ist also sicher keine Errungenschaft der neuesten Zeit! Der Weintransport über die Alpenpässe ging übrigens den ganzen Winter weiter, doch dazu weiter unten. In Mittenwald angekommen, wurde der Wein auf Flöße verladen. Vermutlich wurde er vorher in größere Fässer gegossen. Im späten 12. Jahrhundert übernahm zumindest einen Teil des Floßtranssports auf der Isar bis zum Kloster eine Mittenwalder Bruderschaft, deren Mitglieder jährlich gegen Gebete der Klosterbrüder den Bozner Wein auf Flößen nach Schäftlarn brachten.[16] Somit können wir im hohen Mittelalter ein gänzlich auf den Möglichkeiten der Grundherrschaft des Klosters beruhendes Weintransportsystem feststellen. Dies änderte sich seit den ersten Jahrzehnten des 14. Jahrhunderts, möglicherweise durch die Verbesserung der Fahrzeugtechnik und des Wegebaus, wodurch mehr und mehr der Wagenverkehr möglich wurde.[17] In dieser Zeit wandelten die Grundherren die Transportverpflichtungen in jährliche Geldzahlungen um. Die bäuerlichen Transporteure konnten ihre Tätigkeit nun ganz auf eigene Rechnung ausüben. In der Folge entstand sowohl in Tirol, wie in der Grafschaft Werdenfels die genossenschaftliche Organisation des Rottfuhrwesens, mit der sich im vorliegenden Katalog ein eigener Beitrag beschäftigt.

Versuchen wir nun die Bedeutung des Weintransports und Weinhandels für unseren Straßenabschnitt genauer zu untersuchen. Leider ist es schwer, genaue Zahlen für die gesamte über Mittenwald transportierte Weinmenge zu ermitteln, serielle Quellen fehlen gänzlich. Dies liegt vor allem daran, daß die Zollrechnungen von Mittenwald aus dem 15.–18. Jahrhundert, die noch im späten 18. Jahrhundert in das Archiv der Burg Trausnitz in Landshut gekommen waren, offenbar verbrannt sind. So bleiben uns nur Rechnungen einzelner Jahre und zeitgenössische Einschätzungen. Als Herzog Albrecht V. von Bayern, der Inhaber der Zollstelle Mittenwald, im Jahr 1558 durch seinen Zöllner *Christoph Würmber* den Zolltarif, also die von den in Mittenwald zollpflichtigen Waren abzugebenden Zollzahlungen, aufschreiben läßt, weist der Zöllner auf die herausragende Bedeutung des Weines bei den Zolleinnahmen hin. Auf einem mit rotem Siegellack eingeklebten Zettel notiert er zum Weinzoll: *Nota: Diß ist der maist vnnd gresst Anteil den Ich wol zubedenckhen biten thue, davon ich dem H(er)z(og) schreib.* Dies zeigt eindeutig, daß Wein das wert- und mengenmäßig wichtigste Handelsgut war, das über den Scharnitzpaß nach Werdenfels und Bayern kam.

Um wenigstens einen zeitlich punktuellen Einblick in die Mengen an Wein zu bekommen, die über unseren Weg Jahr für Jahr nach Bayern kamen, sollen hier zwei Auswertungen von Zollquellen vorgestellt werden. Es sind dies zum einen die Zollrechnung des Zollamtes von Wolfratshausen aus dem Jahr 1477,[18] in dem der Teil des Weines aufscheint, der auf Flößen von Mittenwald nach Wolfratshausen und weiter nach Oberbayern kam, zum anderen Aufstellungen über den in Mittenwald durchgeführten Wein aus den Jahren 1666 und 1669/70, die auch über die Mengen des Weines, der weiter nach Schwaben transportiert wurde, Aufschluß geben.

Die Wolfratshausener Zollrechnung von 1477 unterscheidet zwischen *Gastwein* und *Bürgerwein*, also zwischen hier durchgeflößtem Wein von auswärtigen Händlern und dem eingeführten von Wolfratshausern. Dabei zeigt sich deutlich, daß Wolfratshausen im späten Mittelalter ein wichtiger Stützpunkt des Weinhandels im südlichen Oberbayern gewesen sein muß: 1477 werden 182 Fässer von Wolfratshauser Händlern verzollt, von Händlern aus anderen Orten nur 110 Fässer. Insgesamt sind es in diesem Jahr 292 Fässer Wein, bei einer angenommenen Faßgröße von 2 Fuder Wein (ca. 1200 l) also ca. 3504 hl.[19] Eine beachtliche Menge also, bedenkt man, daß dazu bis Mittenwald 292 große Fuhrwerke mit je 8 Pferden als Transportmittel nötig waren. Auf Saumpferde umgerechnet hätten 2920 Pferde den Brenner und den Scharnitzpaß mit je einem Tragegestell mit zwei Lageln zu 60 Liter überqueren müssen.

Sehr interessant sind die jahreszeitlichen Schwankungen der Weinmenge, die auf der Isar nach Wolfratshausen kommen. Vom Aschermittwoch bis Pfingsten sind es 71 Fässer, von Pfingsten bis Michaeli (29. September) nur 4, von Michaeli bis Weihnachten wird dann der Hauptteil von 171 Fässern geflößt, bis zum nächsten Aschermittwoch nochmals 46 Fässer. Wir sehen also auch im Flußtransport auf Flößen deutlich, daß der Wein bald nach der Ernte verladen wird, und daß vor allem zwischen der Weinlese im Oktober und dem Frühjahr transportiert wird, im Sommer jedoch fast nichts.

Aus den Zollrechnungen können wir auch Namen und Herkunft der Händler beziehungsweise Transporteure entnehmen. Die Liste der Orte reicht von Nürnberg im Norden bis Innsbruck im Süden. Am häufigsten treffen wir dabei den Namen *Halbpax* an, ein Nürnberger

Händler, der immerhin 23 Fässer (27600 l) verzollt. Aus Landshut kommen die Händler *Eysgrueber*, *Strasser* und *Altdarffer*, aus dem Kloster Weihenstephan bei Freising *der von Weichensteffen*, aus München ein *Jorg Schatz*, aus Weilheim kommen *Hanns Lederer*, der *Prantmayr* und *Wilhalm Vogl*. Letztgenannter kann auch im Zollregi-

Weinberg bei Goldrain im Vinschgau mit den für Südtirol charakteristischen Holzpergln, Foto von Luis Oberrauch.

ster von Eschenlohe aus dem Jahr 1478 nachgewiesen werden, wo er am St. Jacobsabend 1478 5 Kreuzer Zoll für 5 Säcke Korn bezahlt.[20] Er ist also in der Gegenrichtung Getreidehändler. Dies gilt auch für seine weitere Familie: 1515 kauft Hans Vogel aus Weilheim beim Heiliggeistspital in Bozen für 670 lb. Wein und für weitere 8 lb. Senfwein (also gewürzten Wein), sein Fuhrmann kauft ebenfalls in kleinerem Maßstab ein.[21] Mitglieder dieser Familie begegnen uns in Bozen jährlich bis 1520, dann nicht mehr. Zwei Händler, *Jorg Hoffman* und *Andre Zimmermann*, kommen aus Murnau, sechs aus Mittenwald (*Rott*, *Huepherr*, *Hanns Kramer*, *Katzmair*, *Michel Poler*), aus Zirl treffen wir einmal *Hanns Viertayl* an, aus Innsbruck den *Koll* und aus Imst den *Kranester*. Der Herkunftsort von *Püchler*, *Jörg Nebl* und *Hanns Schlecht* wird nicht genannt. An der Spitze der in Wolfratshausen ansässigen Händler steht *Jacob Wetzl*, der 32 Fässer (38400 l) verzollt, dicht gefolgt von *Hanns Partt* mit 31 Fässern (37200 l), dessen Verwandter *Hainrich Partt* mit 15 Fässern (18000 l) genauso viel verzollt wie *Caspar Hundertpfunnt*. Ebenfalls zu den wichtigeren Weinhändlern Wolfratshausens zu zählen sind *Lienhart Eglinger* (14 Fässer – 16800 l), *Alber* (13 Fässer – 15600 l) und der *Knittelsberger* (12 Fässer –14400 l). Daß die genannten Personen richtige Händler waren, geht daraus hervor, daß bei einzelnen sogar ihre Schreiber genannt werden, die im kleinen Stil auch Wein auf eigene Rechnung transportierten.[22]

Die Rechnungsbücher des Bozner Heiliggeistspitals aus dem 16. bis 18. Jahrhundert spiegeln den Weinverkauf eines der bedeutendsten Bozner Weinproduzenten und Weinvermarkters wider.[23] Hier finden wir direkten Aufschluß über die Herkunft der Händler, die ihren Wein über Brenner und Scharnitzpaß transportierten. Dabei zeigt sich, daß von allen Orten des bayerischen Oberlandes, die über den Weg Zirl-Scharnitz-Mittenwald mit Wein aus Südtirol versorgt wurden, Weilheim im 16. und 17. Jahrhundert eine dominante Rolle als Weinhandelsstadt spielte. Daneben sind Partenkirchen und Garmisch als Sitz von Weinhändlern zu erwähnen, geringere Bedeutung hatten Starnberg, München und im Westen Schongau und Kaufbeuren.[24] Greifen wir einige Beispiele heraus: Hans Vogel aus Weilheim und sein Weinkauf von 1515 wurden bereits genannt. Im Jahr danach ist er wieder in Bozen und kauft wieder »gewöhnlichen« Wein und dazu »*Salsenwein*«, mit Salbei versetzten Wein, eine Spezialität also; im Gegenzug verkauft er dem Bozner Heiliggeistspital ein Pferd.[25] Jörg Manner aus Partenkirchen kauft ebenfalls eine Spezialität: Rosmarinwein, der als Heilmittel für das Herz bekannt ist. Weitere Händler, die Wein bei diesem Spital erwerben sind zum Beispiel *des Fuggers Diener* aus Augsburg (1517), *des Frölichs Sohn* aus Partenkirchen (1518), *Matheis Maurer* aus Garmisch ist sogar ein Weinkäufer im großen Stil (1519–1531), daneben finden wir *Hans Schenk, des Frölichs Knecht* aus Partenkirchen (1521), *Hans Lidl* aus Zirl, *Kunz Huber* aus Habach (1529, 1540), den *genädigen Herrn von Benediktbeuern* (1535), *Heinrich Wunder* und *Lorenz Treffer* aus Mittenwald (1538), *Reimund Steinpacher* aus Ammergau (1540) und andere. Die meisten Namen treffen wir in Bozen nicht nur als Weinkäufer, sondern auch als Verkäufer, doch dazu erst im nächsten Kapitel.

Betrachten wir zum Schluß die Mengen an Wein, die wir in Mittenwald feststellen können, da ja nicht der gesamte hier antransportierte Wein über Flöße auf die Isar ging. Im 17. Jahrhundert kam es immer wieder zu Streitigkeiten zwischen den Weinfuhrleuten des Werdenfelser Landes und dem Inhaber des Zoll zu Mittenwald, dem Kurfürsten von Bayern.[26] Viele Weinfuhrleute umgingen die Zollstelle in Mittenwald, um so die 60 Pfennige Zoll pro Faß zu sparen, die sie bei Verkauf des Weines außerhalb der Grafschaft Werdenfels hätten zahlen müssen. Bei einer Erhebung über die so dem bayerischen Zoll entgangenen Gelder erfahren wir, welche Mengen an Wein und Weinbrand vom 30. Mai bis zum 22. Dezember 1666 in Mittenwald verzollt wurden.

Betrachten wir zunächst die Gesamtzahlen: 4273 Eimer Wein (2420,65 hl) gingen insgesamt durch Mittenwald, davon wurden 3352 Eimer Wein in das Kurfürstentum Bayern weitertransportiert, 921 Eimer hatten Schwaben als Ziel. Dafür gingen nur 6,5 Eimer Weinbrand nach Bayern, aber 47,5 Eimer Weinbrand nach Schwaben.[27] Nur wenige Lieferungen können den Bestimmungsorten hierbei genauer zugerechnet werden, so in der 44. Kalenderwoche 1666 die Menge von 88,5 Eimern nach Freising und Regensburg, und in der folgenden Woche 16,5 Eimer, die nach Regensburg transportiert wurden.

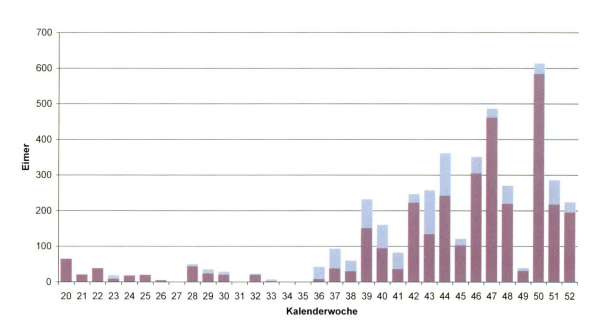

Weinverzollung in Mittenwald, Mai bis Ende Dezember 1666.
■ *Wein nach Bayern*
■ *Wein nach Schwaben*

Die Graphik zeigt uns die jahreszeitlichen Schwankungen im Weintransport über Mittenwald. Auch hier zeigt sich deutlich, daß im Herbst nach der Weinernte in Südtirol und im ganzen Winter die Haupttransportzeit für Wein ist.

Wie hoch war der Anteil an derartigen Transportmengen, den Fuhrleute aus der Grafschaft Werdenfels selbst transportierten? Leider haben wir dafür keine Zahlen aus dem Jahr 1666, ein paar Jahre später 1669 wurde darüber aber ein *Memorial über die grafschaftlichen Untertanen in Partenkirchen und Garmisch, welche Wein und Branttwein an der Grenze vorbeigeführt haben* angelegt. Es reicht von Mai 1669 bis Juli 1670 und zeigt zunächst sehr deutlich, daß ein Großteil des von diesen Fuhrleuten transportierten Weines, nämlich 893 Eimer (505,88 hl) nicht angezeigt, das heißt verzollt wurde, während nur 479

Eimer (271,35 hl) angezeigt wurden.[28] Insgesamt transportierten die Garmischer und Partenkirchner 1372 Eimer Wein (777,23 hl) über den Paß.[29]

Waren am Zoll Eschenlohe 1478.

Um dies in etwa mit den Gesamtzahlen von Mai-Dezember 1666 (4273 Eimer = 2420,65 hl) zu vergleichen: Von Mai bis Dezember 1669 wurden 517 Eimer (292,88 hl) durch Garmischer und Partenkirchner Weinfuhrleute über Mittenwald eingeführt. Auch wenn es beim Wein und beim Weinhandel große Jahresschwankungen gibt, so können wir doch annäherungsweise erkennen, daß mehr als 10% des Weines, der über Mittenwald transportiert wurde, von einheimischen Fuhrleuten aus dem Werdenfelser Land verfrachtet wurde.

Die Versorgung der Alpentäler

Wie wir am Beispiel des Hans Vogel aus Weilheim bereits gesehen haben, waren die südbayerischen Weinhändler und Weinfuhrleute nicht nur im Weingeschäft, sondern generell als Händler beziehungsweise Fuhrleute tätig. Aus dem Süden verfrachteten sie große Mengen Wein nach Bayern, im Gegenzug lieferten sie Güter verschiedenster Art nach Süden, besonders nach Tirol, aber auch die Grafschaft Werdenfels war auf Zulieferung von Futter- und Grundnahrungsmitteln angewiesen. Dieser regionale und lokale Handel ist in der Wirtschaftsgeschichte Bayerns bislang kaum bekannt, er spielt jedoch, wie wir sehen werden, eine überaus bedeutende Rolle. Selbst im Handelsland schlechthin, in Italien, übertraf der regionale und lokale Handel wahrscheinlich den Fernhandel sowohl was die Mengen, als auch was den Wert betraf. Dieser Handel über geringere Entfernungen ist aber historisch schwer zu fassen, da der größte Teil davon im Detailhandel erfolgte und daher keine Buchführungen nach sich zog.[30]

Einen hervorragenden Einblick in die Güter und deren Mengen, die über unsere Straße nach Mittenwald und nach Tirol gehandelt wurden, geben uns Zollrechnungen der bayerischen Zollämter in Eschenlohe (Weghaus) und Kochel aus den Jahren 1478 beziehungsweise 1493.[31] Sie zeigen den Warenverkehr über die Route Partenkirchen-Klais-Mittenwald (Eschenlohe) und über die Route Kochel-Kesselberg-Walchensee-Mittenwald.

Betrachten wir zunächst die Waren, die in der Zollrechnung von Eschenlohe 1478 erwähnt werden und ihre Mengen:

Sofort fällt uns der dominante Anteil des Hafers von 49% auf, dabei handelt es sich um 1638 Säcke, wobei in der Regel 6 Säcke, manchmal über 30 Säcke pro Händler verzollt werden. Der Hafer als wichtigstes Futtermittel wurde an allen wichtigen Verkehrswegen

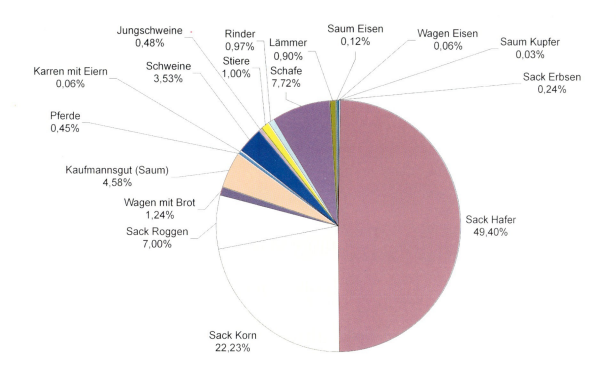

gebraucht. Mit 22% folgen darauf 737 Säcke Korn, und mit 7% 232 Säcke Roggen. Zu diesem Brotgetreide können wir auch noch die 41 *Peckenwagen* (Wagen mit Brot – 1%) rechnen. Die Fleischversorgung wird durch die 256 Schafe (8%), 30 Lämmer (1%), 117 Säue (4%), 16 Jungschweine, 33 Stiere (1%) und 32 Kühe (1%) repräsentiert. Weitere Nahrungsmittel sind 2 Karren voll Eier und 8 Säcke Erbsen.

Stellen wir dagegen die 152 *Sam Guet*, also die mit Kaufmannswaren aller Art beladenen Pferde, die nur 5% der Warenmenge ausmachen, und zu denen noch 1 Saumpferd mit Kupfer, 4 Saumpferde mit Eisen und 2 Wagen mit Eisen als Waren des Fernhandels gerechnet werden können, dann sehen wir hier deutlich, daß der regionale Lebensmittelhandel zwischen Südbayern und Tirol das Handelsgeschehen in Richtung Süden auf dem Scharnitzpaß eindeutig dominiert.

So kann es uns denn auch nicht verwundern, wenn dieser regionale Handel auch von den in der Region ansässigen Handeltreibenden dominiert wird.

Die folgende Karte zeigt die Herkunft der Händler und Transporteure in den Zollrechnungen von Eschenlohe und Kochel aus den Jahren 1493 beziehungsweise 1478 und die Häufigkeit ihrer Herkunft.

Wie schon beim Weinhandel festgestellt wurde, ist die Stadt Weilheim ein wichtiges Handelszentrum im südlichen Oberbayern. 29% der Handeltreibenden, die 1478 über Eschenlohe in Richtung Mittenwald und Tirol reisen, stammen von hier. Weilheim ist damit im späten 15. Jahrhundert mit Abstand der wichtigste Ort für den Lebensmittelhan-

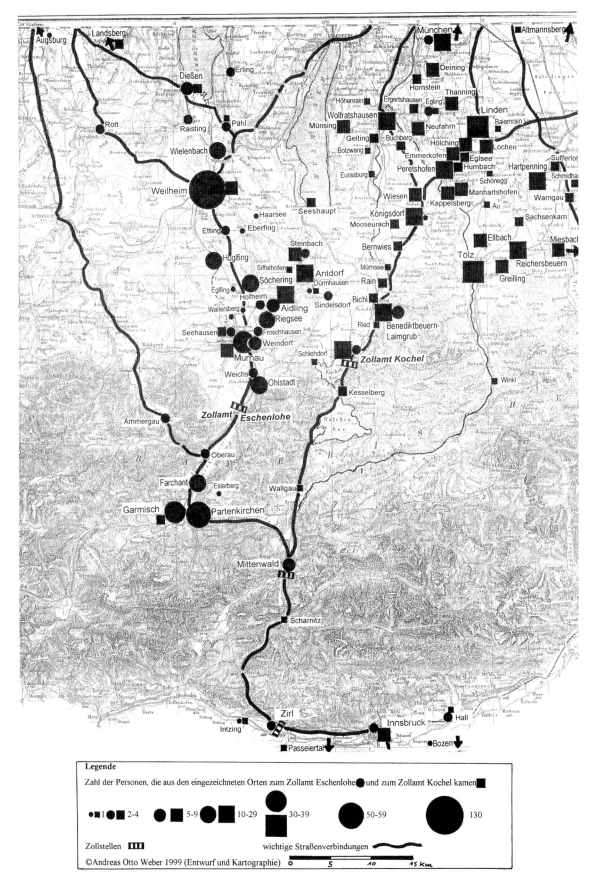

del nach Mittenwald und Tirol. Auf der Route über Partenkirchen nach Mittenwald folgen danach die Märkte Partenkirchen mit 12% und Murnau mit 9%. Auch die Händler aus Garmisch spielen mit 7% eine wichtige Rolle. Interessant und eine genauere Untersuchung wert ist der 5% hohe Anteil von Transporteuren aus dem Dorf Riegsee bei Murnau. Aus Farchant, das direkt an der Straße liegt, kommen 4% der Handeltreibenden auf dieser Route, aus Mittenwald nur 2%. Die Mittenwalder Fuhrleute und Händler waren demnach eher nach Süden als nach Norden orientiert. Aus der großen Handelsstadt Augsburg kommt aber in dem Zeitraum, den diese Zollrechnung abdeckt, nur ein einziges Mal ein Kaufmann. Dafür ist dieser dann gleich ein Großkaufmann, der 39 *Sam Gut*, also 39 Saumpferde mit Kaufmannsgut verzollt. Leider wissen wir nicht, welche Waren genau damit gemeint sind. Ganz anders als in Eschenlohe verhält sich die Zusammensetzung der Handeltreibenden auf der gerade erst durch Herzog Albrecht den IV. ausgebauten Kesselberg-Route,[32] die in der Kochler Zollrechnung von 1493 transparent wird. Eine Dominanz wie auf der Partenkirchner Route durch die Weilheimer gibt es hier nicht. An erster Stelle stehen die Händler aus dem Markt Tölz mit immerhin 10%, dann folgt mit erstaunlichen 9% das Dorf Linden (nördlich von Dietramszell). Wie läßt sich dieser hohe Anteil eines »normalen« und keineswegs großen Dorfes an den Handeltreibenden einer Fernstraße erklären? Linden liegt an einer Verbindungsstraße von München nach Tölz, die über Bad Heilbrunn und Bichl weiter nach Kochel und zum Kesselberg führt. Allein aus dieser Lage heraus ist die Bedeutung aber noch nicht zu erklären. Ein genauer Blick auf die Transporteure selbst zeigt den eigentlichen Grund: In Linden sitzen sechs Handeltreibende, von denen zwei sehr häufig unterwegs sind. Es sind dies ein gewisser *Hermann*, der zwischen dem 3. September 1493 und dem 31. Januar 1494 ganze 15mal im Zollregister von Kochel von 1493 erscheint, und ein weiterer Händler namens *Hansel Stolreyter*, der im gleichen Zeitraum hier 8mal Waren verzollt. *Hermann* verzollte – wie zu erwarten – vor allem Hafer (26 Schäffel) und Korn (25 Schäffel), daneben noch 13 Zentner Gut, also allerlei Kaufmannswaren und 6 Zentner Schmalz, die damalige Bezeichnung für Butter. Wir sehen also, daß es selbst in den Dörfern Handels- oder Transportunternehmer von gewisser Bedeutung gab. Dies wird auch durch die Verhältnisse in den anderen Orten bestätigt, die wir in der Kochler Zollrechnung finden: Nach Linden folgt nämlich mit 5% das Dorf Peretshofen, das bei Geretsried über dem Isartal thront. Auch hier finden wir wieder zwei besonders mobile Händler, nämlich *Oswalt Rainhart* (9mal) und *Hansel Kaplsperger* (4mal), während die übrigen drei, nämlich *Jörg Kaplsperger*, *Michel Mair* und *Hansel Kanzler*, nur bis zu zweimal in Kochel Waren

Herkunft der Händler und Transporteure in den Zollrechnungen von Eschenlohe und Kochel 1478 bzw. 1493.

verzollen. Jeweils 4% der Handeltreibenden am Kesselberg kommen aus Kochel, Königsdorf, Antdorf und Reichersbeuern, je 3% aus Aidling am Riegsee, Laimgrub (Benediktbeuern) und Hartpenning und aus den Städten Wolfratshausen und München.

Der Partenkirchener Händler Johann Gerber mit seiner wundersam geretteten Ballenladung. Fresko in der Wallfahrtskirche St. Anton, Partenkirchen von Joh. Ev. Holzer 1736.

Insgesamt betrachtet zeigt das Kartenbild sehr deutlich, daß jede Zollstelle, oder besser: jede Route, ein eigenes Einzugsgebiet von Handeltreibenden hat. So ist der Weg über Partenkirchen eher in Richtung Weilheim und Augsburg orientiert, der Kesselberg dagegen in Richtung Wolfratshausen und München. Nur in der Mitte finden wir Überschneidungen.

Greifen wir einige Beispiele aus der Zollrechnung von Kochel heraus, um zu sehen, was neben Getreide noch alles den Weg ins Gebirge genommen hat: Das erste Beispiel zeigt Pferdehandel. Am Dienstag den 27.8.1493 treffen wir *Valdein Westner und Jorg sein prueder vom Humpach* [Humbach] in Kochel an. Sie *haben hinein tryb(e)n 22 roß zu ve(r)kauf(en) davo(n) zw weglohn 22 kr(euzer)*. Am selben Tag wird auch noch ein Karren beladen mit Flußkrebsen verzollt, ein erster Hinweis auf die Bedeutung der oberbayerischen Seen und Flüsse für die Versorgung der Alpentäler. Einen Tag später bringt *Erhart* aus Kochel einen mit zwei Pferden bespannten Karren mit Fischen, vermutlich geräucherte Kochelseefische. Das Beispiel des *Jörg Kagmair* aus Dießen am Ammersee, der mit 2 Wägen (zu je 4 Pferden) mit Fisch unterwegs ist, zeigt uns, wie weit dieser Fischhandel reicht. Daß die Grenzen zwischen Händler und Produzenten in diesem regionalen Handel verwischen, erkennen wir an *Chrysl Fischmaister* aus Kochel, der ein Saumpferd beladen mit Krebsen verzollt. Dieser Grunduntertan des Kloster Benediktbeuern transportiert aber nicht nur Fisch, sondern ist in der Zollrechnung von Eschenlohe auch als Lieferant von 8 Säcken Hafer belegt.[33]

Aus dem oben erwähnten Ort Linden transportiert *Härtl Reitter* einen Wagen mit 4 Pferden voll Hanf über den Kesselberg. In eine andere Kategorie gehört der Kramer aus Weilheim, der am 14.9.1493 drei Zentner Kupfer auf einem Pferd vorbei führt. Daß nicht nur heute Schweine nach Tirol zur Herstellung von Speck transportiert werden, belegt am 16.9.1493 *Hans Neupeck* aus Wolfratshausen, der 7 *faiste Säue* bergauf treibt. Ihm folgt am selben Tag eine Herde von 33 Schafen, die Jörg Geiger aus Innsbruck irgendwo in Bayern gekauft hat. Am 23.9.1493 treibt der *Scheftlmair* von Thanning 24 Stiere in die Berge. Daß selbst Käse in den Bergen Abnehmer fand, beweist uns am 30.10.1493 *Cunz* aus Kochel, der eine Saumladung davon verzollt. Am Mittwoch vor St. Martin (6.11.1493) treffen wir einen richtigen Großhändler in Kochel an: Er heißt *Hans Offer* aus Altmannsberg und kommt mit 79 Wagen voller Kaufmannswaren nicht näher genannter

Art. Vermutlich haben wir es dabei mit einem Metalltransport zu tun, denn Altmannsberg liegt bei Vilseck mitten in der Montanlandschaft der Oberpfalz.[34] Sein Handelsziel dürfte Italien, vielleicht Venedig gewesen sein, somit haben wir hier einen Fernhändler vor uns.

Kehren wir wieder zum Handel im kleineren Stil und über relativ geringe Strecken zurück: Diesen repräsentieren zum Beispiel *Jörg Mezger* aus Innsbruck, der sich am 19. 11.1493 in Bayern mit 10 *faisten Säuen* und 3 Kühen versorgt hat und *Matheys Halphirn* aus Wolfratshausen, der in den Bergen einen Abnehmer für seine 3 *faisten Säue* sucht. Den Innsbrucker Metzger treffen wir übrigens am 19. Dezember mit zehn Rindern wieder auf dem Weg nach Tirol. Er besorgt sich also sein Schlachtvieh in Bayern selbst. Im November und Dezember 1493 werden erstaunlich viele Schweine über den Kesselberg getrieben, so am 21.11.1493 von *Cunrad Pfunner* aus Landsberg am Lech (26 *faiste Säue*), am 21.11.1493 vom *Hochenadl* aus Königsdorf (16 *magere Säue*), am 2.12.1493 von *Martein Partl* aus Steinbach bei Antdorf (8 faiste Säue und 4 magere Säue), *Hans Pockl* aus Landsberg (10 faiste Säue) und von einem gewissen *Krautwurm* aus Laimbgrueb (Benediktbeuern – 8 faiste Säue). Auch am Kesselberg können wir einen ungebremsten Handel im Winter feststellen, abgesehen von den Weihnachtstagen zwischen dem 22. und dem 26. Dezember. Dafür kommen am 26. gleich eine ganze Reihe von Händlern aus dem bayerischen Oberland. Auch im Januar nimmt der Handel noch an Volumen zu, wie uns zum Beispiel der Lederhändler *Jörg Aspeck* aus München am 20.1. (5 Saumpferde mit Häuten beladen) oder der Fischer *Steffan Wölff* aus Schlehdorf am Kochelsee am 23.1. (1 Wagen (4 Pferde) mit Fischen) und *Ulrich Sämer* aus dem Passeiertal in Südtirol am 1. Februar (17 Schäffel Korn, 2 Schäffel Hafer) zeigen.

Leider kann aus den Zollrechnungen nur sehr selten der Bestimmungsort der Lieferungen ermittelt werden. Mit *Ulrich Sämer* aus dem Passeiertal haben wir jedoch schon einen Hinweis darauf, daß Getreide aus dem bayerischen Oberland sogar bis nach Südtirol kam. Doch wie weit gingen die Händler und Fuhrleute aus dem oberbayerischen Alpenvorland? Verkauften sie alles in Mittenwald, in Innsbruck, oder ist es vorstellbar, daß sie ihre Waren bis nach Bozen oder weiter transportierten? Einen Einblick in den Handelsradius der Handelsleute des Oberlandes geben uns erneut die Rechnungsbücher des Heiliggeistspitals zu Bozen, die uns gleichzeitig zeigen, wie weitverzweigt die Versorgungswege Bozens im 16. Jahrhundert waren.

Welche Waren bezog das Spital also über unsere Straße? Von Händlern aus Partenkirchen kam neben Getreide Leinen, Flachs, Leder und lebende Schweine, aus Weilheim Getreide, Fisch, Leinen, Pferde und sogar Schnecken, aus Tölz und Tegernsee kam Käse, Schongau lieferte Leinen, der Ammersee erwartungsgemäß Fisch. Oberbayern allgemein kann als Getreidelieferant angesehen werden.[35] Auf den ersten Blick sehen wir also: Wir können tatsächlich damit

Handelstätigkeit der Bewohner des Alpenvorlandes bis ins heutige Südtirol reichte, und daß die ländliche Bevölkerung des südlichen Oberbayern keineswegs nur in ihren Dörfern festsaß, sondern in eine erstaunlich weitreichende Handelsmobilität eingebunden sein konnte. Versuchen wir auch dafür wieder einige konkrete Beispiele zu finden: *Hans Vogel* aus Weilheim ist uns oben schon als Weinhändler begegnet. Als solchen weisen ihn die Rechnungen des Bozner Spitals eindeutig aus. Er bringt neben Getreide auch andere Güter nach Bozen: 1516 verkauft er hier ein Pferd für 7,8 Mark, zwei Jahre später für 2 Mark *har*, also Flachs. Ein weiteres gutes Beispiel ist *Peter Feichtmair* aus Wessobrunn, der 1556 ganze 95 Star Hafer für 20,9 Mark verkauft und dafür Wein für 57 Mark einkauft.[36] Andere Handeltreibende, die über Mittenwald nach Bozen kamen, sind zum Beispiel der Schweinetreiber *Hans Schinter* aus München (6 Schweine zu je 1 Mark), *Peter Affer* aus Schongau (Leinwand), *Andre Schrögk* aus Augsburg, der *plateisen*, also Blech verkauft, *Sigmund Keber* aus München (Zucker und Safran aus Venedig!), *Ärtl* aus Tölz (Käse), der Fuhrmann *Jacob Therb* aus Weilheim (Schmalz), *Otmar Albrecht* und *Cunz Mair* aus Weilheim (43 Star Roggen für 12,7 Mark), um nur einige zu nennen.[37]

Der Süden Bayerns und der Süden Tirols waren durch die Berge nicht getrennt, sondern durch die Pässe verbunden. Die genannten Beispiele zeigen eindrucksvoll, wie stark diese zwei benachbarten Regionen voneinander abhingen. Flüssige Nahrung in Form von Wein ging nach Norden, feste Nahrung in Form von Getreide, Fleisch, Fisch und Käse ging in die Täler des Südens.

Exkurs: Der Zolltarif von Mittenwald von 1558

Natürlich profitierte die Herrschaft über den Paßübergang von dem regen Handelsverkehr, und zwar in erster Linie durch die Zolleinnahmen. Uns interessiert dabei weniger die Einnahmenseite des Zollherren, des Herzogs von Bayern, sondern die Liste der Waren, die vom Zoll erfaßt wird. 1558 erließ Herzog Albrecht V. von Bayern einen Zolltarif für Mittenwald, Ammergau, Eschenlohe und Kochel, in dem folgende Waren mit der entsprechenden Zollgebühr als nach Süden gehend erfaßt wurden:

1 Wagensam allerlei Cramerey 8 dn [= Denar = Pfennig], *1 Wagensam Loden 8 dn, 1 Wagensam Regensburger Tuch 8 dn, 1 Wagensam Leinwand 8 dn, 1 Wagensam Gwand 8 dn, 1 Wagensam Wachs 8 dn, 1 Wagensam Pelzwaren 8 dn, 1 Wagensam Zinn 8 dn, 1 Wagensam*

Der Partenkirchener Limonihändler Anton Simon (1783–1849) und seine Frau Marianne.

Felle 8 dn, 1 Wagensam Heu 8 dn, 1 Wagensam Federn 8 dn, 1 Wagensam Heringe [in Fässern] *8 dn, 1 Wagensam Stockfisch 8 dn, 1 Wagensam Blech 8 dn, 1 Wagensam Flachs 8 dn, 1 Wagensam Hanf 8 dn, 1 Wagensam Seile 4 dn, 1 Wagensam Hausrat 3 kr, 1 Zentner Eisen 2 dn, 1 Zentner Stahl 2 dn, 1 Sam Nürnberger Kupfer 3 dn, 1 Sam Nürnberger Blei 3 dn, 1 Zentner Schmalz* [Butter] *4 dn, 1 Wagensam Schweinefleisch 8 dn, 1 Wagensam Schmer* [Fett] *8 dn, 1 Wagensam Inslet* [Fett] *8 dn, 1 Wagensam Käse 8 dn, 1 Wagen Rutten* [Fischart] *7 dn, 1 Karren Rutten 1 kr, 1 Wagen Fisch 6 kr, 1 Karren Fisch 3 kr, 1 Wagen Krebse 6 kr, 1 Karren Krebse 3 kr, 1 Saumpferd Fisch/Krebse 2 kr, 1 Schäffel Weizen 1 kr, 1 Schäffel Korn 1 kr, 2 Schäffel Hafer, Gerste, Vesen 1 kr, 1 großer Ochse 4 kr, 1 Rindvieh 2 kr, 1 faiste Sau 5 dn, 1 faister Joschn 5 dn, 1 magere Sau 2 dn, 1 Schaf 2 dn, 1 Kalb 1 dn, 1 Pferd ohne Last 3 kr, 1 Saumpferd Hühner 2 kr, 1 Saumpferd Wildbret 2 kr, 1 Saumpferd Eier 2 kr.*

Der Fernhandel mit Venedig und Oberitalien

Auch wenn – wie wir gesehen haben – der Fernhandel Bayerns mit Venedig und Oberitalien am Verkehrs- und Warenaufkommen auf der Straße über den Scharnitzpaß nur einen relativ geringen Anteil hatte, darf man seine Bedeutung sowohl für das Werdenfelser Land, wie auch für den Nord-Süd-Handel insgesamt nicht unterschätzen. Eine Darstellung dieses Themas könnte allein ein eigenes Buch füllen. Wir wollen deshalb auch bei diesem Themenkomplex wieder wichtige Beispiele vorstellen, die eine Vorstellung der geschichtlichen Realität vermitteln können. Dabei steht der Handel zwischen den großen Handelszentren Venedig und Augsburg im Vordergrund.[38] Im Fernhandel über Brenner und Scharnitzpaß kamen die Erzeugnisse des Mittelmeerraumes und Asiens im Tausch gegen Textilien und Metalle in den Raum nördlich der Alpen. Metallwaren waren der wohl wertvollste Beitrag des deutschen Handwerks zum europäischen Handel. Wir können diese Dominanz der Metallwaren überaus deutlich bei dem bekanntesten Handelshaus Süddeutschlands, den Fuggern aus Augsburg, feststellen: Die Fugger verkauften in ihrer Faktorei zu Venedig vor allem Kupfer und Silber aus der Gegend um Schwaz in Tirol. Die Fuggersche Buchhaltung aus dem Jahr 1516 zeigt uns, daß der Wert der Waren, die die Fugger über Venedig bezogen und über die Alpen weiter transportierten, insgesamt nur etwa ein Drittel des Wertes der Waren betrugen, die die Fugger nach Venedig brachten. Der wirtschaftliche Erfolg der Fugger beruht also in erster Linie auf dem Verkauf von Kupfer und Silber aus den ebenfalls von ihnen betriebenen Bergwerken in Schwaz.³⁹ Andere Augsburger Metallhändler waren die Gossembrot, Herwart, die Baumgartner, die Welser, Hoechstetter und Rehlinger. Das große Engagement der Fugger in der Metallerzeugung und im Metallhandel und die daraus erklärbare finanzielle Dominanz des Metallexports gegenüber dem Import von Waren über Venedig, darf uns jedoch nicht den Blick für andere wichtige Handelswaren verstellen. Gerade in Augsburg hing ein außerordentlich wichtiger Gewerbezweig »am Tropf« des Venedighandels: die Weberei. Um 1600 gab es in Augsburg über 2000 Webermeister, und über die Hälfte aller Augsburger Handwerksmeister waren im Textilgewerbe tätig. Diesen mit Abstand wichtigsten Gewerbezweig der Stadt Augsburg, aber auch die Textilherstellung in den anderen oberdeutschen Städten, nämlich Ulm, Memmingen und Kempten, belieferte Venedig fast in Monopolstellung mit Baumwolle zur Herstellung von Barchentstoffen.⁴⁰ Die Baumwolle kam ursprünglich hauptsächlich aus Ägypten, Kreta und Kleinasien.⁴¹ Die große Bedeutung des Baumwollhandels für unsere Straße zeigt sich auch in den sogenannten Ballenhäusern (oder Pallhäuser), die Hand in Hand mit der Organisation des Rottwesens eingerichtet wurden.⁴² Vermutlich waren es die charakteristischen Baumwollballen (auch *Bellein*), die ihnen den Namen gegeben haben. Die Produktion von Barchentstoffen in Augsburg erlebte im 16. und frühen 17. Jahrhundert eine enorme Blüte, die natürlich auch den Handeltreibenden

Epitaph des Händlers Provino, der 1783 auf dem Weg von Bozen nach Augsburg in Mittenwald starb, Pfarrkirche Mittenwald.

mit Venedig und den Transporteuren zugute kam.[43] Im frühen 17. Jahrhundert war der Baumwollexport von Venedig nach Augsburg so stark angewachsen, daß sein Transportvolumen fünfmal so groß war wie der Transport von Handelswaren in die Gegenrichtung.[44] Wichtigste Massenwaren des Venedighandels waren also Eisenwaren und Baumwolle. Viel mehr Berühmtheit als der Baumwollhandel hat Venedig aber der Orienthandel mit Gewürzen, Farb- und Duftstoffen, Drogen und Juwelen eingebracht. Besonders seit der Eroberung Konstantinopels durch die Türken 1453 und der Handelsstadt Kaffa auf der Krim 1475 fiel der bedeutendste Handelsweg des Ostens über Lemberg und Kiew für die Versorgung Mittel- und Osteuropas mit Produkten aus dem Orienthandel aus. Zugute kam dies vor allem Venedig, über dessen Hafen der Norden und Osten Europas nun mit orientalischen Gütern versorgt wurde. Über Venedig kam der Pfeffer, die Muskatnuß, der teure Safran, Ingwer, Gewürznelken, Zimt, Duftstoffe und Drogen wie Weihrauch, Myrrhe, Moschus, Kampfer, Kardamon, Galanga, Alde, Sandelholz, Rhabarber, Ambra, Skammonium, Färbstoffe wie Indigo, Safran, Lakka, Brasilholz, aber auch Zucker aus Ägypten in den Norden. Weitere Luxuswaren waren aufwendige und wertvolle Stoffe wie Damastseide und Samt, daneben Juwelen wie Diamanten und Perlen, aber auch Malvasierwein, der im späten Mittelalter und danach der Inbegriff des wertvollen Süßweins aus Italien war. Venedig war also im 15. Jahrhundert das Scharnier für den Orienthandel, also der wichtigste Ort für Luxuswaren. Erst durch die Entdeckung des direkten Seeweges nach Ostindien durch den Portugiesen Vasco da Gama 1498 beginnt das Monopol Venedigs im Gewürzhandel zu schwinden. So können wir feststellen, daß die Fugger 1516 keine Gewürze in Venedig gekauft haben. Offenbar waren die Niederlassungen der Fugger in Lissabon und Antwerpen schon an die Stelle Venedigs als Gewürzhandelsort getreten.[45] Dies gilt aber nicht allgemein; andere Händler bezogen weiterhin Gewürze über Venedig. Wieder können uns die Rechnungsbücher des Bozner Heiliggeistspitals Einblicke in die Details des Venedighandels geben. Hier finden wir viele Augsburger Händler, die auf dem Rückweg von Venedig bereits Geschäfte mit den dort erstandenen Waren machen: 1540 verkauft zum Beispiel *Balthasar Vogel* aus Augsburg dem Heiliggeistspital Pfeffer für 2,1 Mark, *Martin Abbt* verkauft Zucker für 1,7 Mark, derselbe im Jahr darauf Zucker und Mandeln, wieder ein Jahr später Spezereien für 1,1 Mark. Weitere Augsburger Gewürzhändler, die wir in Bozen in dieser Zeit antreffen sind *Jacob Paulhofer*, *Bartlme Hartlprunner*, *Martin Maerlen*, *Conrat Zeller* und andere.[46] Hier stellt sich natürlich die Frage, warum Augsburger Händler eine Bozner Institution mit venezianischen Waren versorgen? Die Beantwortung hängt eng mit dem großen

Die Zollstelle Kolmann im Eisacktal (Südtirol).

Aufstieg von Mittenwald zusammen. In Folge kriegerischer Auseinandersetzungen zwischen der Grafschaft Tirol und der Republik Venedig mieden die venezianischen Händler seit etwa 1485/87 die bedeutenden Märkte von Bozen, wie zum Beispiel den Ägidi-Markt im September. Anstelle von Bozen wurde Mittenwald nun zur wichtigsten Anlaufstelle der venezianischen Händler und damit zum Hauptumschlagplatz des Venedighandels über Augsburg und München. Der Venedighandel wurde von der Strecke Venedig-Treviso-Valsugana-Trient-Bozen-Brenner auf eine Route verlegt, die länger in venezianischem Territorium blieb: Sie führte über Treviso in das Cadore-Tal, wo in San Vito di Cadore ein Ballenhaus mit Waage bestand, weiter über Cortina d'Ampezzo (ebenfalls Ballenhaus und Waage) zur Zollstelle am Hospital Peutelstein und erreichte in Toblach im Pustertal Tiroler Gebiet. In Bruneck, das zum Hochstift Brixen gehörte, gab es wieder Zoll, Ballenhaus und Waage, genauso wie in Mühlbach am Eingang des Pustertales. Mühlbach ist übrigens eine der am besten erhaltenen derartigen Straßenstationen. Weiter führte der Weg dann nach Sterzing und über den Brenner nach Innsbruck. Hier und unterwegs lagen weitere Ballenhäuser. Von Innsbruck aus kam dann noch der Zoll in Zirl, bevor man den steilen Aufstieg nach Seefeld nahm und zum Zoll und Ballenhaus von Mittenwald kam.[47]

So verwundert es kaum, daß Augsburger Händler die neue Abseitslage Bozens nutzten und anstelle von venezianischen Händlern die Waren aus Venedig nach Bozen brachten. Hier bestanden weiterhin Märkte, eben die Bozner Märkte, so daß die Bezeichnung Bozner Markt in Mittenwald eigentlich irreführend ist.[48] Man sollte eher von Venezianermärkten sprechen. Die Bevorzugung Mittenwalds durch Venedig brachte der Grafschaft Werdenfels eine 200 Jahre andauernde wirtschaftliche und kulturelle Blüte. Im Mittenwalder Ballenhaus wurden die in Rechnung der Augsburger Großhändler von den Rottfuhrleuten transportierten Handelswaren abgelegt, wofür die Gemeinde Geldzahlungen erhielt. Die Märkte Mittenwalds dienten in erster Linie den Fernhandelskaufleuten, waren also weniger lokales Distributionszentrum als Warenumschlagplatz. Die veränderte Fernstraßensituation und die Präsenz der venezianischen Handelshäuser in Mittenwald regten weitere Veränderungen im Handelsnetz an. Der Münchner Bürger und Händler Heinrich Barth schlug seinem Landesherrn, Herzog Albrecht IV. vor, eine kürzere Straßenverbindung von Italien nach München anzulegen. Mit Genehmigung des Herzogs wurde der Saumpfad über den Kesselberg zum Walchensee und weiter nach Mittenwald zur Fahrstraße ausgebaut, und München so in den Venedighandel stärker eingebunden.[49]

Schlußgedanke

Die Alpentäler sind Landschaften, in denen sich Wege bündeln. Das hohe Verkehrsaufkommen und der durch die Enge der Täler knappe Siedlungsboden führen zu einer hohen Siedlungsdichte an den Hauptverkehrsadern. Hier ist alles auf den Transport über die Alpen ausgerichtet: Die Bauernhöfe leisten anstelle anderer Abgaben häufig Transportdienste, sie besitzen meist mehrere Pferde. Ihre Inhaber leben wohl mehr vom Verkehr als vom Boden, den sie bewirtschaften. Die Hausformen von Zirl, Scharnitz, Mittenwald, Partenkirchen und anderen Orten an unserer Straße sind mit ihren breiten Einfahrtstoren, hinter denen sich langgezogene gewölbte Durchfahrten verbergen, für die sichere Verwahrung mehrerer beladener Fuhrwerk konzipiert. So ist auch das Gesicht der Siedlungen vom Verkehr geprägt. Typische Verkehrsorte sind Partenkirchen und Mittenwald. Das alte Partenkirchen ist ein typisch römischer Paßfußort, der seit jeher vom Verkehr lebt – heute vor allem vom Tourismus. Mittenwald, die hochmittelalterliche Neugründung oben am Paß, läßt sich ohne die Straße gar nicht denken. Die ganze Struktur Mittenwalds vom Ballenhaus zur Judengasse, vom Gasthaus Post zum Pilgerhaus, vom großartigen Gewölbe des Schreyögg-Hauses, in dem die Fuhrwerke sicher geparkt waren, bis zur Floßlände, all dies verdanken wir dem Handel zwischen Norden und Süden. Mittenwald und die anderen Orte des Werdenfelser Landes sind damit Relikte einer Zeit, in der die hohe Mobilität seiner Bewohner Süden und Norden – trotz der steilen Berge, die dazwischen lagen – zusammenbrachten.

Anmerkungen

1. BÜTTNER, HEINRICH: Vom Bodensee und Genfer See zum Gotthardpaß, in: Die Alpen in der europäischen Geschichte des Mittelalters (Vorträge und Forschungen, Band 10), Stuttgart 1965, S. 77–110.
2. HASSINGER, HERBERT: Geschichte des Zollwesens, Handels und Verkehrs in den östlichen Alpenländern vom Spätmittelalter bis in die zweite Hälfte des 18. Jahrhunderts (Deutsche Handelsakten des Mittelalters und der Neuzeit, Band XVI) (Deutsche Zolltarife des Mittelalters und der Neuzeit, Teil V), Band 1.
3. SCHREMMER, ECKART: Die Wirtschaft Bayerns. Vom hohen Mittelalter bis zum Beginn der Industrialisierung. Bergbau. Gewerbe. Handel, München 1970, S. 149.
4. SCHREMMER 1970, S. 151 und 157–178.
5. BayHStA, Plansammlung 20739.
6. Vgl. WEBER, ANDREAS OTTO: Studien zum Weinbau der altbayerischen Klöster im Mittelalter. Altbayern – Österreichischer Donauraum – Südtirol (Vierteljahreschrift für Sozial- und Wirtschaftsgeschichte, Beiheft 141), Stuttgart 1999, S. 19–22.
7. WEBER 1999, S. 26–39; – CZYSZ, WOLFGANG u.a.: Die Römer in Bayern, Stuttgart 1995, S. 261.
8. Abbildung bei: CSYSZ 1995, S. 262.
9. Abbildung und Erläuterung bei: FISCHER, THOMAS: Römer und Bajuwaren an der Donau. Bilder zur Frühgeschichte Ostbayerns, Regensburg 1988, S. 158f; zum Transport auf dem Inn: HAIDER, PETER W.: Gab es während der römischen Kaiserzeit eine Innschiffahrt auf Tiroler Boden?, in: Tiroler Heimat 54 (1990), S. 5–24.
10. CSYSZ 1995, S. 261.
11. WEBER 1999, S. 55–66.
12. Ebd., S. 131.
13. Ebd., S. 136–141, 361–364.
14. Ebd., S. 306–334.
15. SCHNEIDER, WALTER: Weinverkauf des Heilig-Geist-Spitals Bozen im 16., 17. und 18. Jahrhundert, in: Der Schlern 70, 1996, S. 195–221, hier: S. 203.
16. WEISSTHANNER, ALOIS: Die Traditionen des Klosters Schäftlarn 760–1305 (QuE NF 10,1) München 1953, Nr. 471.
17. SZABÓ, THOMAS: Artikel »Wagen« in: Lexikon des Mittelalters, Band VIII, München 1997, Sp. 1906.
18. BayHStA, Herzogtum Bayern, Ämterrechnungen bis 1506, 1546.
19. Im Heiliggeistspital Bozen wurden Fässer von 2 Fudern (1200 l) oder mehr Inhalt zum Teil von den Weinproduzenten mitverkauft, zum Teil kamen die Kunden mit eigenen Fässern. Nur kostbarere Weine, wie Salbei- oder Rosmarinwein wurden in kleineren Fässern, den »Banzen« verkauft, die ca. 250 l Inhalt hatten. Vgl. SCHNEIDER 1996, S. 215.
20. BayHStA, Herzogtum Bayern, Ämterrechnungen bis 1506.
21. Südtiroler Landesarchiv Bozen, Rechnungsbücher des Heiliggeistspitals Bozen 1515.
22. BayHStA, Herzogtum Bayern, Ämterrechnungen bis 1506, 1546.
23. SCHNEIDER 1996, S. 205–213.
24. Ebd., S. 208–209.
25. Südtiroler Landesarchiv Bozen, Rechnungsbücher des Heiliggeistspitals Bozen 1516.
26. BayHStA, GL Fasz. 4478.
27. BayHStA, Kurbayern, Äußeres Archiv 426, f. 220–225.
28. Vgl. dazu den Beitrag von ALEXA GATTINGER in diesem Band.
29. ROBERTO S. LOPEZ, Italien: Die Stadtwirtschaft vom 11. bis 14. Jahrhundert, in: Europäische Wirtschafts- und Sozialgeschichte im Mittelalter, hg. v. Jan A. van Houtte (Handbuch der europäischen Wirtschafts- und Sozialgeschichte, hg. v. Hermann Kellenbenz, Band 2), Stuttgart 1980, S.460.
30. Siehe auch den Beitrag von ALEXA GATTINGER in diesem Band.
31. BayHStA, Herzogtum Bayern, Ämterrechnungen bis 1506, 1035 (Zollrechnung Eschenlohe 1478); 1038 (Zoll- und Weglohnrechnung Kochel am See 1493).
32. PFUND, KARL: Geschichtliche Erinnerungen an die Kesselbergstraße 1492–1992, in: Oberbayerisches Archiv 48 (1893/94), S. 113–123.
33. Zum Besitz Benediktbeuerns in Kochel, dabei auch das Anwesen des Fischmeisters, siehe HEMMERLE, JOSEF: Die Benediktinerabtei Benediktbeuern (Germania Sacra NF 28), Berlin-New York 1991. Am Pfinztag nach St. Paul 1478 bezahlt der Fischmaister von Kochel für 8 Säcke (Schäffel) Hafer 4 kr Zoll. Vgl. BayHStA, Herzogtum Bayern, Ämterrechnungen bis 1506, 1035: Zollrechnung Eschenlohe 1478.
34. WOLF, HELMUT: Eisenerzbergbau und Eisenverhüttung in der Oberpfalz von den Anfängen bis zur Gegenwart (Hefte zur Bayerischen Geschichte und Kultur, Band 3), München 1986.

35 SCHNEIDER 1996, S. 212–213.
36 Südtiroler Landesarchiv Bozen, Rechnungsbücher des Heiliggeistspitals Bozen 1516, 1519, 1520, 1556.
37 Südtiroler Landesarchiv Bozen, Rechnungsbücher des Heiliggeistspitals Bozen 1517, 1518, 1522, 1524, 1527, 1533.
38 KELLENBENZ, HERMANN: Wirtschaftsleben der Blütezeit, in: Geschichte der Stadt Augsburg von der Römerzeit bis zur Gegenwart, hg. v. Gunther Gottlieb, Wolfram Baer u.a., Stuttgart 1984, S. 258–301.
39 Grundlegend dazu: WEITNAUER, ALFRED: Venezianischer Handel der Fugger. Nach der Musterbuchhaltung des Matthäus Schwarz (Studien zur Fugger-Geschichte 9), München-Leipzig 1931, S. 92.
40 HILDEBRANDT, REINHARD: Die wirtschaftlichen Beziehungen zwischen Oberdeutschland und Venedig um 1600, in: Bernd Roeck u.a., Venedig und Oberdeutschland in der Renaissance. Beziehungen zwischen Kunst und Wirtschaft (Studi. Schriftenreihe des Deutschen Studienzentrums in Venedig, Band 9), Sigmaringen 1993, S. 277–288; – CLAUS-PETER CLASEN, Die Augsburger Weber. Leistungen und Krisen des Textilgewerbes um 1600 (Abhandlungen zur Geschichte der Stadt Augsburg 27), Augsburg 1981.
41 Einen guten Überblick über die wichtigsten Handelswaren des späten Mittelalters und ihre Herkunft gibt die Karte »Der Mittelmeerhandel im Spätmittelalter« in: Großer Historischer Weltatlas, hg. v. Bayerischen Schulbuch-Verlag, II. Teil: Mittelalter, München 1970, S. 89.
42 KELLENBENZ 1984, S. 271 und 280–281.
43 Ebd., S. 271.
44 Vgl. dazu den Beitrag von PETER SCHWARZ in diesem Katalog.
45 WEITNAUER 1931, S. 105–106.
46 Südtiroler Landesarchiv Bozen, Rechnungsbücher des Heiliggeistspitals Bozen 1541–1560.
47 MÜLLER, JOHANNES: Das Rodwesen Bayerns und Tirols im Spätmittelalter und zu Beginn der Neuzeit, in: Vierteljahresschrift für Sozial- und Wirtschaftsgeschichte 1905, 4. Heft, S. 361–420, 555–626, hier S. 369.
48 HAIDACHER, CHRISTOPH: Tirol und die Grafschaft Werdenfels, in: Hochstift Freising. Beiträge zur Besitzgeschichte, hg. v. Hubert Glaser (32. Sammelblatt des Historischen Vereins Freising), München 1990, S. 255–269, hier: S. 269.
49 HAIDACHER 1990, S. 269; PFUND 1893/94, S. 113–123.

Josef Ostler

»ZUR POST« IN PARTENKIRCHEN

Ein Gasthof seit mehr als 500 Jahren

Seit dem zwölften, vor allem aber seit dem 13. Jahrhundert nahm der Verkehr zwischen den Räumen nördlich und südlich der Alpen beträchtlich zu. Er folgte den durch die Täler im wesentlichen vorgegebenen Verbindungslinien, die bereits die Römer zu Verkehrswegen ausgebaut hatten. Der Aufstieg von Städten wie Augsburg und Nürnberg im Norden und besonders Venedig im Süden bewirkte einen zunehmenden Handelsverkehr, für den sich spezielle Transportformen (Rott) herausbildeten. Für die Abwicklung des Verkehrs waren infrastrukturelle Einrichtungen erforderlich, insbesondere Gasthäuser mit Versorgungsmöglichkeiten für Mensch und Tier.[1]

Den ältesten Hinweis auf einen Gasthof in Partenkirchen finden wir in den Reiserechnungen des Patriarchen Wolfger von Ellenbrechtskirchen, der sowohl auf der Hinreise als auch auf der Rückreise im Jahr 1204 in Partenkirchen nächtigte.[2] Er verzeichnete darin seine Ausgaben für Quartier, Brot und Wein, Pferdefutter und für den Schmied. Wo der Gasthof lag, ist leider nicht ersichtlich.

Hotel und Gasthof »Zur Post« um 1910.

55

Der traditionsreichste Partenkirchner Gasthof ist die »Post«, Ludwigstraße 49 in der Nähe der Kirche. Die Geschichte dieses Hauses und seiner Bewohner läßt sich bis in das 15. Jahrhundert zurückverfolgen. Bei der Einführung der Hausnummern um 1795 erhielt es die Nummer 53 und von 1813 bis 1865 die 49. Nach dem großen Marktbrand erfolgte wieder eine Änderung. Es wurden zwar Straßennamen eingeführt, aber die Häuser durchnumeriert. Bis etwa 1925 hatte der Gasthof so die Adresse Ludwigstrasse 77. Mit dem Haus war kein Hausname verbunden, da es seit Jahrhunderten als Gastwirtschaft betrieben wurde. Seit 1749 ist es als »*Post*« bekannt.

Der Gasthof bis 1560

Als erster gesicherter Eigentümer wurde Hans Wilfing ermittelt, der 1468 vom Kloster Rottenbuch 11 $^{1}/_{2}$ Mark Berner als Darlehen nimmt und dafür 6 Pfund Berner jährlichen Zins leistet. Das Kapital versichert er mit seinem Haus in Partenkirchen.[3]

Genealogisch einwandfrei nachvollziehbar sind Ursula Wulfing, die 1406 die Drehschwaige kauft, und deren Sohn Hans und Ehefrau Walburg Wulfing. Deren Sohn Eberhart und seine Frau Elisabeth, die als *Würtzleut* bezeichnet werden, verkaufen am 10. Januar 1472 die Drehschwaige an die Kirche St. Andreas in Farchant. 1476 schenkt Eberhart der Kirche *Unserer Lieben Frau* in Partenkirchen einen jährlichen Zins von 4 Kreuzern.[4] Sie tauschen vor 1487 ihr Haus an den Partenkirchner Richter Hans Müllner.[5]

Vermutlich hat es bei diesem Tausch Probleme gegeben, denn die Auslaufbücher des Bischofs Sixt von Tannberg, in denen die abgehenden Briefe festgehalten wurden, befassen sich mehrmals mit einem Streit zwischen Eberhard Wilfing und dessen Sohn Hans mit Hans Müllner.[6] Ein Schiedsgericht legt fest, daß Müllner *aus dem Haus, so er von dem Wulfing in sein Gwalt bracht hat gelegen zu Partenkirch, daz da stost unnden an des Hamerspachs oben an des Pierprewn Häusser jährlich* 6 Pfund Berner Zinsen und zum Schadensausgleich einmalig 12 Gulden dem Kloster zahlen soll.[7] Aufgrund der Zinsbelegung und der angegebenen Nachbarn ist sicher, daß das ehemalige Haus des Wulfing das heutige Hotel »zur Post« in Partenkirchen ist.

Müllner führt die Gastwirtschaft weiter. Er ist auch einer der Werdenfelser Rottfuhrleute, die 1497 den Freisingischen Wein aus Südtirol an die Lände nach Mittenwald bringen. Für den Transport von 14 Ihren und 1/2 Pazeiden (ca. 1000 Liter) erhält er 16 Gulden und 4 Pfund Berner.[8]

Über die Gasthöfe der damaligen Zeit berichtet Antonio de Beatis, der als Sekretär des Kardinals Luigi d'Aragona 1517 auch durch Partenkirchen reist.[9] Er sagt, daß man überall in Deutschland gut unterkomme. Die Reisenden waren verwundert, daß man in allen Gasthäusern zwei Sorten wohlschmeckenden Wein bekam, einen weißen und einen roten. Nach der Sitte des Mittelalters war er mit Kräutern wie Salbei, Rosmarin oder Flieder gemischt. Es gab schmackhaftes Kalbfleisch, viel Hühner und kräftiges Brot. An Fischen aus Seen und Flüssen und guten Forellen habe es nirgends gefehlt, denn jeder Gastwirt habe vor seinem Gasthaus ein oder zwei verschließbare Fischkästen aus Holz, bei denen das Brunnenwasser so ein- und ausfließe, daß die Fische lange Zeit lebend erhalten werden könnten. Die Häuser seien meist aus Holz, aber schön und anmutig von außen und im Inneren nicht unbequem. Federbetten und ebenfalls mit Federn gefüllte Oberbetten seien im Gebrauch, man spüre darin weder Flöhe noch Wanzen. Im Gegensatz zum Käse schmecke das Obst um so besser. In allen Gasthäusern seien drei oder vier junge Serviermädchen, die sich zwar nicht wie die französischen Kammermädchen küssen ließen, wohl aber gerne zum Mittrinken einladen, *wobei es im Reden und Benehmen recht frei zuzugehen pflegt.*

1523 zahlt Sebastian Millauner die 6 Pfund Berner an das Kloster Rottenbuch.[10] Er erscheint in der Steuerliste des Jahres 1529 als Bastian Melauner mit einer Steuerschuld von 12 Pfund Berner.[11] 1543 sind Hans Lidl Vater und Sohn die Besitzer des Hauses.[12] Am 2. März 1551 geht das Anwesen durch Tausch an die Familie Hochenleuthner über. In dem Vertrag kommt ein Fischbrunnen vor, Kennzeichen dafür, daß das Anwesen auch zu dieser Zeit als Gasthof Verwendung fand.[13] Daß Hans Hochenleutter den Gastbetrieb fortsetzte, ist aus den Pflegrechnungen des Jahres 1552 ersichtlich. Als die Werdenfelser Untertanen die Erbhuldigung verweigerten und eine Freisinger Abordnung auf der Burg logierte, wurde bei ihm für 32 Kreuzer verzehrt.[14]

Taferne des Klosters Beuerberg

Verschiedene Klöster des Alpenvorlandes hatten Besitz in Partenkirchen. Erwerbungen vor dem Ende des 13. Jahrhunderts resultierten meist aus Stiftungen adeliger Familien; später kauften einige Klöster Güter als Kapitalanlage und um bei den Weintransporten aus Südtirol eine sichere Anlaufstation zu haben. So lag auf manchen Gütern die Verpflichtung, dem Kellermeister eine Nächtigung mit Verpflegung bei Hin- und Rückreise zu gewähren.

Das zwischen Wolfratshausen und Penzberg am Loisachhochufer gelegene Augustiner-Chorherrenstift stand zu Beginn des 16. Jahrhunderts vor dem Zusammenbruch. Erst der aus Diessen geholte Prior Leonhard Mochinger brachte es in seiner langen Regierungsperiode (1527–1563) zu neuer Blüte. Auch dieses Kloster besaß Weingüter in Südtirol. Für den Transport des Weines bot die Flößerei auf der Loisach von Garmisch ab eine günstige Möglichkeit.

Beuerberg betrieb ab der der zweiten Hälfte des 16. Jahrhunderts Kapitalanlage in der Grafschaft. Anscheinend knüpfte die Familie des in Partenkirchen ansässigen Hans Hochenleutter die Verbindungen des Klosters nach Werdenfels. Möglicherweise waren sie Nachkommen von Hans Hochenleutter zu Hochenleutten, der am 2. Februar 1507 sein Haus auf dem Moos zu Beuerberg an das Kloster verkauft und dessen Nachfahren bis ins 16. Jahrhundert Weinfuhrleute des Klosters waren.[15]

Am 18. November 1560 verkaufen Hans und Christoph Hochenleuter und ihre Frauen die *Behausung, Hofstat, sambt des gemelten Stuckh, mit Aus- unnd Einfart, mit allen den Ern Würden, und Rechten, mit Nagl, Nied, Gependt, und Marchstain allenthalben ein- und umbfangen ist, mit Grundt und Poden* für 750 Gulden Rheinisch an das Kloster Beuerberg. Der Brunnen und die Zuleitung müssen auf eigene Kosten unterhalten werden. An die Gemeinde Partenkirchen sind als Gestattungsgebühr für die Zuleitung zum Brunnen 3 Pfund Berner (36 Kreuzer) jährlich zu zahlen.[16]

Nach dem Gilt- und Stiftbuch des Klosters von 1562 wurde der Gasthof Sebastian Hochenleuter, dem Bruder des Verkäufers, in Freistift überlassen. Er hatte als Gegenleistung jährlich 28 Gulden Zins zu zahlen, die Zinsen des Klosters in der Grafschaft einzusammeln und sie bis Nicolai auf eigene Kosten nach Beuerberg zu liefern. Außerdem hatte er die Baulasten zu tragen, zur Verhütung von Brandgefahr zwischen dem Stall- und Wohnteil eine Schidmauer aufzuziehen und *des Gotzhaus Beirberg Insignia und Wappen aussen am Haus* malen zu lassen.[17]

Schon nach zwei Jahren taucht 1564 mit Hans Schradt, der ein Sohn des Farchanter Tafernenwirts Christoph Schradt gewesen sein könnte, ein neuer Pächter auf. Wahrscheinlich ist er mit den Hochenleutter verwandt, denn er tritt auch als Weinfuhrmann des Klosters in die Fußstapfen dieser Familie. Er erscheint bei den Hexenprozessen der Jahre 1589 als Lieferant von Wein. Seine Jahrespacht für den Gasthof und einige Grundstücke beträgt ebenfalls 28 Gulden.[18]

1581 wird er in den Rat des Marktes Partenkirchen gewählt. Der Pfleger Herwart von Hohenburg will keinen Wirt mehr im Rat haben und veranlaßt seine Entfernung mit Schreiben vom 11.1.1581 an den Hofrat in Freising.[19]

Schradt scheint in seiner Wirtschaft ein guter Gast gewesen zu sein. Als er Anfang 1590 stirbt, nimmt der Werdenfelser Pfleger Caspar Poißl *aus erheblichen Ursachen* eine Inventur vor, bei der sich herausstellt, daß zur Schuldendeckung das Vermögen keineswegs ausreicht. Beuerberg hatte an ihn Forderungen in Höhe von 600 Gulden, von denen 400 hypothekarisch gesichert waren. Doch auch dies half nur wenig, denn er erhielt nicht mehr als 300 Gulden aus der Erbmasse zugewiesen.[20]

Die »Post« nach dem Marktbrand 1865.

Der nächste Betreiber der Klostertaferne ist Conrad Schreiber. Als Pacht muß er an das Kloster jährlich 32 Gulden und 4 Pfennige Stiftgeld zahlen. Er wird am 24. Oktober 1591 gegen Entrichtung von 32 Gulden in die Gemeindekasse Partenkirchner Bürger.[21]

Unter den hochstiftisch freisingischen Akten haben sich auch die Verzeichnisse des eingenommenen Umgelts, einer Getränkesteuer, von den Jahren 1595 an erhalten.[22] In diesem Jahr war er mit einer Steuersumme von 32 Gulden, 33 Kreuzern und 2 Pfennigen nur an vierter Stelle hinter Anna Rösch, Hanns Jocher und Marquard Deuschl unter den Partenkirchner Wirten. Die vierteljährlichen Abrechnungen zeigen, daß er ausschließlich Wein ausschenkte, und daß in den Sommermonaten der Umsatz am geringsten war. 1607 stand er mit einem Umsatz von 59 Ihren (ca. 4300 ltr.) Wein und Bier an der Spitze der Partenkirchner Wirte, wofür er an den Markt 3 fl.56 kr. Weingeld zu zahlen hatte. Die Marktrechnung dieses Jahres zeigt auch, daß das gesamte Gericht nach der Fronleichnamsprozession bei ihm für fast 7 Gulden Umsatz machte. Dies war die zweithöchste Ausgabe im Gemeindeetat dieses Jahres.

Nach den Steuerlisten von 1618 bis 1635 ist in diesen Jahren Jacob Lorenz der Wirt. Er und seine Frau Katharina hatten am 28.5.1618 gegen die sehr hohen Beträge von 68 und 22 Gulden das Bürgerrecht erworben.[23]

Ihre *Gült* an das Kloster ist wie bei Schreiber 32 Gulden, und bei der jährlichen Zahlung müssen sie eine gute Maß Stiftwein reichen.

Jacob Lorenz ist der letzte Pächter, der an Rottenbuch die 6 Pfund Berner zahlt, die Zinsliste des Klosters von 1662 führt die Belastung nicht mehr auf. Als während der Hungersnot 1629 in die Grafschaft Werdenfels vom Freisinger Bischof 50 Schäffel Roggen und 50 Schäffel Haber geliefert werden, erhält Lorenz davon einen Metzen Haber.[24]

Nach Lorenz ist sein Schwiegersohn Georg Lidl der Pächter der Taferne mit den gleichen Bedingungen. Er ist in den Steuerlisten von 1640 und 1650 aufgeführt.[25] Er und seine Frau erscheinen auch mehrmals in den Aufstellungen der Werdenfelser Strafregister.[26] So beschuldigt er 1651 den Mitbürger Hans Göbl, er habe auf der Heimreise von Wien einen Mitreisenden vom Pferd herab erschossen. Da er nichts beweisen kann, muß er sechs Gulden Strafe zahlen. Im gleichen Jahr versucht er, das Umgelt betrügerisch zu verringern, was ihm ein Gulden 30 Kreuzer Strafe einbringt. Höhere Beträge fallen 1652 an, als er unberechtigterweise Kaufbriefe über ein Haus selbst ausstellt. In einer Urkunde von 1655 tritt er mit seiner Frau Maria als Wirt zu Partenkirchen in Erscheinung.[27]

Ab etwa 1660 tritt Hans Fux auf, dessen Familie über hundert Jahre auf der Wirtschaft verbleibt. Schon bald zählt er zu den angesehenen Bürgern, was seine mehrmalige Wahl zum Marktrichter (entspricht dem Bürgermeister) ausdrückt. Im Steuerverzeichnis von 1678 werden das Anwesen auf 1800 Gulden und die Grundstücke auf 593 Gulden geschätzt.[28]

Am 19.8.1694 übergibt er die Taferne mit *4 gerichte Hey und weiters 6 gmaine Gasstpetter* an seinen Sohn Lorenz Fux. Die Übergabe ist mit einem detaillierten Inventar in den Werdenfelser Briefprotokollen verzeichnet.[29] Er erhält vom Kloster Leibgeding am 12.5.1695 gegen Anfall von 157 Fl. 30 Kr. und zinst 33 Fl. 30 Kr. und eine Maß guten Stiftswein.[30]

Die Jahre um 1700 sind durch die Ereignisse um den Spanischen Erbfolgekrieg gekennzeichnet. Hans Fux, der 1702 stirbt, seine Witwe und sein Sohn Lorenz müssen Einquartierungen, hohe Steuerlasten und Dienstleistungen auf sich nehmen.[31]

Lorenz Fux stirbt am 13. Dezember 1725 und seine Frau Theresia einen halb Jahre danach. Nach dem Tod von Theresia Fux wird, wie auch schon 1703 nach dem Tod ihrer Schwiegermutter, am 9. und 10. Juni 1727 ein Inventar erstellt, das hier abgedruckt wird, um die Ausstattung eines Gasthofs der damaligen Zeit aufzuzeigen.[32]

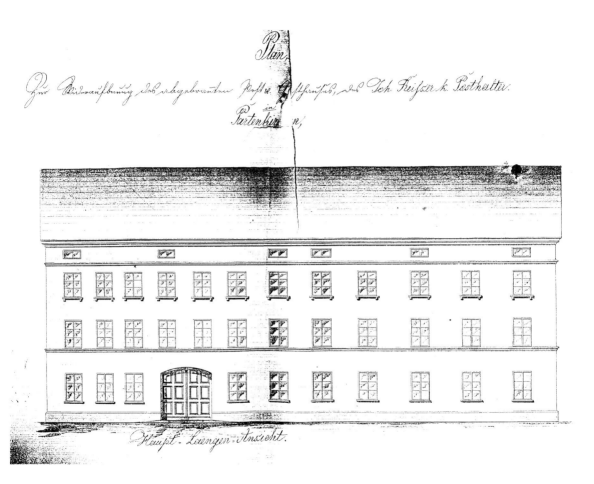

Bauplan von 1866 zum Wiederaufbau der »Post« nach dem Marktbrand.

Inventary[33]

nach zeittlichen Todts Versterben der Vill Ehr und tugentreichen Frauen Teresia Fuxin seel. gewest verwüttibte Bürger und Weingastgebin zu Parttenkhirch. Welcher Zeitl. hinderlassne Vermögenschafft von Marckhtgerichts Obrigkheit wegen mit zu Zeichung deren respective Leibserben und negst Befreindten dato ordentlich ist wordten verfasst den 9. et 10. Juny ao. 1727

Erstlich die mit dem aigenthumb zum löbl. Closter Peurberg gehörige Behaussung bekhandte Würths Taffern alhier in dem marckht zwischen Thoman Schorn und Cristian Pischl Jeger hinhinder in ein gemaurthen Hoff darinnen Frye und Paumgarten gelegen.

Erstl. In der Stuben
1 Crucefix an der Maur darbei
1 S. Antoni Tafl gemahlen
3 iluminiert schlecht eingefasste Brieff
2 vierögige Dischl
4 lange Stüel
1 Sössl
1 Kästl an der Maur darinnen
5 halbe Maß Gläser
7 stuzene Gläsl
1 glas Kkörbisch [?] unndern thails ain Handtfaß
1 stuzes Mölchterl [Gefäß]
5 ganz eissene Khörzen Leichter
9 deto mit hilzene Stöckl
6 Puzschern
4 stainene schreib Tafflen Weütters ain Kästl in der Maur darinen
1 Einsaz Mösser mit helffenpainene schallen
2 paar deto
12 zinene Löffl 6 painene
1 einzeintes Maßglas
1 Milch Kasten in der Maur darin Nihil

In der Khuchl
1 Feür Hundt auf dem Herdt [Dreifuß]
1 Pratter
1 groß eisener Wasser Haffen darbei das behörige Luckh [Deckel]
2 Dreyfueß
1 khupferene groß und mitere Pöckhet [Becken]
8 groß, miter und klaine glogspeisene Häffen
4 groß khupferene Häffen
3 mitter khupferene
11 khupferene Pfannen groß und mitere
4 mössenne Pfannen
8 eissenne groß miter und kleine
1 khupferenes Prattpfändl
6 eisene Seich- und Faimb Köln [Sieb- und Abschöpfkellen]
5 deto schöpf Köln
3 Khiechlspüz, ain Muesser [Küchelspieß, Nudelscherrer]
2 Raist ain Gluet Haggen [Herdschaufel, Schürhaken]
1 Feur Zang, ain Streicher am Kötl [Handbesen an der Kette]
4 Prattspiß
2 stuezn Ribeisen
14 groß miter und klein erdtene Schislen
7 erdtene Dögl
1 Khuchl Mösser mit 2 Höff [Griffen]
6 erdtene Häfen groß und klein
12 erdtene Weitling [sich nach oben erweiternde Schüssel]
13 hilzene Deller
11 Kholl Löffl
1 khupferene Strauben Köll [Spitzsieb für Schmalznudeln]
1 khupferener Dreisinger [Maß]
1 klein khupferenes Häfle
1 eissenes Offenblöch
4 eissene Stizl zum Pradt Spiss [Stecker zum Bratspieß]
  Ain Kasten in der Maur darinen
1 khupferens Mölchterl [Gefäß]
1 Gwürz Bixen
3 erdtene Krieg, 2 Mell Khärl [Mehlbehältnis]

In Speis Khämerl hinder der Khuchl
2 khupferene Fueß Kösl [Kessel mit Füßen]
1 Schnöll- und ain Schisl Waag [Schnell- und Balkenwaage]
2 Fleisch Beichl [Fleischbeil]
4 groß eissene Pfannen
12 erdtene Schislen
1 groß khupferene Pratpfan
1 Fischporrn [Fischbräter]
1 Latern mit Fischpein
1 Pfann Eissen
6 hülzene Deller, 3 Kköllen
1 kupferene Wasser Köll
1 Padt Kasten
1 Tisch darbei 2 Stüel
7 Schäffl Söckh, ain Mözen Säkkhl
6 Albm Karll [vmtl. hölzerne Schüssel]

In Milch Gwölbl
40 Weüttling mit Milch
18 lehre
15 Pfundt Inslet [Unschlitt, Talg]
1 Stübich darin 12 Pfundt ein gsalznes Fleisch [Faß]

In der obern Herrn Stuben
1 Crucefix an der Maur
1 Maria Loreto Bildt mit Glas ein gefasst
1 S. Antoni und Maria Hilf Bildt gemahlen
1 gefaster Achses [Accisio = lat. Genehmigung]
17 groß und kleine teils ein gefaste Kupferstich
1 prinz metalnes Weichprunnenfaß
2 rundt und ain 4ögiger Tisch mit Döbich bedeckht [Teppich]
1 Ligpött das ob- und under auch polster und Kiß parchet mit behörigen iberzug darauf ain Döbich. und darfohr ein spanische Wandt
1 Kästl in der Maur darinen
6 halbe Maß Glöser
26 Kölch Glöser
25 stozen Glöser
4 glöserene Fläschl mit Zinene Schrauffen
1 glöserene Potel [Flasche, vgl. engl. bottle]
1 klains Khästl in der Maur darin Nihil [nihil = lat. nichts]
1 grosses Hirschhorn an der Maur

Hinein in die Stuben Kammer
4 gerichte Ligpötter aines ob- und unders parchet auch Polster und Kiß, ander drey parchet und die under föderiten Polster und Kiß. 3 mit fechene Ziechen ains mit wirchener sambt ander gehörigen Iberzug
7 Kupferstich an der Maur
20 Pfundt ungefehr Schweinen und Rindtfleisch geselchts

Anderseits in der kleinern Erdern Stuben auch obenauf
1 Crucefix an der Maur darbei Jesu et Maria auch S. Antoni Bildt gemahlen
3 Kupferstich
17 iluminierte Taffelen
1 grien rundter Tisch
24 Sössl darunder 9 mit grien Tuech, ander mit Löder iberzochen
1 prinzmetalines Weichprunnen Faß
1 ganz gehimblete Pöttstatt mit grien Vorhang, das ob und under Pött, auch Polster und 1 Kisl parchet, die zwei Pöttl mit plauen Ziechen, Polster und Kiß mit gehörigen Iberzug
1 Ligpött in einer Truchen, das ober parchet und das undere föderithen mit plauen Ziechen, ohne Polster und Kiß

In der Eißen Stuben
1 Crucefix an der Maur, darbei ain gemahlnes Maria Hilff Bildt
1 gemahlnes Teresia Bildt

17	iluminierte Taffelen und Kupferstich
1	grien 4egiger Tisch
1	ganz gehimblete Pöttstatt, mit einer Vorheng, das ob und under Pött, auch Polster und Kiß parchent, ob und Underpött mit fechene Ziechen, und andern gehöigen Iber Zug Weütters in berihrter Eisenstuben
1	Ligbött das obere parchet, das under föderithen, beedte mit fechene Ziechen, Polster und Kiß parchet, alles mit Iberzug

In der Khirchl Khammer

4	ganz gehimblete Pöttstatten so alle Pötter föderithen. für ankhombet schlechte Gasst mit wirchenen Iberzug
1	khupferener Öll Khösl
1	Öllstain von Märbl darinen Öll [Märbl = Marmor]
1	Tisch, 3 groß erdtene Häffen ungefehr 24 Pfundt Khörzen
2	par Pistolen
7	Pfundt gespunene Schafwoll
28	Pfundt gespunen wirches Garn
10	Pfundt wirches Garn an der Spueln
7	Pfundt plau geferbtes Garn
7	Pfundt plau geferbt gespunene Pämwoll
7	Tuzet hilzene Löffl
2	Weiber Kappen
22	Albm Khärlen
1	Sabl, ain Dögen
95	hilzene Deller
2	Eisen Stängl zu ainer Firheng [Vorhang]
6	weiß gearbeite Pölz fehl [Pelzfell]
2	gearbeite Khüe Heüt
2	halb zue gerichte Heit zum Renschliten
2	ungearbeite Kalblheit
2	ungearbeite Kalbfehl
2	ungearbeite Gaißheit
3	Schaffehl
6	Lämblfehl
7	Pischlen Docht oder Leichter garn
1	Trichl mit Eisen beschlagen darinnen [kleine Truhe]
100	lehre Weberspulen
18	Zuckerprodt Mödel
1	neuer Roßzaum
1	Stuben Thür Schloß
1	Truchen darinnen ain neües schlitengschür samb Sailler Franssen und Röllen [Zaumzeug zum Schlitten mit Schellen]
1	halbe zue gerichte Kalblhaut
2	gearbeithe Kalbfehl
2	par Sollen [Sohlen]
1	Weiber Pölz
2	mit Pölz underfietterte, ain praun und ain schwartze Weiber Joppen
3	par Wintter Strimpf 2 weiß 1 rottes
2	pölzene Handtschlieferl, zwei par Handtschuech [Muff]
1	würchener Sackh darin
1	Mözen Mehl
1	Fäsl darin 1 1/2 Mözen Waützen [Weizen]
	Im Gang zwen rundte Tisch 1 Täffel

Auf den Sall

	ain Khorn Truchen darinnen
3	Mözen Roggen, 1 Mözen Khorn Aber ain Truchen darinen Mehl
3	Mözen rogges
1	Mözen waitzes
2	Mözen khörnes
3	Mözen Prodtmehl
	Dan ain Truchen darinen
1/2	Mözen Virsellen [Bohnen]
1/2	Mözen Ärbes [Erbsen]
	ferners ain gläserne Lattern
3	gemahlne Bildter an der Maur S. Maria und S. Cäcilia
36	pappierene Taffelen
1	lange Speis Taffel

Oben af den Österich

	Ain Truchen darinen ungefehr 9 Schaff Haaber
2	Khorn Wannen
19	lange Stüell
3	Laynstüell
4	Röchen ain Eisengabl
4	Spinröder, ain Spuelradt
1	Haftel
8	Pruggen Lädten [starke Bretter]
15	Podten Lädten
3	Falz Prötter
4	Clafter Dachschindl
2	Pflueg
3	beschlagne Schliten
2	Schlaipfen ain Öggen [Schlitten zum Langholztransport, Egge]
1	Renschliten
14	Taffelprötter

In den Kheller sein befindig

30	Ihrn Wein [Ihre = Weinmaß = 6 Pazeiden = ca.72 ltr.]
4	Pazeyen Prandtwein
2	Eimer Püer
3	Sturzene Trachter [Trichter]
2	Wein Ziecher [Weinheber]
20	Pfundt gesottnes Schmalz

In der verstorbnen Muetter seel. Wohnstuben ob dem Keller

	Ain Altärl in dem Maur Ögg
1	vier ögig grien geferbter Tisch
2	kleinere Tisch
1	Maria Hilff- und ain Vesper Bildt
6	auch den S. Joseph gemahlen pappierene Khupferstich
	In der Ram 3 Viertl Kandten [Hängeregal]
1	Zinnen viermesige Flaschen
1	zwaymessige und 2 ainmessige Flaschen
1/2	messige zinene Flaschen
1 3	messig khupferene Flaschen
17	zinene Maß Khandten [Kannen]
1/2	mesiges Kändl und ain Frägl Kändl dan 2 Frägl auch zway halbe Frägl Kändl. Zway 16te Thaill Khändtelen
1	zinenes Per Känndl samb den Plätl
22	grosse Zin Schislen
19	klaine Schislen
54	Zin Deller 8 auch zinene Salz Bixl
1	zinenes Handtfaß und darzu gehörige Schisl
4	zinene Nachtgschür
1	mössinger Merscher [Mörser]
5	mössinge Tisch Leichter 4 Puzschern auch mössinge
1	gläsern mit Löder iberzochens Maß Gschirl
4	sauber Maßkrieg mit zinen Luckhen
10	porterlinene Schislen
1	Spiegl an der Maur
1	Pögl Eisen [Bügeleisen]
1	Gwandt Pürsten
1	erdtens Weichprunen Kriegl
1	Casten in der Maur darinen 31 Chartten Schnopf Tawackh
1	vierter Thail Leben Christi Buech
1	Flintten Schloß
	der Muetter sel. Ligpött mit ganz gehimbleter Pöttstatt mit grienen Vorhang. dasd ober Pött parchet, das under föderi-

then mit ainer fechenen Ziechen Polster und Khiß parchet alles mit behörigen Überzug.
Der Tochter Anna Ligpött zwischen den Offen und der Maur in gemeinen Pöttstättl., das ober Pött parchet das under föderithen Polster und 1 Kisl parchet mit behörigen Iberzug.
ain Sösl ain Stielle u. ain Kästl in der Maur darinnen
- 7 silberne Löffl, 1 silber Salz Bixl
- 7 par Mösser und Gablen mit silberne Schallen
- 1 Goldtwag
- 1 Geislinger Altärl

Ain Schreib Pult darinen
an parren Gelt per 129 Fl. 2 Kr.
ain Kasten so der Tochter Anna gehörig ist versigniert, auch ain Ehetruchen versigniert

In der Ehehalten Khamer auß der Muetter seel. beriehrten Wohnstuben hinein
Ain Pöttstatt das ob und underpött föderithen mit ainer fechen und ainer weissen Ziechen. auch Polster und Kiß mit Iberzug
ain schlechtes Ligpöttl ob und unders föderithen darbei ain Kißl mit Iberzug
In ainen Kasten ain fechen auch ain harben und ain wirchen Ziechen
- 3 harbene Leylacher
- 3 wirchene
- 1 härbene Polsterziech
- 1 grätisch Tischtuech
- 8 grätische Tisch Salvet

ain Wandertruchen, auch ain Kasten sein versigniert
ain Kasten ist daran der obere Tail versigniert

In der Wasch hatt sich befunden an volgenten Leingewand
- 6 härbene Leylacher mit Franssen
- 11 deto mit Spüzen
- 4 würchene mit Rostgarben
- 2 ohne Rostgarn
- 26 grätische Tisch Tiecher mit Portten und Franssen
- 9 würchene Tisch Tiecher
- 2 klein grätische
- 19 härben und würchene Handt Tiecher
- 6 weiß härben und ain wirchene Polster Ziechen
- 3 Kiß Ziechl
- 1 würchene Pött Ziech
- 39 grättische Tisch Salvet

Die vorhandtne 10 Herrn- und 8 Gemeine Pötter, alle mit behörigen Iberzug

In den Hauß ney mit Holz erpautten Stibl
- 1 grien geferbter Tisch
- 1 Aufheng Dischl, 1 langer Stuel
- 1 grien geferbtes Pöttstattl das ober Pött parchet, das under föderithen, das ober mit plawer, das under ohne Ziechen, der Polster mit weiser Ziechen

auf der Ramb 33 stainene Krieg ain halb messiges
- 7 hilzene Maß Piglen

Im o: Haus
ain Fuetter Truchen voll mit Haaber bey Johann Samwöbers Wittib anligent 100 Mözen Haaber
Under der Stüegen obenauf hinaus des Hausknechts Ligpött mit behörigen Iberzug

In Haus Khässtl
- 1 glöserene Flaschen mit ain Schrauffen
- 2 halbe Maßglösser
- 7 Storz Glösl, 3 potel
- 1 Marchgschloß
- 2 Strikhnadtlen
- 1 eingezeint glesers Fläschl
- 1 Röbmösser

Im Krautt Gwölbl
ain Prendten darinen Krautt
- 3 Wasch Ziber
- 2 Licht Schaff
- 2 grosse Püerpigl [?]
- 1 Riehr Kibl [Butterfaß]

In negsten Reitstall nihil

In reverendo Khüeestall
- 3 Khüee
- 2 Kalblen
- 1 Mästkalb
- 12 Hals und 2 Khamppen Kötten
- 3 eissen Gablen

In Roßstall
- 12 Roß
- 16 Khämbet [Kummet]

In Gmach ob der Holzschupfen
- 3 Fuehrsätl
- 1 Reitsatl
- 1 Renschliten Khamet mit der Zuegehör
- 1 Reitzäum, 2 Pistoln Halfftern
- 9 Sögesen an den Wärben [Sensen mit Handgriffen]
- 4 Kümpf darbei die behörige Wetschstainer [Wetzsteinbehälter]
- 4 Sichlen, 1 Maißhackh [Sicheln, Axt]
- 1 Schindleisen
- 1 Peichl, 1 Wasser Hau
- 6 Acker Hauen
- 1 Eissengabl, 2 rev. Tungetgabl [Mistgabeln]
- 1 Pfluegreith, 4 Drischlen [Pflugschar, Dreschflegel]
- 6 Kranz Kröll [Pferdegeläut]
- 11 Zaum
- 7 große Fuehrmansrollen
- 2 hindere Hey Saill
- 1 bschlagne Schmir Lägl [Behälter für Wagenschmiere]
- 2 Eis Kötten
- 4 Wagen Kötten
- 1 bschlagen Pulgen [?]
- 1 Schnüz Mösser
- 1 Fueder Ohmat [Grummet]
- 1 Fueder Egert Hey
- 8 Fueder Wiß Hey
- 1 Fueder Stro und halben
- 5 Heygablen, ain Heirifl
- 1 Gsottstuel
- 1 Danglgschür [Dengelgerät]

In den Dennen
- 3 grosse Fuerwägen sambt Zughör
- 2 Heywagen
- 1 Caleschgförttl

In Pachstibl
- 30 Henndl
- 1 Maur Kösl
- 1 Eissenschaufl
- 20 Underbindt Zwirmb

In der Holzschupfen
- 14 Klaffter in alln Buechen und feichtes Holz
- 1 Maißhackh
- 3 Erhackhen, 1 Sag
- 3 Wündten
- 1 Grabscheidt

All obig und vorigen nach hat sich an paaren Gelt befunden wie vor zuersöchen per 129 Fl. 2 Kr.

Das Gut übernimmt der Sohn Ludwig, der am 19.11.1727 Maria Anna, die Tochter des Eschenloher Wirts Benedict Prugger, heiratet. Auch er wird, wie sein Vater und Großvater, zum Partenkirchner Richter gewählt. Der Ehe entstammen acht Kinder.

Am Silvesterabend des Jahres 1737 bricht in der Wirtschaft ein Brand aus, dem die Häuserzeilen links und rechts des Marktes von der Badgasse bis zum Fauken zum Opfer fallen.[34]

Nach der Neuerrichtung ist die Beuerbergische Taferne das größte Wohngebäude im Markt. Mit seinen Nachbarn, beim Schlamp und beim Rassen, überragt es alle anderen deutlich, wie die Votivtafel von 1801 in St. Anton zeigt.[35]

Auch Ludwig Fux bleibt von Einquartierungen nicht verschont. Als während des österreichischen Erbfolgekrieges am 6. Juni 1742 das Daunische Regiment durchzieht, logieren bei ihm ein Leutnant und fünf Gemeine. Die Entschädigung dafür wird erst 1749 ausgezahlt.[36] Ludwig Fux, der am 9.11.1743 stirbt, erlebt es nicht mehr.

Gasthof »zur Post«

1746 wird ein Taxisscher Postkurs von Augsburg über Landsberg, Rott, Weilheim, Murnau und Partenkirchen nach Mittenwald eingerichtet, wo er Anschluß an die seit 1664 von München über den Kesselberg nach Innsbruck verlaufende Linie hatte. Es handelte sich um einen wöchentlichen Postritt zur Beförderung von Briefen und kleinen Paketen und um Extraposten. Umfangreichere und schwerere Paket, wie auch Bargeldsendungen mußten nach wie vor den Fuhrleuten zur Weiterbesorgung übergeben werden.[37] Posthalterin in Partenkirchen wurde die Witwe Maria Fux.

Der Wiederaufbau nach dem Brand dürfte die finanziellen Möglichkeiten der Eheleute Fux überschritten haben, so daß die Gläubiger ihre Darlehen in Gefahr sahen. Am 7.5.1751 geht ein Schreiben des Bischofs an den Pfleger der Grafschaft Werdenfels wegen der Schulden der Maria Anna Fuxin. Freising wurde vom verstorbenen Beuerberger Probst Cajetan und auch vom neuen Probst gebeten, die Versteigerung durchzuführen.[38] Die Angelegenheit scheint sich aber doch länger hingezogen zu haben, denn in der Steuerliste von 1760 wird Anna Fux noch als Steuerschuldnerin aufgeführt. Anscheinend zieht sie wieder in ihren Geburtsort Eschenlohe, worauf der Name Fux in der Grafschaft nicht mehr vertreten ist.

Am 14.12.1764 verkauft der Konvent des Klosters Ettal im Namen der Eschenloher Kirche St. Clemens, die vermutlich als Hauptgläubigerin das Gut übernommen hatte, die Freistiftsrechte an der Taferne an Antoni Posch.[39]

Die Napoleonischen Kriege bringen der Grafschaft Werdenfels weniger durch kriegerische Handlunge als durch ständige Truppendurchzüge und Einquartierungen schwere Not. Vom Juli bis Oktober marschiert Feldmarschall Baron von Fröhlich mit seinen Truppen durch Partenkirchen. Beim Marktrichter Anton Posch fallen 10 Nächtigungen von Offizieren (à 40 kr.), 228 von Gemeinen mit Kost (16 kr.), 196 von Gemeinen ohne Kost (4 kr.) und Ausgaben für Kerzen von 2 fl. an. Die Kosten werden durch Erhebung einer fünffachen Steuer gedeckt. Nachdem die einfache Steuer 16 fl. 44 kr. beträgt, erhält er zum Ausgleich noch 6 Gulden und 30 Kreuzer. Für die Jahre 1799 und 1800 benennt Posch seine Kosten auf: Quartiere für Offiziere 201, davon 2 Generäle u. 5 Obristen, 769 Gemeine, 1383 Pferde, = 494 fl. 7 kr., 15 Staffettenreiter = 24 fl., Entwendung von Heu 60 fl., im Haus ruiniert und entwendet 70 fl. Am 31.12.1800 kamen 30 franz. Husaren an, später noch einige mehr. Von den in Partenkirchen anfallenden Kosten bis Ende März 1801 von 2612 fl. treffen Posch 263 fl.34 kr.[40]

Mit der Säkularisation ging der Besitz aller Klöster in das Eigentum des Staates über. Den Pächtern von Klostergütern, die daran meist schon Teilrechte wie Freistiften oder Erbrechte besaßen, wurde in den Jahren danach vom Staat der volle Erwerb angeboten. Wann Anton Posch diese Gelegenheit nutzte und den Gasthof völlig eigen machte, ist unbekannt. Wahrscheinlich geschah es in den Jahren, als Werdenfels zum Innkreis gehörte.[41]

Mit der neuen Regierung kam auch sofort am 1.10.1802 ein Erlaß des churfürstl. Landgerichts Garmisch [42] daß *absonderlich den Wein- und Bier-Wirthen der nachdrücklichste Auftrag bekannt gemacht, daß kein Fremder, unter was immer für einen Vorwande, länger als zwei mal vierundzwanzig Stunden in einem Privat- oder Gast-Hause beherberget und logirt werden solle, ohne daß der Eigenthümer oder Wirth dessen Aufenthalt bei disseitiger Behörde mündlich oder schriftlich anzeige.*

Nach Auflösung des alten römisch-deutschen Reiches 1804 war im Verlauf von Unterhandlungen mit dem Haus Taxis am 1. März 1808 das ganze Taxissche Postwesen in Bayern an den Bayerischen Staat übergegangen. Bei der Neuorganisation wurden in Mittenwald, Murnau und Partenkirchen Postämter errichtet, die zum Oberpostamt München gehörten. Die Posthalter waren verpflichtet, die nötige Anzahl Pferde zum Wechsel bereitzuhalten, die Wagen stellte die Post. Mit jedem Poststall war auch eine Postexpedition verbunden.[43]

Anton Posch und seine Ehefrau Katharina verpfänden nach allerhöchster Weisung, vermög welcher allen baierischen Postämtern eine Caution in baarem Gelde, Obligationen oder einer andren hinrei-

chenden Hypothec ad 500 fl. zu Sicherung der ihnen anvertrauten Postkasssen vorgeschrieben worden am 12.7.1808 den Gassacker an der Kanker.[44]

Nach dem Tod von Anton Posch, der am 2. Oktober 1825 um 1/2 12 Uhr nachts stirbt, führt die 18-jährige Tochter Caroline, die einen zehnmonatigen unehelichen Sohn hat, die Gastwirtschaft und auch die Postexpedition weiter. Die blutjunge Wirtin kann das hochverschuldete Anwesen nicht lange halten.

Am 16.9.1828 wird das *ludeigene Fuchsengut bestehend aus a) einer ganz gemauerten Tafernenbehausung mit Stallung, Einlege und Schupfen samt Hausgarten*, das mit einem Steuerkapital von 1170 Gulden veranschlagt ist, und allen Grundstücken versteigert. Das höchste Angebot mit 12000 Gulden gibt der ledige Wirts- und Brauhausmitbesitzerssohn Johann Reiser aus Garmisch ab. Das Anwesen ist in der gleichen Höhe mit Hypotheken belastet.[45]

Bei seinem Heiratsgesuch für die zweite Ehe 1845 schätzt Johann Reiser sein Vermögen auf 42000 Gulden; seine angehende Ehefrau, Tochter des Metzgers Martin Neuner und der M. Anna geb. Werkmeister bringt 1900 Gulden in die Ehe.[46] Sein Gastbetrieb profitiert von dem in diesen Jahren einsetzenden Fremdenverkehr. Es waren vor allem gutsituierte Adelige, Beamte, Militärs oder Kaufleute, die sich für ein paar Wochen im Sommer in Partenkirchen niederließen. Dazu trug auch das 1842 vom Gerichtsarzt und Apotheker Dr. Braun wiederbelebte Kainzenbad bei.

In einem frühen Reiseführer von 1840 heißt es: *Links abwärts wendet sich nun die Landstrasse jenem letzter Orte [Partenkirchen] zu, dessen zwei Gasthöfe, zur Post und zum Stern, wenn auch nicht mit großer Eleganz, doch sonst zur Aufnahme von Fremden wohl eingerichtet sind.*[47]

Am 20. Dez. 1832 wird allen Wirten in einem *Circular auf alle in Wirthshäusern statthabenden verbothenen Spiele aufmerksam gemacht, und den Wirthen die Duldung derselben strengstens untersagt. Unter den verbothenen Spielen sind aber begriffen: Das Würfeln, Häufeln, Halbzwölf, Farbeln, Landsknecht, die Thurm- und Drehspiele, das Triendl, Reiter und Siebspiel, so wie überhaupt alle Soldenspiele mit Reitern, Deckbrett, blinden oder andere Pascher, das Lotto, das Riemenstechen, Biribi, Pharao, Bassell, Lanquenot, Trizl, Choceao, Quinze, Treutl, Quarantl, Viest, und Boigl und Nois, ohne Unterschied ob um Geld oder Waaren.*[48]

Aus Partenkirchen sind die Verzeichnisse für Aufenthaltsbewilligungen der Jahre 1839 bis 1852 mit Lücken noch vorhanden. Aus ihnen ist ersichtlich, daß beim Posthalter vorwiegend Handwerker und Militärangehörige ihren Aufenthalt nahmen. Adelige bevorzugten Privatquartiere, und Künstler logierten bevorzugt beim Stern.

Ab 1865 liefen Bemühungen, auch in Garmisch, das der Sitz der meisten Behörden war, eine Postexpedition zu errichten. Doch Reiser, der *bei seinen in letzter Zeit unternommenen vielfachen Reisen nach München keine Mühe und keinen Weg gescheut hat, um das Streben hiesiger Gemeinde zu vereiteln,* konnte dies verhindern.[49]

Am 5. Dezember 1865 brach abends kurz vor sieben Uhr beim Pumplbeck ein Brand aus, dem 76 Häuser und die Pfarrkirche zum Opfer fielen, auch die Post, dessen Besitzer zu seinem Schrecken sah, daß das Feuer entgegen seiner sicheren Erwartung auch bei ihm nicht Halt machte. Dank seines umfangreichen Vermögens konnte Reiser den Gasthof ohne finanzielle Probleme neu errichten.

So kann der Bädeker 1868 berichten: *Partenkirchen (Post; Bär, Bräuhaus, neben der Post; Stern) in herrlicher Umgebung, wird im Sommer viel besucht, namentlich von Münchnern, denen es als Sommerfrische dient. Auf der Post Abends im Gastzimmer häufig Zitterspiel und Gesang, auch wohl der eigenthümliche Gebirgstanz »Lang-aus«; das »Schnaderhüpfeln« nur in dem Gastzimmer 2. Classe.*[50]

1875 übergibt der Posthalter an seinen Sohn Karl Reiser. Mit dem neuen Wirt ändert sich auch der Gastbetrieb. Nicht mehr durchreisende Handwerker setzen den Schwerpunkt, sondern gut situierte Urlaubsreisende, die einige Wochen hier verbringen. Einer geänderten Gästestruktur müssen auch andere Unterhaltungsmöglichkeiten geboten werden.

Am 16.2.1878 beabsichtigt Carl Reiser im Verein mit dem Hofphotographen Bernhard Johannes und Inspector Michael Sachs in seinen Gastlocalitäten eine maskirte Abendunterhaltung – die Bauernhochzeit – mit Musik zu veranstalten. Die beantragte Verlängerung der Sperrstunde bis 4 Uhr wird vom Bürgermeister Neuner und auch vom Landrichter Boshart bewilligt.[51]

Über die Jahre zwischen 1860 und 1906 liegt uns aus der Feder von Emma Bodenmüller über die Posthalterfamilie Reiser eine ungeschminkte, detailreiche Beschreibung vor, die hier in Auszügen folgt.[52]

Die Posthalter-Familie Reiser.

Eine der wichtigsten Personen in den sechziger Jahren war in jeder Hinsicht Posthalter Johann Reiser. Er war ein leidlich großer, kugelrunder Mann mit einem kleinen, ebenfalls kugelrunden Gesichte, das mein Schwager immer mit einem rotwangigen Borsdorfer Apfel verglich. Eine seiner Hauptbeschäftigungen war, mit einem nach rück-

Maria Elisabeth und Johann Reiser.

wärts geschobenen Käppchen, die Hände in den Taschen, unter dem Haupttore seines Gasthofes zu stehen, mit den Avis eines »Grand Seigneurs«, wie Doß sagte, die aus- und eingehenden Gäste mit kurzem Nicken grüßend, ihnen über das und jenes in sehr herablassender Weise Aufschluß erteilend, und allenfalsige Klagen mit irgend einem spöttischen Witze beantwortend. Zum Beispiel, als sich einmal jemand beklagte, daß der Kaffee schlecht sei, sagte er ganz ernsthaft, das komme vom Wasser. Als die Leute frugen, ob das Partenkircher Wasser Eigenschaften oder Bestandteile habe, die sich zur Kaffeebereitung nicht eignen, die denselben verschlechtern, sagte er ruhig: »O nein, aber die Weibsleute nehmen eben zuviel Wasser dazu.« War das Wetter längere Zeit schlecht, so daß die Gäste anfingen, unzufrieden zu werden oder gar Abreiseabsichten aussprachen, fix ließ der Herr Posthalter mit künstlichen Mitteln den Barometer steigen, worauf sich alle Gesichter erhellten und alle Gäste wieder in Geduld und Hoffnung mehrere weitere Regentage in den Kauf nahmen.

Kam jemand, um einen Brief abzugeben, nahm er denselben ab, (es lag damals die ganze Postbeförderung in seiner Hand allein), steckte den Brief in die Tasche; der Adressat aber konnte oft lange warten, bis er den Brief erhielt, gar manchmal ruhte derselbe in Herrn Posthalters Tasche, bis er ihn zufällig dort wiederfand.

Die Postverbindung selbst war ja in jener Zeit so entsetzlich schlecht.

Ein Brief aus Leermoos zum Beispiel mußte über München nach Partenkirchen gehen. Da kam es oft vor, daß Reisende von dort hier auf der Post Zimmer bestellten. Kamen sie hier an und frugen, ob die bestellten Zimmer parat seien, die sie gestern brieflich reservieren ließen, da sagte Herr Posthalter: »Kommen Sie morgen daher, wenn der Postomnibus kommt, da können Sie sich überzeugen, daß Ihr Brief erst ankommt«. An der Mittags Table d'hote servierte der »Grand Seigneur« selbst den Gästen. Nicht allzureichlich waren die Portionen zugemessen und wenn sich ein Gast einfallen ließ etwas mehr zu nehmen, sagte er ganz laut: »No, no, nur net glei die ganze Schüssel!«. Wollte jemand noch etwas nachserviert haben, stellte er unwillig die Schüssel vor den Verlangenden, sagend: »Da, zum Fiseln (nagen) is ja no was drin«.

Als Frau Geheimrat Meyer, Mary Levi's Mutter bei Tisch sich erkühnte eine abfällige Bemerkung über eine der Speisen zu machen, berief er sie nach Tische zu sich, ihr sagend, sie möchte sich heute noch ein anderes Unterkommen suchen.

Ja sogar den König, der bald nach seines Vaters Tode bei ihm Einkehr hielt, verabschiedete er, als derselbe zu Pferde wieder fortritt, (der anwesende Bezirksamtmann erzählte es uns) mit gnädiger Geberde ihm zuwinkend, indem er sagte: »So pfüat eana Gott, grüßen's ma d'Frau Mutter schön, und kommen's bald wieder, dös sag i eana aba schon, s'nächste Mal da müaßens länga bleibn, net grad a so a paar Tag.«

Dies Benehmen, das als bayerische Gemütlichkeit galt, imponierte namentlich den Norddeutschen so sehr, sie machten ihm förmlich den Hof und nannten ihn Herrn Postmeister hin und her.

Einen enormen Aufschwung im Fremdenverkehr bringt die Eröffnung der Bahnlinie bis Partenkirchen 1889. Karl Reiser glaubt, durch ein am Bahnhof gelegenes Haus besser davon zu profitieren. Er verkauft die Post an Camille Kolb aus München und errichtet den »Bayerischen Hof« (ehemalige Berufsschule).

Im Führer *Bayerisches Hochland und angrenzendes Tirol* von 1902 wirbt Camille Kolb, kgl. Posthalter: *Hotel Post, erstes und bestrenomiertes Hotel am Platze. Königliche Postexpedition, Telegraph und Telephon im Hause. Nach der Neuzeit komfortabel eingerichtet mit neuerbauter Depen-*

Bauplan der Dependance zum Hotel Post, 1900.

Karl Reiser
Gasthof „zur Post" I. Ranges
Partenkirchen
im bayer. Hochland
Post- und Telegraphen-Station
im Gasthof,

mitten im Markte gelegen, mit 25 comfortable eingerichteten Fremdenzimmern, Speisesaal mit anstossendem Garten, über die Sommersaison Table d'hôte 12½ Uhr à Mk. 2.— ohne Wein, à la carte zu jeder Tageszeit. sehr gute Küche und Weine, für Familien und Touristen zu längerem Aufenthalt besonders zu empfehlen, Haupteinkehr der Geschäftsreisenden, aufmerksame Bedienung. solide Preise. I und II spännige Equipagen zu jeder Zeit.
Täglich zweimalige Postverbindung zur Bahnstation Murnau.

dance. *Omnibus am Bahnhof.* Die Dependance hatte er 1900 auf dem Garten am Weg zur Obermühle errichtet (Schornstr. 2 abgebrochen).

Bezüglich der Geschichte des Hauses im 20. Jahrhundert, die einen eigenen Beitrag erfordern würde, sollen hier nur noch die Eigentümer genannt werden. Von Kolb erwarb es Andreas Steiner, der es an die Tochter Karolina, verehelichte Stahl, übergab. Deren mittlerweile verstorbener Sohn Otto bemühte sich besonders, die Post zu einem Glanzstück der Werdenfelser Gastronomie zu machen.

Anmerkungen mit Quellen:

[1] Ausstellungskatalog: Eines Fürsten Traum. Meinhard II. – Das Werden Tirols, Südtiroler Landesmuseum – Tiroler Landesmuseum Ferdinandeum, 1995.
[2] DUSSLER, HILDEBRAND: Reisen und Reisende in Bayerisch-Schwaben. Weißenhorn 1980, S. 29.
[3] MAG: B 65.
[4] MAG: XVII 4.
[5] AEM: Heckenstaller B 646.
[6] AEM: Heckenstaller B 61 8°.
[8] BayHStA: HL3 Landsh. Abg. Rep.53 Fasz. 342.
[9] HOFMANN, M.: 2000 Jahre Gaststätte. Frankfurt 1954, S. 47–49.
[10] BayHStA: KU Rottenbuch 1523 Nov.30.
[11] BayHStA: HL3 373.
[12] BayHStA: HL3 Landsh. Abg. Rep.53, Fasz. 358.
[13] BayHStA: KU Beuerberg 566.
[14] BayHStA: HL3 Landsh. Abg. Rep.53, Fasz. 342.
[15] BayHStA: AR 727.

Werbung für die »Post«, ca. 1885.

16 BayHStA: KU Beuerberg 626.
17 BayHStA: KL Beuerberg 59.
18 BayHStA: KL Beuerberg 121.
19 BayHStA: GL 4481.
20 BayHStA: KL Beuerberg 152/IV.
21 MAP: B 7.
22 BayHStA: HL3 Landsh. Abgabe, Rep. 53, Fasz. 352; HL3 496.
23 MAP: B 7.
24 MAP: VIII 2.
25 BayHStA: HL3 Landsh. Abg. Rep.53, Fasz. 353.
26 BayHStA: HL3 Landsh. Abg. Rep. 53, Fasz. 352.
27 MAG: U 42.
28 BayHStA: HL3 Landsh. Abg. Rep. 53, Fasz. 367.
29 StAM: Briefprotokolle Werdenfels 6.
30 BayHStA: KL Beuerberg 122 b.
31 MAP: VII 1.
32 MAP: XII 1.
33 Zum Verstehen des Inventars empfiehlt es sich, unklare Begriffe mehrmals laut vorzulesen.
Weiters einige Hinweise:
ä entspricht meist dem hellen a wie in Garmisch,
ö ist in den meisten Fällen e,
Groß- und Kleinschreibung sowie Trennungen sind sehr variabel,
Verdopplungen von Vokalen und Konsonanten entsprechen nicht immer der heutigen Rechtschreibung. Harte und weiche Anlaute wechseln.
Stoff- bzw. Webarten: fechen, föderith, grätisch, harben, wirchen.
Materialien: stuzen = nieder, prinzmetalen = vermutlich messing, glogspeisen = aus Bronze, poterlinen = aus Porzellan, helffenpainen = aus Elfenbein.
Vgl. dazu: HABEL, EVA: Dreifuß, Pfanne und einiges mehr. In: Freundeskreis-Blätter 32, 1993, S. 102 – 123. SCHMELLER, JOHANN ANDREAS: Bayerisches Wörterbuch. Nachdruck der 2. Ausgabe 1872–1877, Aalen 1973. SPERBER, HELMUT: Gerätesammlung Zwink im Freilichtmuseum des Bezirkes Oberbayern an der Glentleiten. Großweil 1979.
34 MAP: B 8; BayHStA, AR 1184/143; GL 4493/111.
35 Kloster St. Anton Partenkirchen, Votivbild 1801.
36 MAP: VII 2; BayHStA: GL 4501/36.
37 LEHR, ALBERT: Die alte Poststraße von München über Mittenwald nach Innsbruck, in: Archiv für Postgeschichte in Bayern, 16. Jahrg.,H.1, München 1940, S.1 ff.
38 MAP: XIII 2.
39 StAM: Briefprotokolle Werdenfels 26.
40 MAP: VII 3.
41 Ein Teil der Akten dürfte noch im Innsbrucker Landesarchiv liegen. Diese wurden hier nicht berücksichtigt.
42 MAP: III 10.
43 ROCK, EDUARD: Werdenfelser Land in früherer Zeit. Partenkirchen 1934, S.327 .
44 StAM: Briefprotokolle Werdenfels 55.
45 StAM: Briefprotokolle Werdenfels 68.
46 MAP: Pr.1.
47 HARTWIG, THEODOR: Führer durchs Gebirg. Taschenbuch für Reisende in die südbayerischen Hochlande, München 1840, S. 24–25.
48 MAP: III 10/11.
49 MAG: XI 4.8.
50 Geschichte und Geschichten von Werdenfels Band II, Garmisch-Partenkirchen o.J., S. 110.
51 MAP: III 20.
52 MAP: ohne Signatur.

Dieser Aufsatz ist eine verkürzte Fassung des Beitrags in: Mohr – Löwe – Raute. Beiträge zur Geschichte des Landkreises Garmisch-Partenkirchen, Band 6 (1998). Herausgegeben vom Verein für Geschichte, Kunst- und Kulturgeschichte im Landkreis Garmisch-Partenkirchen e.V.

Peter Schwarz

DAS ROTTWESEN IN DER GRAFSCHAFT WERDENFELS

Eine der Auswirkungen der Kreuzzüge für das Abendland war die Erschließung der ostmittelmeerischen und morgenländischen Märkte durch die Handelsstadt Venedig. Der Weitertransport zu den Absatzgebieten in Mitteleuropa erfolgte auf den alten, transalpinen Heeresstraßen. Mit Beginn des 13. Jahrhunderts setzte hier lebhafter Handelsverkehr ein. Neben dem Orienthandel trug auch der in den Alpenländern aufblühende Bergbau (Kupfer, Blei, Silber) zur wirtschaftlichen Blüte bei. Von Anfang an war die »Strata inferior«, die »unte-

Aufgrund der Rott gingen die Waren immer wieder durch die Hände der Ballenzieher, Zustreifer und Aufleger, Kupferstich von Michael Wening (1645-1718).

re« Straße über den Brenner durch die Grafschaft Werdenfels eine der Haupttransitstrecken. Zahlreiche Ortschaften entlang dieser Straße verdanken ihren Aufschwung diesem spätmittelalterlichen Handel und Verkehr, zum Beispiel die Städte Bozen, Meran, Innsbruck oder Schongau, in der Grafschaft Werdenfels die Märkte Mittenwald und Partenkirchen.[1]

Für diesen Handel bildete sich ein besonderes Frachtwesen heraus, das unter dem Namen Rott- oder Rodfuhrwesen bekannt geworden ist. Das Wort Rod oder Rott bedeutet nach Schmeller (Bayerisches Wörterbuch) allgemein *Ordnung, Reihe, Tour, in welcher unter Mehreren von jedem eine Verrichtung vorzunehmen ist,* auf das Frachtwesen übertragen die Reihenfolge der Fuhrleute, aber auch das Recht auf einen Transportanteil. Die italienische Bezeichnung der Rott hieß »carreria« (Karren, Wagen).

73

Die Rott war folgendermaßen organisiert: An der Handelsstraße wurden in Tagesabständen (20–30 km) sogenannte Niederlage- oder Rottstationen errichtet. Den Rottfuhrleuten dieser Stationen stand das alleinige und ausschließliche Recht zu, Rottgüter gegen Niederlagegeld und Fuhrlohn von ihrer Station zur nächsten zu befördern. Für die Werdenfelser Orte bedeutete dies, daß die Mittenwalder Frachtgut aus dem Süden bis nach Partenkirchen, die Partenkirchner bis nach Ammergau führen durften. Umgekehrt waren die Partenkirchner bis Mittenwald und die Mittenwalder bis Zirl zuständig. Diese etappenweise Beförderung, die durchgehend von Augsburg bis Venedig stattfand, läßt sich auch als »vielgliederige Kurzstreckenfrächterei« bezeichnen.[2]

Niederlagsrecht und Ballenhäuser

In jeder Station besaßen die Rottleute das »Niederlagsrecht«. Dieses Recht wird besser mit dem Wort »Niederlagszwang« umschrieben, da die von der vorherigen Station eintreffenden Güter niedergelegt, also umgeladen werden mußten. Meist erfolgte der Weitertransport durch eigene Fuhrleute erst am nächsten Tag. Jede Niederlage bedeutete daher eine Transportunterbrechung. Die Niederlagsrechte einzelner Rottstationen wurden immer wieder bestätigt, Partenkirchen zum Beispiel erhielt Rottbriefe durch die Freisinger Bischöfe Paul im Jahr 1362, Berthold 1408, Johannes IV. 1455 und Philip 1523.

Die Lagerung der Waren erfolgte anfänglich in den Gewölben bestehender Häuser, ab dem 15. Jahrhundert in »Pallenhäusern«. Die Mittenwalder erbauten im Jahre 1470 ein gemeindliches Ballenhaus, 1645

Relikt der Rottstation in Partenkirchen.

wird ein zweites Ballenhaus erwähnt. Die Errichtung des Partenkirchner Ballenhauses fällt auch in das 15. Jahrhundert. 1516 mußte das Gebäude erneuert werden. Ebenfalls im 15. Jahrhundert entstand in Partenkirchen eine Niederlassung des Handelshauses Fugger aus Augsburg.[3]

Die Aufsicht über das Ballenhaus führte der »Pallenhauser«, der zugleich das Amt des Wagmeisters innehatte. Er war daneben für die Aufrechterhaltung der Reihenfolge unter den Rottleuten und die Verteilung der Wagen zuständig. Er wurde von den Rottleuten gewählt und erhielt für seine Dienste ein sogenanntes Ansaggeld von jedem Wagen. Für die nächtliche Aufsicht der Waren im Ballenhaus wurde ein eigener »Nachtwachter« bestellt.[4]

Vielfältige Gebühren

1. Zollpfennig

Der Warenzoll stellt die älteste Fuhrabgabe dar. *Wir geben wissenlich Unser Frauen Kirchen zu Parttenkhirchen Unsern Zoll, den Wir haben für die Pallen, die man durch Unsern Markt Parttenkürchen führt ... mit allen Nutzen und Rechten* heißt es im Verleihungsbrief von Bischof Leopold von Freising im Jahre 1381.[5] Als 1592 die Partenkirchner ein neues Ballenhaus errichteten, wurden zur Deckung der Unkosten einige kircheneigene Grundstücke verkauft. Zum Ausgleich erhielten die Pfarrkirche und das Hl. Geist Benefizium zu Partenkirchen 1605 den Zollpfennig nochmals bestätigt, wofür aber eine jährliche Gebühr von 3 fl an den Freisinger Bischof zu entrichten war.[6]

Der Zollpfennig richtete sich nach der Anzahl der auf den Wägen geladenen Stücke (Ballen, Fässer, Kisten). In manchen Zollstationen wurde unterschieden zwischen »Ganzgut« (auserlesene Waren wie Seide, Baumwolle oder Gewürze aus Indien) und »Halbgut« (übrige Handelswaren), welches unterschiedlich zu verzollen waren. Weinfuhren der privilegierten Stände waren zollfrei.

2. Fuhrlohn oder Rottgeld

Die Entlohnung der Rottfuhrleute erfolgte nach der Zahl der »Säume« (1 Saum entsprach etwa der Saumlast eines Rosses mit 3–4 Zentnern). In den meisten Rottstationen wurde der Fuhrlohn fällig, sobald die Ware auf die Wägen verladen war. Wie bei anderen Abgaben auch, unterschied man in den Werdenfelser Rottstationen zwischen der Export- oder Hineinfahrt (der Fahrt von Augsburg nach Bozen) und der Import- oder Herausfahrt (von Bozen nach Augsburg). Die Exportabgaben des »Teutschen Guts« lagen deutlich niedriger, wodurch der eigene Handel begünstigt wurde. Der Fuhrlohn lag im 15. Jahrhundert zwischen 6 und 12 Kreuzern. Im Laufe des 16. Jahrhunderts erfolgte auf Grund der allgemeinen wirtschaftlichen Verteuerung ein starker Anstieg der Fuhrlöhne (siehe Tabelle 1).

»Teutsches Gut«, Rottlohn bei der Hineinfahrt

von	1510	1530	1556	1572	1597
Ammergau bis Partenkirchen	2 1/2 kr	3 kr	3 1/2 kr	5 kr	7 1/4 kr
Partenkirchen bis Mittenwald	3 1/2 kr	4 kr	4 kr	6 kr	6 3/4 kr
Mittenwald bis Zirl	5 kr	5 kr	7 3/4 kr	12 1/2 kr	12 1/2 kr
zusammen	11 kr	12 kr	15 1/4 kr	23 1/2 kr	26 1/2 kr

»Venedisches Gut«, Rottlohn bei der Herausfahrt (»Heraus«)

Zirl bis Mittenwald	6 1/2 kr	7 3/4 kr	11 kr	12 kr	12 kr
Mittenwald bis Partenkirchen	3 1/2 kr	4 kr	4 kr	5 kr	6 3/4 kr
Partenkirchen bis Ammergau	3 1/4 kr	4 kr	4 kr	5 kr	7 1/4 kr
zusammen	13 1/4 kr	15 3/4 kr	19 kr	22 kr	26 kr

Tabelle 1: Verteuerung der Rottlöhne im 16. Jahrhundert.[7]

3. Das Niederlagsgeld

Die Niederlagsgebühr ist allzeit dem Pferd nach bezahlt worden und von dem Pallenhauser also berechnet worden, nemblich ein Wagen mit ungefehr 20 Zenten beladen, er wird für ein Pferd oder Roß gerechnet ... schreibt die Gebührenordnung vor. Das Niederlagsgeld war in vier Gewichtsklassen von 20 bis 80 Zentnern eingeteilt (vergleiche Tabelle 2). Seit dem Jahre 1408, als die beiden Nachbarn Partenkirchen und Garmisch eine Transportgemeinschaft bildeten, stand das Niederlagsgeld im ersten Jahr den Partenkirchnern und Garmischern je zur Hälfte zu, im zweiten Jahr 2/3 den Partenkirchnern und 1/3 den Garmischern.[8]

Die Rottgüter, die an jeder Station niedergelegt wurden, kosteten um 1500 pro Nacht 1 Kreuzer und jede folgende Nacht 1/2 Kreuzer. Verzögerungen bedeuteten daher für die Rottleute höhere Einnahmen – zum Nachteil der Augsburger Kaufmannschaft, die sich darüber öfters beschwerte. Bei allen Kaufmannsgütern, die auf eigener Achse und nicht auf der Rott transportiert wurden, lagen die Niederlagsgebühren höher, unabhängig davon, ob diese Güter abgeladen oder nur durchtransportiert wurden.[9]

4. Das Pallenhausgeld (oder Hausgroschen)

Das Ballenhausgeld wurde von jedem durchfahrenden Wagen unabhängig vom Gewicht erhoben. Es gehörte den Partenkirchnern und Mittenwaldern zur Unterhaltung ihrer Ballenhäuser. Sie hatten dafür eine jährliche Gebühr an den Freisinger Landesherrn zu entrichten.

Niederlagsgeld		
nach Wagengewicht	heraus (Bozen – Augsburg)	hinein (Augsburg – Bozen)
20 Ztr., für 1 Pferd gerechnet	8 kr	4 kr
40 Ztr., für 2 Pferd gerechnet	16 kr	8 kr
60 Ztr., für 3 Pferd gerechnet	24 kr	12 kr
80 Ztr., für 4 Pferd gerechnet	32 kr	16 kr
Ballenhausgeld		
je Wagen	3 kr	3 kr
Zollpfennig		
je Stück auf dem Wagen	1/2 kr	1/2 kr (=2 Pfennig)

Tabelle 2: Vergleich der Niederlags-, Zoll- und Ballenhausgebühren, um 1790.[10]

5. Der Pflasterzoll

1450 wurde der Mittenwalder Marktplatz gepflastert, damit die Kaufmannsgüter *dest sauberer und baß gehandelt werden*. Der Freisinger Bischof Johann III. gestattete daraufhin dem Markt, einen Pflasterzoll von 1 Kreuzer für jeden Wagen zu erheben. Etwa gleichzeitig wurde auch dem Markt Partenkirchen die Erhebung eines Pflasterzolls bewilligt.[11]

6. Das Weggeld (ab 1781)

Wann das Weggeld eingeführt wurde, ist nicht genau nachweisbar. Es wird 1690 bereits erwähnt und 1754 im Gebührenverzeichnis eigens aufgeführt. Das Weggeld gehörte den Rottleuten, die davon einen bestellten Wegmacher bezahlten.

Ursprünglich erfolgte das Einkassieren der verschiedenen Rott- und Zollgelder durch jeweils eigens bestellte Personen. Als sich die Fuhrleute im Laufe des 17. Jahrhunderts mehrfach über die umständliche Zahlungsweise beklagten, wurden sämtliche Einforderungen (Niederlage- und Ballenabgaben, Zoll, Pflasterzoll und Weggeld) dem Ballenhauser übertragen, der die Gelder vierteljährlich abrechnete und verteilte.

Nach dem großen Straßenumbau (1764 bis 1775) entstanden 1781 in Mittenwald und Farchant, den beiden Grenzorten der Grafschaft, zwei

Weggeldstationen. Das eingenommene Weggeld wurde aufgeteilt: Mittenwald erhielt von jedem Gulden 20 Kreuzer, Partenkirchen 16 Kreuzer und Garmisch 12 Kreuzer. Der Rest wurde an das Pfleggericht Werdenfels abgeführt.[12]

7. Das »Bruggengeld«

Diese Sondersteuer geht zurück auf einen Streit im Jahre 1523 zwischen Garmisch und Partenkirchen wegen des Neubaus der Loisachbrücke oberhalb von Farchant. Die Garmischer verlangten die halben Baukosten von ihren Nachbarn, *die von der Rott durch Gastung und Zehrung den größten Nutzen hätten.* Die Partenkirchner sträubten sich dagegen, da sie seit langem für die auf der schadhaften Brücke entstehenden Schäden an den Rottgütern aufzukommen hätten.

Gut 100 Jahre später flammte der Streit wieder auf, als sich 1628 die Garmischer beschwerten, daß sie die Brücke über die Loisach immer noch alleine erhalten müßten und dafür keinerlei Brückengeld erhielten. Sie wollten es trotzdem bei den alten Abkommen mit Partenkirchen verbleiben lassen, wenn man ihnen gestatte, von den Gütern, die nicht auf die Rott gehören wie Wein, Öl, oder Getreide, ein Brückengeld von 1 Kreuzer zu verlangen. Freising genehmigte daraufhin ein »Bruggengeld« von 4 kr von jedem Weinwagen.

8. Das Korneinschlaggeld

Nach der Schrannengerechtigkeit um 1690 mußte alles Getreide, das von auswärts in die Grafschaft geführt wurde, an das Kornhaus von Partenkirchen verkauft oder dort zumindest einen Schrannentag lang angeboten werden. Von jedem Schäffl Korn, ob es in der Grafschaft verkauft oder nur durchgeführt wurde, war von allen Fuhrleuten ohne Ausnahme ein »Einschlaggeld« von 2 KreuzerN zu entrichten.[13]

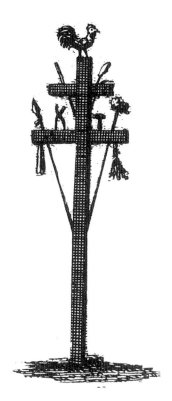

Rechte und Pflichten der Rottleute

Voraussetzung für die Rottbeteiligung war der Besitz eines Rottlehens. Bereits 1459 werden in Mittenwald verschiedene Lehen älteren Ursprungs genannt, mit deren Besitz das Recht der Ballenfahrt oder Rottfuhr verbunden war. Um 1500 besaßen 18 Ammergauer, 36 Partenkirchner und Garmischer sowie 24 Mittenwalder Bürger das Anrecht auf die Rott.

Wie es mit dem zu halten ist, so einer in die Rodt stehe zeigt ein Beschluß von Richter, Rat und Markt Partenkirchen aus dem Jahre 1640: *Erstlich soll er haben eigen Behausung, Stuck und Grund sambt Gemen* (= zu Gemenge und bedeutet 2 Zugtiere)*, Roßwagen und*

Die untere Ludwigstraße in Partenkirchen mit ehemaliger Rottstation, Postkarte vor 1914.

An gefährlichen Stellen, zum Beispiel Brücken, wurden »Arma-Christi-Kreuze« aufgestellt, Kupferstich von Michael Wening (1645–1718).

Geschirr. Wenn einer das hat, der ist Rodt gemäß. Wer aufgenommen wird, der soll mit Roß und Wagen auf den Platz fahren und sich da durch die Rodt(leute) sambt Richter und Rath besichtigen lassen. Wenn er besteht, so soll er 17 Gulden geben und 30 kr für Wein und Brodt. Von den 17 Gulden soll er einem Rath 6 Gulden geben, die zu heiligen Weihnachtszeiten einer löblichen Gemain verrechnet werden, der Rest soll der Rodt verbleiben.[14]

Niemalen in vorigen Zeiten waren andere als die eingeschriebenen Rottleute zu Partenkirchen und Garmisch zum Rott und Kaufmanngüter fiehren berechtigt heißt es in einem Streit zwischen dem Markt Partenkirchen und einem nicht der Rott angehörenden Farchanter. Alle Rechte, wie der Anspruch auf den Transport, den festgesetzten Rottlohn oder den Anteil am Niederlagsgeld, blieben auf die Rottmitglieder beschränkt. Diesen wertvollen Rechten standen verschiedene Pflichten gegenüber. So hatten die Rottleute mit ihren Zugtieren und Wägen sommers und winters bereit zu sein und, sobald sie aufgefordert wurden, sofort an der Niederlage zu erscheinen. Sie übernahmen die Verantwortung bei Verlust oder Beschädigung der Güter und mußten diese den Kaufleuten ersetzen. Kammergüter (Freisinger oder bayerische Hofgüter) sowie Kriegsbedarf waren vor allen anderen Gütern abzufertigen. Die Reihenfolge der Fuhrleute wurde durch das Los bestimmt und war verbindlich. Für die Instandhaltung der Straßen und

Brücken hatten die Rottleute selbst zu sorgen. Zu den Pflichten der Kaufleute gehörte es, die Anzahl der benötigten Wagen im voraus zu nennen. Falls ein Kaufmann mehr Wägen bestellte, als er brauchte, mußte er die überzähligen Fuhrleute abfinden.

Der Verkehr auf den Straßen wurde ab der zweiten Hälfte des 15. Jahrhunderts durch Rottordnungen geregelt. Sie enthielten Vorschriften über die Warenniederlage, die Gebühren für die Einlagerung, die Behandlung der Ware, Anzahl und Reihenfolge der Wagen sowie Löhne, Rechte und Pflichten der Rottleute. Werdenfelser Rottordnungen sind bekannt von 1574, 1606 und 1650.

In der Schlichtungsurkunde von 1408, die auch das Rottverhältnis zwischen Garmisch und Partenkirchen regelte und die fast einer Ordnung gleichkommt, wurde den Rottleuten aufgetragen, ihre Fuhren nicht zu versäumen: *... und welcher mit der Fuhr säumig wäre, so soll der andere dafür angehen. Wer mehrmals säumig, soll keinen Zuspruch mehr haben und zur Strafe 1 Gulden an das Hochstift und einen halben an den Pfleger zahlen.*[15]

Am 13. Juni 1574 errichteten die Mittenwalder eine eigene Rottordnung. Da anscheinend »frembde Fuehrleut« und auch manche Rottleute auf vielerlei Art und Weise versuchten, die Rott zu umgehen und Gebühren zu sparen, wurde mit dieser Ordnung der Fuhrbetrieb bis in Einzelheiten geregelt. Wer gegen eine der vielen Bestimmungen verstieß, mußte 1 fl Strafe zahlen. Die Ordnung läßt sich auf drei wesentliche Punkte zusammenfassen:

– Alle Fuhrleute, sowohl Mittenwalder als auch Auswärtige, sollen ihre Güter auf der Rott niederlegen. *Die Niederlage soll allenthalben genommen werden und keiner fürder nach seinem Gefallen gen Zirl oder Innsbruck fahren, sondern es soll alles auf die Rott kommen.*

– Ebenso sollen alle Güter auf der Rott angesagt werden, die »Teutschen«, die »Venedischen« und die Eilgüter. *Hat ein Etsch-Fuhrmann Eilgüter, und will er gleich darinnen (im Markt) umkehren, soll er doch die Niederlage davon geben.*

– Schließlich dürfen die Mittenwalder Rottleute ihr Vieh gegenseitig zum Rottführen verleihen, wodurch eine der alten Rottvoraussetzungen gelockert wurde. *Haben die Güter gar große Eil, und hat der, dem man die Güter auf die Rott ansagt, seine Rosse nicht bei der Hand, so soll Einer dem Andern leihen, damit niemand gesäumt werde.*[16]

Auf Wunsch der Mittenwalder Bürger erließ Bischof Ernst am 30. Januar 1606 eine weitere *Artikul und Satzung, nach welcher sich Unsere Rottmänner wie auch alle anderen Durchreisenden zu verhalten haben.* Sie unterschied sich nur gering von der Rottordnung von 1574. Allerdings wurde das Niederlagsgeld von 3 Kreuzern auf 6 Kreuzer erhöht, und der Bischof behielt sich ausdrücklich das Recht vor*, diese Sazung falls nötig jederzeit zu mindern oder zu ändern.*[17]

Um 1650, nach Beendigung des 30jährigen Krieges, errichteten die Garmischer Fuhrleute zur Wiederbelebung der Rott eine neue Ordnung, *da wegen des Kriegswesens und den Sterbläuffen, auch anderer Angelegenheiten wegen, die Kaufmannschaften nit wenig verhindert und deswegen die Rodt oder Pallenführen ainen solchen Abgang genommen hat.* Johann Friedrich Morhart, Pfleger in Werdenfels von 1628 bis 1655, setzte unter das Dokument sein Siegel, nachdem es der ganzen Gemeinde vorgelesen und allseits gutgeheißen worden war. Die alten Abkommen zwischen Partenkirchen und Garmisch blieben bestehen, zur Aufsicht über Wege, Brücken und Rottstation wurden zwei Rottmeister aufgestellt.[18]

Modell eines Rottfuhrwerkes, 19. Jahrhundert.

Saumpferde, Eigenachser und Gutfertiger

Im 14. und 15. Jahrhundert erfolgte der Warentransport zum Teil auch durch Saumtiere, die mit einer Last von 3–4 Zentnern beladen waren. Ein Zug von 3–5 solcher Saumtiere wurde durch einen Saumtierführer begleitet.

Schon sehr früh kamen sogenannte Eigenachs- oder Adriturawägen (auch Treviswägen genannt nach der italienischen Stadt Treviso) auf, eine Art Eilgutbetrieb für verderbliche Waren, Spezereien oder Gewürze, welcher auch an Feiertagen und nachts unterwegs war. Dieser Fuhrbetrieb lief außerhalb der Rott (daher auch der Name »Nebenfuhren«) und war die Ursache eines Streits zwischen Partenkirchen und Mittenwald im Jahre 1381. Die Mittenwalder übten zu dieser Zeit bereits das Nebenfuhrrecht aus und überfuhren mit ihren Wägen die Rottstation in Partenkirchen. Die Partenkirchner klagten dagegen an, konnten aber für diese »durchgehenden Güter« nur die Bezahlung eines Niederlagsgeld durchsetzen, auch wenn diese nicht »niedergelegt« wurden.[19]

Hl. Christopherus, Alte Martinskirche Garmisch, Fresko frühes 14. Jahrhundert.

Ab dem 16. Jahrhundert erfolgte der Frachttransport immer häufiger durch sogenannte Gutfertiger (Spediteure), wobei zum Teil Züge von 20 bis 40 Wägen zusammengestellt wurden. Die Gutfertiger nannte man im 17. Jahrhundert auch »Condutore« und die Rott entsprechend »Condutta«. Die Rottleute von Schongau bis Mittenwald führten gemeinsam ein eigenes Niederlagsgeld von 3 Kreuzern je Saum ein, wobei manchmal auch einige Kreuzer mehr verlangt wurden. Als dies dem bayerischen Herzog Wilhelm IV. zu Ohren kam, forderte die bayerischen und Werdenfelser Rottleute unverzüglich auf, Mehrforderungen dieser Art zu unterlassen, da *die fremden Fuhrleute sonst gezwungen (seien), den Fernen (Fernpaß) zu fahren oder andere Straßen zu suchen. Weil dies für Unseren Zoll (in Mittenwald) zum Nachteil reichet, so ist unser gnädiges Begehren, daß die Rottleut ihre beschlossene Ordnung (mit drei Kreuzer) vollziehen und dabei bleiben.*[20]

Frachtverkehr, Fuhrleute, Fürsetzpferde

Am Brenner wurde ein Frachtanstieg von 1300 Tonnen um das Jahr 1300 auf rund 12 000 Tonnen im Jahre 1619 verzeichnet. Normales Gut brauchte von Venedig über den Brenner nach Augsburg zwischen 5 und 12 Wochen. Die geschätzte jährliche Anzahl von Fahrzeugen durch Werdenfels und über den Kienberg (Ettaler Berg) betrugen um 1300 etwa 500 Wägen, 1420 etwa 600 Wägen und um 1500 etwa 800 Wägen.[21]

Die Frachtwägen liefen mit zwei, vier oder sechs Gespannen, das Ladegewicht lag zwischen 10 und 60 Zentnern. Je nach Anzahl der Zugtierpaare wurden sie auch als Ein-, Zwei- oder Drei-Jochwägen bezeichnet. Die auf den Wägen aufgetürmte Ladung wurde zum Schutz gegen Staub und Nässe, aber auch gegen Verrutschen mit einer großen Plachen überdeckt und festgezurrt. Wegen der zum Teil sehr schlechten Straßen besaßen die Fahrzeuge ein sehr stabiles Fahrwerk. Die Achsen waren aus massivem Buchenholz, die etwa mannshohen Räder über 10 cm breit und mit schweren eisernen Reifen gesichert. Die Speichen der Räder waren aus besonders hartem Holz gefertigt, da man bergab nicht nur mit dem Hemmschuh bremste, sondern auch mit Ketten, mit denen man die Räder blockierte.[22]

Schwierigkeiten traten für die Fuhrleute im Winter auf, wenn Schnee und Glatteis das Durchkommen erschwerten und die schweren Fahrzeuge ins Rutschen kamen. Besonders gefährlich waren die Engstellen

am Mittenwalder G'steig und beim Plattele östlich von Kaltenbrunn. Trotzdem dürften auch während der Winterzeit viele Fahrzeuge unterwegs gewesen sein, da für verderbliche Waren der teuere Eiltransport eingespart wurde.

Die Fuhrleute beschreibt Joseph Baader in seiner Mittenwalder Chronik *als ein gläubiges, aber auch sehr lustiges Volk. Ihr Schutzpatron war der hl. Christopherus. Sie aßen und tranken gerne. In den Wirtshäusern entlang der Handelsstraße waren sie die angenehmsten Gäste, ließen sie doch für Speisen und Getränke, ja selbst für die besten Weine, einiges aufgehen.*

Für steile Bergstrecken wie Brenner oder Zirler Berg, aber auch für die kleineren Pässe wie das G'steig bei Partenkirchen oder den Kienberg wurden Fürsetzpferde benötigt. Von diesen Vorspanndiensten lebten viele Bauern, die dafür eigene Pferde hielten. Die Fürsetzer, in Tirol auch Praxer genannt, wurden von einer eigens bestellten Person, dem sogenannten Dorflehner, der Reihe nach aufgerufen. Wegen des sehr unregelmäßigen Verkehrsaufkommens war der Futteraufwand für Pferde, die täglich bereitgehalten und dann doch nicht gebraucht wurden, beträchtlich und verteuerte den Vorspanndienst.

Über den früheren Vorspanndienst der Garmischer hieß es in einem Schreiben von 1811, daß den ganzen Sommer über täglich 3 Paar Pferde zum Vorsetzen bereitgehalten wurden, jedem Fürsetzer nur 1 Paar Pferde erlaubt waren und die Fuhrleute sich mit dem an der Reihe befindlichen Vorspann abfinden mußten.[23]

Transportgüter

Aus der Levante (»Sonnenaufgangsland«) und Italien stammte das »Venedische Gut«: Seide, Samt, Baumwolle, Gold und Silber, Gewürze, Pfeffersäcke, Zucker, Johannisbrot, Konfekt-Schachteln, Reis, eingelegte Südfrüchte und Zibeben, Parfüme, Weihrauch, Balsam, Elfenbein, Sandelholz, Porzellan, viele medizinische Artikel, besondere Weine, kostbare Farben als Färbemittel. Das »Teutsches Gut« kam aus Schwaben, Franken und Bayern, aber auch aus Sachsen, den Rheinländern und Angelsachsen: Stoffe aus Leinwand und Schafwolle, Gewänder und Tücher, Pelze, Leder, Kupfer, Messing, schwarzes Eisen, Weißblech, Farbstoffe, Papier, Seife, Haarbänder, Fingerhüte, Nadeln und

Messer, Säume und Borten, selbst graue Tücher aus England. Nicht auf die Rott gehörten »nasse Waren« wie das Baumöl (Olivenöl), frische Früchte und dergleichen. Für sie wurde kein Niederlagsgeld erhoben. Auch die zahllosen Welsch- und Etsch-Weinfuhren, die größtenteils den bayerischen Klöstern und Hochstiften zugeführt wurden, brauchten nicht niedergelegt zu werden. Von solchen Fuhren war nur das »Bruggengeld« an der Loisachbrücke fällig. Einen bedeutenden, nicht rottmäßigen Frachtanteil nahm schließlich der Getreidetransport durch die Grafschaft nach Tirol ein. Auf dem Rückweg brachten die Fuhrleute dann häufig klösterlichen Wein mit.[24]

Die Wasserrott

Seit Beginn des 15. Jahrhunderts, als wegen des steigenden Warenverkehrs die Rottfuhren zu Land kaum mehr ausreichten, entwickelte sich auf den Flüssen aus dem Gebirge (Isar, Lech, Inn und Etsch) die sogenannte Wasserrott. Im Jahre 1407 hatten Münchner Kaufleute mit einigen Flößern von Mittenwald ein Abkommen geschlossen, wonach diese die aus Italien kommenden Waren auf der Isar nach München brachten. Als sich weitere Kaufleute, vor allem die Nürnberger, ebenfalls dieser Wasserstraße bedienen wollten, stellten die Mittenwalder Floßleute plötzlich so hohe Frachtforderungen, daß sich 1431 die bayerischen Herzöge Ernst und Wilhelm einschalten mußten, um die Mittenwalder zu einem vernünftigen Abkommen mit der Kaufmannschaft zu bewegen. Im Jahre 1436 wurde die erste Wasserrottordnung aufgerichtet. Bischof Johann von Freising bestätigte sie 1450 mit dem Zusatz, daß säumige Flößer ein Strafgeld zu zahlen hatten und den Kaufleuten den Schaden ersetzen mußten.

Die Flößerei war wie die Landrott auf einer bestimmten Strecke des Flusses in den Händen einer Rottgesellschaft. Die Mittenwalder beispielsweise fuhren bis nach Tölz. Das Aufstellungsrecht der Flöße wechselte unter den an der Wasserrott beteiligten Bürgern des Marktes. Die Beaufsichtigung der Floßsteller erfolgte seitens der Gemeinde Mittenwald und durch zwei »Geschworene«, die für die Brauchbarkeit der Flöße und des Zubehörs verantwortlich waren. Die Rottlöhne wurden ebenfalls von der Gemeinde festgelegt, Erhöhungen bedurften der

Fuhrmannsgürtel mit Tiroler Federkielstickerei, 19. Jahrhundert.

Zustimmung des Freisinger Bischofs. Während des Transports mußte jedes Floß mindestens mit einem Floßknecht besetzt sein, Verbände ab 6 Flößen wurden von einem Floßmeister begleitet. Jedes Floß konnte 4–5 Säume (12–15 Zentner) befördern.[25]

Marktrecht und wirtschaftliche Bedeutung

Das erwähnte Niederlagerecht bedeutete noch nicht das Recht, die Waren öffentlich feilzubieten. Erst das Marktrecht (von lateinisch mercatus) brachte den Rottstationen dieses Recht ein. Zu bestimmten Zeiten im Jahr durften einheimische und fremde Kaufleute ihre Waren öffentlich ausstellen und verkaufen. Dem Markt Mittenwald wurde 1449 die Abhaltung von zwei Jahrmärkten gestattet, an Christi Himmelfahrt und Maria Geburt. 1487 verlegten, wie Joseph Baader in seiner Chronik des Marktes Mittenwald schreibt, die Venetianer ihren Markt von Bozen nach Mittenwald. Die Verlegung dieses Marktes ist jedoch nach anderer Ansicht nicht gleichzusetzen mit einer Verlegung aller Bozner Märkte in die Grafschaft Werdenfels.[26]

Das Rottfuhrwesen war von großer ökonomischer Bedeutung und brachte für die Anwohner der Handelsstraßen beträchtliche Einnahmen. Nicht nur die Rottleute selbst, auch das Gast- und Handlungsgewerbe, zahlreiche Handwerker wie Wagner, Rädermacher, Hufschmiede, Sattler, Seiler sowie aus dem Dienstleistungsbereich Fürsetzer, Wagenschmierer und –bremser, Boten oder Packknechte lebten von der Rott. In Mittenwald entwickelten sich eigene Bortenwirkereien und Seidenstickereien.

Veränderungen im 16. und 17. Jahrhundert

Ereignisse im Laufe des 16. Jahrhunderts lassen erkennen, daß die Blütezeit des alten Rottwesens überschritten war. 1526 erhoben die Augsburger Kaufleute Klagen gegen die Schongauer, Ammergauer und Mittenwalder Rottleute, sie würden die vorgeschriebenen Fahrzeiten weit überschreiten oder durch absichtliche Verzögerungen bei der Beladung Wartegelder erpressen. Vor allem wurde der Mißbrauch bemängelt, Güter mitten auf der Strecke abzuwerfen und gegen geringes Entgelt von nicht rottmäßigen Bauern weiterbefördern zu lassen. So ließen die Mittenwalder beispielsweise an der Leutasch oder auf dem Seefeld die Ballen »*in Kot und Nässe*« liegen, bis sie endlich von Gegenfuhren aus Innsbruck aufgenommen wurden.

Ende des 16. Jahrhunderts gelangte der Warentransport in immer stärkerem Maße in die Hände von Gutfertigern. »Conduttas« (Züge) von

70–80 Wägen wurden zusammengestellt und rollten in kurzen Abständen über die Straßen. Solche Züge belasteten nicht nur die Verkehrswege, sie überforderten auch die Rottstationen, die auf Massendurchfahrten nicht eingerichtet waren. Auf der Strecke überholten schnelle Fuhrwerke die langsameren, oft fuhren sie neben dem Weg in den Feldern der Bauern. Eine »Gutfertiger-Ordnung« von 1597 beschränkte die maximale Anzahl von Wägen auf 30, verbot das gegenseitige Überholen und bei einem längeren Zug durfte der letzte Wagen erst abfahren, wenn der erste sein Ziel erreicht hatte. *Ohne Gewalt Gottes darf kein Fuhrwerk zwischen Farchant und Partenkirchen bei hoher Geldstrafe die Straßen verlassen und daneben fahren* beschlossen 1669 die Gemeinden Garmisch und Partenkirchen.[27]

Ab 1600 begann ein merklicher Rückgang des Rottwesens in der überkommenen Art. Viele Bauern mußten ausstehen, nachdem die Einnahmen aus der Rott immer weniger wurden.

Das Ende des Rottwesens

Der 30jährige Krieg brachte sowohl beim Transitwaren- als auch beim Reiseverkehr eine weitere Verringerung. Die Kriegsauswirkungen waren jedoch nicht die alleinigen Ursachen des Niedergangs. Mit der Entdeckung des Seewegs nach Indien durch die Portugiesen verlor Venedig allmählich seine Vorrangstellung im Welthandel. Zudem wurde der Venedighandel durch den kräftigen Anstieg der Lebenshaltungskosten und der Arbeitsleistung im 16. Jahrhundert erheblich verteuert. Die schleppende Beförderung der Waren sowie der unzureichende Zustand der alten Handelsstraßen ab dem 17. Jahrhundert – die Grafschaft Werdenfels war unter Fuhrleuten gefürchtet – ließen die Kaufleute neue Wege suchen. Dem Handel des 18. Jahrhunderts war das Rottwesen mit seinen starren Regelungen eher ein Hindernis als ein Vorteil.

Mit Schreiben vom 30. September 1721 untersagte der bayerische Kurfürst Max Emanuel die Rott in seinem Land. Dieser Erlaß, der auch an das bayerische Grenzzollamt Mittenwald gelangte, wurde aber bereits im folgenden Jahr wieder aufgehoben. 1722 beschwerte sich der Markt Partenkirchen, daß die Rottleute noch immer den völligen Nutzen von der Landstraße hätten, die Straße selbst aber immer mehr verkomme. Entweder sollten sie die Reparatur und Erweiterung der Landstraße auf ihre Kosten durchführen oder *die Rott völlig abtun*. Da es mit den Rottleuten zu keiner Einigung kam, stellte der Markt Partenkirchen beim Fürstbischof den Antrag, die Rott künftig der Bürgerschaft zu überlassen.[28]

Damit war das Ende des Rottwesens in der Grafschaft Werdenfels erreicht: *1754 hat sich die Zunft der Rottfuhrmänner in Partenkirchen zerschlagen, da sich Landfuhrleute bildeten, welche alle Güter, die vorher rottweise von einer Station zur andern geführt wurden, nunmehr ohne Ablage von Augsburg nach Innsbruck oder Bozen hin und zurück führten, folglich die Rottstationen keine Verfrachtung mehr zu leisten hatten.*[29]

Anmerkungen:

[1] Vom Saumpfad zur Autobahn. 5000 Jahre Verkehrsgeschichte der Alpen. München: Bayerische Staatsbibliothek 1978. (= Bayer. Staatsbibliothek Ausstellungs-Kataloge 15), S.12–14 und S. 34–35.

[2] FISCHER, KLAUS: Das Rodwesen zwischen Augsburg und Venedig vom 13. bis zur Mitte des 18. Jahrhunderts. In: W. BAER und P. FRIED (Hrsg.): Ausstellungskatalog Schwaben-Tirol. Historische Beziehungen zwischen Schwaben und Tirol von der Römerzeit bis zur Gegenwart. Rosenheim 1989, S. 240–250, sowie KLINNER, HELMUT: Vom Saumpfad zur Rottstraße. In: »Bozener Märkte« in Mittenwald 1487–1679. Hrsg. Marktgemeinde Mittenwald. Mittenwald 1987, S.15–24.

[3] ROCK, EDUARD: Werdenfelser Land in früherer Zeit. Partenkirchen 1938, S. 250–252.

[4] MÜLLER, JOHANNES: Das Rodwesen Bayerns und Tirols im Spätmittelalter und zu Beginn der Neuzeit. In: Vierteljahresschrift für Social- und Wirtschaftsgeschichte, Stuttgart 3 (1905), S. 393–395.

[5] PRECHTL, JOHANN BAPTIST: Chronik der ehemals bischöflich freisingischen Grafschaft Werdenfels. Garmisch 1931, S. 150.

[6] Marktarchiv Partenkirchen, VIII 1–2.

[7] MÜLLER 1905 S. 625.

[8] wie Anm. 6.

[9] MÜLLER 1905, S. 401

[10] wie Anm. 6.

[11] BAADER, JOSEPH: Chronik des Marktes Mittenwald. II. Aufl. Mittenwald 1936, Neudruck 1974, S. 17.

[12] Staatsarchiv München, AG 34 433.

[13] wie Anm. 6.

[14] wie Anm. 6.

[15] Staatsarchiv München, AG 34 371.

[16] Baader 1936 S. 131–132.

[17] wie Anm. 15.

[18] wie Anm. 12.

[19] MÜLLER 1905 S. 409–411.

[20] wie Anm. 12.

[21] DUSSLER, P. HILDEBRAND GEORG: Geschichte der Ettaler Bergstraße. Ettal 1972 (= Sonderdruck aus: Ettaler Mandl – Stimmen aus Abtei-, Jung- und Alt-Ettal 51/24, 1971/72), S. 108–109.

[22] NEUNER, MATHIAS: Die Fuhrleute. In: »Bozener Märkte« in Mittenwald 1487–1679. Hrsg. Marktgemeinde Mittenwald. Mittenwald 1987, S. 40–42.

[23] wie Anm. 12.

[24] HEYD, WILHELM: Geschichte des Levantehandels im Mittelalter. Zweiter Band. Stuttgart 1879, Anhang I.

[27] wie Anm. 6.

[25] MÜLLER 1905 S. 378–382.

[26] FISCHER 1989 S. 245.

[27] wie Anm. 15 sowie MÜLLER S. 559 und S.589.

[28] wie Anm. 6.

[29] wie Anm. 15.

Andrea Heinzeller

DER AUSBAU DER FERNSTRASSE ZWISCHEN PARTENKIRCHEN UND MITTENWALD ZU EINER CHAUSSEE

Bekanntlich dauerte es bis weit in die Neuzeit, bis der Zustand des Straßen- und Wegesystems in Europa wieder denjenigen zur Zeit des Römischen Reiches erreichte. Waren die Römer noch Meister des Straßenbaus, so ging dessen Qualität in späterer Zeit stetig zurück. Schlaglöcher, Dreck, Matsch, Schnee, Eis und hervorstehende Felsen machten neben starken Steigungen, engen Straßen und unbequemen

Auf dem Weg nach Mittenwald, Lorenz Quaglio 1839, Aquarell über Bleistift.

Fahrzeugen eine Reise im Mittelalter und noch bis ins 19. Jahrhundert hinein zu einem beschwerlichen und gefährlichen Unterfangen. Ein gutes Beispiel hierfür ist auch der Streckenabschnitt von Mittenwald nach Partenkirchen. Dessen Zustand in der Mitte des 18. Jahrhunderts wird in der Aussage des Ammergauer Richters, daß *der sogenannte*

Hochweg ... in so üblen- und blut schlechten Stand sich befindet,[1] deutlich beschrieben. Wie aus den zahlreichen Quellen hervorgeht, tolerierten die Reisenden und Händler, für die diese Strecke von Partenkirchen nach Mittenwald die Verbindung zwischen Augsburg und Venedig herstellte, ab der Mitte des 18. Jahrhunderts diesen Zustand nicht länger. Sie forderten, die aus Frankreich kommende fortschrittliche Straßenbautechnik – man sprach dementsprechend vom Ausbau zu einer »Chaussee« – auch hier anzuwenden. Die Landstraße, die bisher vermutlich ein einfacher Erdweg mit schwacher Kiesbefestigung ohne Entwässerungseinrichtungen war,[2] sollte zu einer gut befestigten Chaussee bzw. Kunststraße ausgebaut werden.[3]

In der folgenden Abhandlung soll zunächst die Theorie dieser neuen Straßenbautechnik beschrieben werden. Im Anschluß daran wird den Fragen nachgegangen, in welchem Zustand sich die Straße zwischen Partenkirchen und Mittenwald im 18. Jahrhundert befand, wie der Ausbau zur Chaussee durchgeführt wurde, und welche Unterhaltsmaßnahmen erforderlich waren. Einen Einblick in die damaligen Ereignisse gewähren zeitgenössische Quellen. In diesem Fall sind es Gerichtsakten aus dem Bayerischen Hauptstaatsarchiv und im Marktarchiv Mittenwald liegende Akten aus dem Bestand Bauwesen über die Anlage und den Unterhalt der Straßen. Hierbei nehmen Beschwerdebriefe über deren schlechten Zustand und obrigkeitliche Anordnungen, die besagen, daß die Mittenwalder die Straße besser pflegen sollten, den größten Raum ein.

Der Bau einer Chaussee

Damit sich eine Kunststraße von einem normalen Feldweg unterscheidet, muß sie für das Fuhrwerk und Zugvieh auch bei feuchter Witterung gut befahrbar sein.[4]

In der zweiten Hälfte des 18. Jahrhunderts entwickelte der Ingenieur Tresaquet die sogenannte Packlagen-Bauweise. Eine Untersuchung der Technischen Universität München aus dem Jahre 1984 über die Tragfähigkeit historischer Straßenkonstruktionen kam zu dem Ergebnis, daß generell *die Packlagen-Bauweise nach Tresaquet eine ausreichende Tragfähigkeit* besaß und *nur in der Tauperiode oder bei starkem Regen ... diese Konstruktion für die schwersten Fahrzeuge nicht befahrbar* war.[5] Diese Bauweise wurde daher für die nächsten 150 Jahre das vorherrschende Konstruktionsprinzip für den Chausseebau in Europa.

Wie sah nun diese neue Straßenbauweise aus? Tresaquet veranschlagte zunächst eine Breite von etwa 5,20 m. Die Straße selbst bestand aus mehreren Lagen: dem Unterbau und dem Oberbau. Letzterer setzte

Karte aus dem Reiseatlas von Adrian Riedl, um 1800.

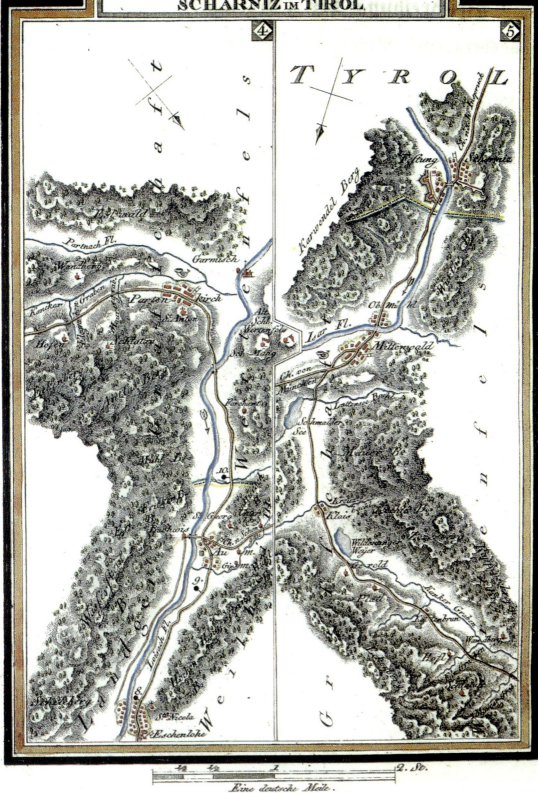

sich aus der Packlage und zwei darauf liegenden Schichten zusammen. Die Packlage sollte circa 18 cm betragen und aus pyramidenförmigen Steinen bestehen, die durch kräftige Steine verkeilt und verzwickt werden sollten. Darauf lag eine etwa 9 cm starke Schicht mittelgroßer Steine. Die oberste Lage sollte ebenfalls etwa 9 cm hoch sein und aus *nußgroßen*, sehr harten Steinen bestehen. Der gesamte Oberbau war demnach circa 36 cm hoch. Für den Untergrund und die zwei oberen Schichten auf der Packlage war kein Verdichtungsmaß vorgeschrieben. Eine wichtige Rolle spielte die Entwässerung der Straße, denn diese war maßgebend für die Befahrbarkeit bei feuchter

Schnitt durch eine Chaussee mit gewölbter Oberfläche und seitlich jeweils einem Wassergraben.

Witterung. Tresaquet sah deswegen eine dachförmige Wölbung des Planums (=Unterbau) und aller darauliegenden Schichten vor. Ferner plante er bei seiner Bauweise seitliche Gräben ein, die das fließende Wasser aufnahmen und abtransportierten.[6]

Eine Anlage von Wassergräben kann nicht zahlreich genug sein. Diese Auffassung vertrat Carl Friedrich Wiebeking. Eine *Convexität* der Straßen sei nicht nur für einen guten Ablauf des Wassers von Vorteil. Sie mache es auch möglich, daß die Fuhrwerke hauptsächlich in der Mitte der Fahrbahn fahren. Bei flachen Straßen besteht die Gefahr, daß sie irgendwo auf der Straße fahren und somit viele Geleise ziehen.[7]

Eine Konvexität der Straßen war allerdings nicht für alle Straßentypen geeignet. Wiebeking lehnte sie bei Bergstraßen ab. Für die Strecke zwischen Scharnitz und Partenkirchen mußten die Straßen daher in bestimmten Abschnitten nach einem anderen

Schnitt durch eine Bergstraße mit Stützmauer, bergseitigem Graben und Wasserableitung.

Prinzip gebaut werden, um dennoch einen trockenen Straßenbelag zu gewährleisten. Bergstraßen sollten mit einer Stützmauer versehen werden und deshalb auf die dem Berg zugewandte Seite geneigt sein. Aus diesem Grund mußte ein Seitengraben angelegt werden. So wurde das Wasser nicht nur von der Straße abgeleitet, sondern auch von der Mauer – eine wichtige Schutzmaßnahme vor winterlichen Frostschäden. Die Stützmauer und die Neigung der Straße in Richtung Berg hatte auch den Vorteil, daß die Fuhrwerke nicht nach unten gezogen wurden, da sich der Wagen zum Berg hin neigte und nicht zur Stützmauer.[8]

Auch zur Steigung und zur Streckenführung von Bergstraßen gibt es im 18. Jahrhundert neue Erkenntnisse. So galt als Grundsatz: *Je länger die Straße über die Berge geführt werden muß, desto sanfter zieh man dieselbe.*[9] Wiebeking sah deswegen vor, daß eine Straße zunächst nur *1, dann 1 1/2, 2, 3 und schließlich 4 Zoll auf die Klafter* steigen sollte,[10] was einer Neigung von circa 9 %, 13 %, 18%, 27 % und 39 % entspricht. Darauf sollte eine horizontale Strecke folgen und dieser wiederum ein ansteigendes Stück mit den bereits beschriebenen Steigungswinkeln. Eine solche Streckenführung erreichte man durch lange Krümmungen und Wendungen.[11]

Mit dem Beginn des Chausseebaus wurde nicht nur Wert auf eine belastbare und bequeme Konstruktion der Straßen, sondern auch auf deren Unterhalt gelegt. Eine Straße zu pflegen erforderte viel Zeit und genaue Kenntnisse über den Straßenbau. So sollte man eine neue *Beschottung* mehrmals im Jahr – je nach Befahrung – durchführen. Diese Arbeit konnte nicht bei jeder Wetterlage ausgeführt werden. Geeignet war leicht feuchte Witterung, da

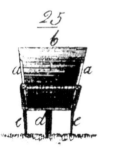
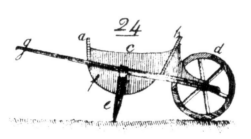

Wagen eines Wegmachers

sich das neu aufgeschüttete Material dann besser verbinden würde als bei Trockenheit, Frost oder Schnee. Sehr wichtig sei es auch, empfahl Wiebeking, daß der Wegmacher vor einer neuen Beschottung die Oberfläche der Straße von großen Steinen, Staub und Schlamm säubere. Ferner sollten alle *Vertiefungen und Geleise aber stets mit klein zerschlagenen und von allen Erdtheilen gereinigten und so viel möglich aus von einerley Größe bestehendem Bruch oder Kieselschotter ausgefüllt werden. Zur Schonung des Zugviehs ist jedoch harter und runder Flußkiesel oder Grand besser als Bruchsteine. Dieser hält sich auch länger und fällt in die vom schweren Fuhrwerke eingeschnittenen Geleise, macht daher eine ebene und feste Straße und widersteht länger als Bruchsteine und grober Kiesel dem Reiben der Räder. Es muß sich daher des harten Feuer- und Flußkiesels auch in dem Falle zur Unterhaltung der Straßen-Decklage bedient werden, wenn er auch theurer als Bruchsteine ist.*[12] Wiebeking beschreibt das Vorgehen bei der Pflege bereits zur Chaussee ausgebauter Straßen sehr genau, da er um die gängige Praxis weiß. Er beklagt, daß die *Wegmacher* die unterschiedlichsten Materialien einfach auf die Straße werfen, ihre Arbeit bei unpassendem Wetter verrichten und die Straße vorher nicht von Kot und Schlamm reinigen würden. Auch die richtige Ableitung des Wassers und damit eine Trockenhaltung der Straßen werde nicht beachtet.

Der Zustand der Wegstrecke zwischen Scharnitz und Partenkirchen

Die theoretischen Überlegungen zum Chausseebau zeigen Idealvorstellungen. Die Realität in der Grafschaft Werdenfels sah anders aus. Trotzdem brachten die neuen Erkenntnisse zur Technik des Straßenbaus auch Veränderungen für den Straßenabschnitt zwischen Scharnitz und Partenkirchen, die sich auf die wirtschaftliche Bedeutung der anliegenden Ortschaften auswirkten.

Die Beschwerdebriefe des Richters des *Ettalischen gefreiten Gerichts Ammergau* Melchior Dösch beschreiben sehr deutlich – wenn auch sicherlich nicht ohne Übertreibungen – den Zustand der Straßen in der Grafschaft Werdenfels. Seit 1760 wandte er sich wiederholt an den bayerischen Kurfürsten Max Joseph, dem er den Zustand der Straße zwischen Scharnitz und dem Steinernen Brückerl bei Farchant schilderte. Er wollte eine Verbesserung der Verhältnisse erreichen, damit *diejenige welche sothane landstrass gebrauch nicht ursach findten mögen, hierwider sich zu beschwähren, oder gar auf eine andere Strass zu wendten.*[13] Die größte Sorge des Richters war, daß sich die Fuhrleute von der Strecke abwenden und die obere Straße über Füssen benützen könnten, was wohl zum Teil bereits geschehen war, da er dies mit Zahlen belegen konnte. Im Jahr 1760 passierten innerhalb von drei Monaten nur noch die Anzahl von Fuhren die Strecke, die früher in einer Woche durchgefahren waren. So würden die Untertanen, fürchtete Dösch, die an der Landstraße in Ettal, Rottenbuch und Schongau wohnten, ihre Existenzgrundlage verlieren. 15 Jahre nach seiner ersten uns bekannten Beschwerde mußte der Richter dem Kurfürsten leider immer noch berichten, daß die Strecke stark verfallen und kaum passierbar war. Fuhrleute hätten erzählt, daß zwischen Venedig und Augsburg kein schlechterer Weg anzutreffen sei. Ein anderer Fuhrmann wurde sogar namentlich erwähnt: Streiker habe sich an ihn gewandt, *weil er wegen der schlechtigkeit auf derselben 3 mahl umgeworfen.*[14] Auch die Ammergauerischen Fuhrleute, die zwischen Augsburg und Bozen Kaufmannsgüter transportierten, berichteten dem Richter Dösch, daß die Straße sich *in so üblen- und blut schlechten Stand (...) befinde, das in ganz Baiern und Tyrol kein übler und schlechterer anzutreffen seyn dürfte.*[15] Sie schilderten die Fahrten als eine Gefahr für Leib und Leben. Die Strecke sei ohne eine *ruinierung der aufhabenden ladung und güter schier nicht mehr zu passieren (...) wie dann der Johann Feringer Fuhrmann von Soyen d[es] mir anvertrauten [Gerichts] Amergau erst kürzlich auf disen so üblen und blutschlechten weeg seinen mit Kauffmanns Gütern beladenen wagen 2 mahl umgeworfen und nichtmehr fortkommen können, bis er um Leut geloffen, die ihm wiedum auf und fortgeholffen, wodurch er aber ohne sein Verschulden und pur wegen gedacht, so übl und blut schlechten weeg in einem Schaden pr. 12 fl* (=Gulden) *versezt worden.*[16]

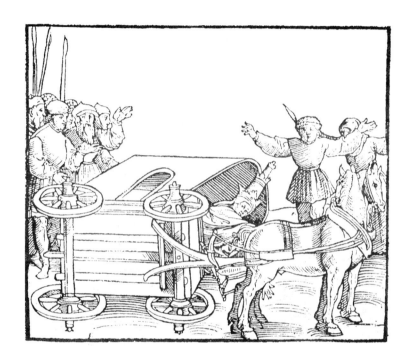

Wagenunfall des Papstes Johannes XXIII. auf der Fahrt zum Konzil zu Konstanz, 1413.

Auch von anderer Seite wurden die Straßenverhältnisse als katastrophal geschildert. Der kurfürstliche Mautbeamte zu Mittenwald berichtete, daß die *Augsburgerstrasse vom steinern Brückl bis an den Partenkirchner Gasteig sonderbar aber gleich oberhalb Patnkirch sehr schadhaft und aus der Ursache zum Theil gefährlich* (sei), *weil die hervorragenden Felsen den Weeg verengen.*[17] Dadurch würden die Fuhrwagen leicht umfallen und die Fuhrleute zum Aufstellen derselben mehrere Leute bestellen müssen. Ferner seien auch die Straßen in den Ortschaften Wallgau und Krün *nicht in einem fahrbaren Stande und die sogenannte Finsbrücke baufällig.*[18]

Der kurfürstliche Mautbeamte forderte daher die Sprengung der Felsen, damit die Sicherheit der Passage wiederhergestellt sei. Auch der Richter Melchior Dösch beanstandete nicht nur, sondern er verlangte, daß die Straßen in *bessern und wandlbaren Stand hergerichtet*[19] werden sollen. In einigen seiner Gesuche beschrieb er die nötigen Arbeiten genauer. So sollten die *Staudenwerke* und das Gebüsch ausgeschnitten, in den Hohlwegen Bäume gefällt, die Straße mit kleinem Gries und Sand neu beschüttet, auf beiden Straßenseiten *Beschütthaufen* angelegt und große Steine aus dem Weg geräumt werden. Ferner forderte Dösch seit 1773, daß die Werdenfelser Untertanen das, *was noch nicht chausirt ist, alsogleich bey gegenwärtiger frühlings zeit chausiren sollen.*[20]

Der Ausbau und der Unterhalt der Straße

Auch wenn die Beschwerdebriefe sich über Jahrzehnte bis ins beginnende 19. Jahrhundert hinzogen, wurden dennoch Reparaturen und größere Umbauten der Straße vorgenommen. Diese wurden allerdings nicht zur Zufriedenheit der Beanstander ausgeführt. Der Richter Dösch bezog sich auch hier auf Aussagen der Fuhrleute. Diese hatten ihm berichtet, daß die Straße zwar neu beschüttet worden war, jedoch nur mit *großen Steinen* und mit *Kot*. Außerdem seien keine zusätzlichen *Beschütthäufen* an den Straßenseiten angelegt worden. Durch diese Reparaturen seien die Straßen nicht besser, sondern eher schlechter geworden. Auch der Zeitpunkt der Ausbesserungsarbeiten sei ungeeignet und die Anzahl der damit Beschäftigten sei nicht ausreichend. So wurde im Herbst damit begonnen, das Staudenwerk auszuschlagen und die Straße zu beschütten. Wegen dieser ungünstigen zeitlichen Planung und der viel zu geringen Zahl der Straßenarbeiter war die Strecke bereits bei der ersten auftretenden nassen Witterung wieder unpassierbar. Der Richter Dösch mußte sich bereits einiges Wissen über den modernen Straßenbau angeeignet haben, denn er führte hier exakt die gleiche Kritik an den Unterhaltsmaßnahmen an wie Wiebeking. Dösch beklagte zudem nicht nur das falsche Vorgehen, sondern konnte auch konkrete Gegenmaßnahmen vorschlagen. So sollten die Werdenfelser Untertanen im nächsten Jahr gleich nach Beendigung ihrer Feldarbeiten und nicht erst kurz vor Wintereinbruch damit beginnen, die Straßen zu reparieren, *damit die Pasierenden ohne beschwerde sein und zu ergreiffung einer andern Strassen keine Veranlassung haben mögen.*[21] Die Straßenoberfläche sollte zum Beispiel mit kleinem Gries und Sand befestigt werden und nicht mit zu großem Gestein. Ferner sei das Gebüsch zu entfernen.

Partenkirchen bei Regen: Die Straße hat sich in einen reißenden Bach verwandelt. Die Situation wird durch das herabprasselnde Wasser aus den weit hervorragenden Dachrinnen noch verschlimmert, Lithographie um 1840.

Straßenbau-Sprengungen beim Gasthaus Schloßhäusl, 1913.

Auch die Beschwerden der kurfürstlichen Mautbeamten führten zu der Durchführung einiger Reparaturen. Da aber die gefährlich in die Straße ragenden Felsen nicht gesprengt wurden, waren auch diese Ausbesserungsarbeiten letztendlich unzureichend.

Der Zustand der Straßen wurde in diesen Briefen sicherlich weitaus drastischer geschildert als es der Realität entsprach, um dem Anliegen mehr Nachdruck zu verleihen. Für die Jahre 1780–1784 und für 1795 liegen Listen vor, worin die Reparaturen an dem Hauptverbindungsweg (=Hochstraße) nach München und Augsburg in der Grafschaft Werdenfels aufgeführt sind. Auf den ersten Blick wird hieraus ersichtlich, daß die vorgenommenen Arbeiten durchaus den von Wiebeking vorgesehenen Unterhaltsmaßnahmen für eine moderne Chaussee entsprachen. So wurden Gräben gezogen, um das Wasser besser abzuleiten, die Straßen beschüttet, Felsen gesprengt, Geleise (=Fahrspuren) eingerichtet und Steine eingeschlagen.[22] Ferner wird deutlich, daß ein Wegmacher diese Arbeiten durchführte und dabei von einigen Leuten unterstützt wurde. Der Wegmacher arbeitete beispielsweise im Oktober 1795 23 1/2 Tage an der Herstellung der Straße und Durchlässe *an der Gstaigkapelle*. Dabei halfen ihm Michael Seiz und Johannes Seiz jeweils 18 Tage.

Auch wenn diese Arbeitsdarstellungen alle sehr positiv klingen, so wurden dennoch auch weiterhin Beschwerden über den schlechten Zustand der Straße eingereicht. Der Bischof von Freising äußerte sich deswegen bereits 1772 sehr unzufrieden über seine Werdenfelser Untertanen. Er warf ihnen Nachlässigkeit vor, die er für noch verwerflicher hielt, *als eben dise Strasse mit viller mühe in Chausseemässigen Stand hergerichtet worden*[23] sei. In den folgenden Jahren wurden die Mittenwalder als *widersässig* und als *stuhre* Köpfe bezeichnet. Es war ihnen immer wieder befohlen worden, die Straße zu reparieren und zu pflegen. So geschah es auch im Jahr 1775. Die Mittenwalder wurden beauftragt, Eis und Schnee zu räumen, Gräben zu ziehen, Kies zu beschütten und die Brücken zu reparieren. Vor allem wurde aber beanstandet, daß die Dachrinnen im Markt Mittenwald bei den oberen Häusern so gebaut seien, daß das Wasser mitten auf die Straße falle und die Passagiere beschädige.[24]

Bei Nichterfüllung der Befehle sollte eine Kommission auf Kosten der Mittenwalder eingesetzt werden, die den Zustand der Straßen feststellen und die nötigen Ausbesserungs- und Instandsetzungsarbeiten festlegen und überwachen sollte. Doch all diese Androhungen führten wohl zu keinem, beziehungsweise nur zu geringem Erfolg. Denn am 11. Oktober 1801 – erst gut 40 Jahre nach der ersten bekannten Beschwerde des Richters Dösch – wurden die angedrohten Maßnahmen verwirklicht. Zur Herstellung *der Rott- Land und Post-Strassen* seien *die angemessenen ernstlichen Vorkehrungen getroffen worden* und zwar seitens einer Kommission, die von dem Freisinger Bischof eingesetzt worden war. Ferner wurde festgelegt, daß der Markt Mittenwald *zu Ende jeder Woche* in Freising anzeigen müsse, was während der Woche gearbeitet worden war.[25]

Über mehrere Wochen im Oktober und November herrschte nun ein reger Betrieb auf den Straßen der Grafschaft Werdenfels. Jetzt arbeitete der Wegmacher nicht mehr nur mit zwei Gehilfen. Neben ihm war eine weitere Fachkraft – ein Maurermeister – beteiligt. Ferner arbeiteten als Hilfskräfte zwischen 50 und 140 »Hand-Arbeiter« und 20 bis 30 Fuhrleute an der Reparatur der Strecke. Sie füllten die Fahrspuren auf, reinigten die Straße und die *ruinösen Plätze* von Kot und Unrat, transportierten Kies, zerkleinerten große Steine und stellten Durchlässe neu her. Ende November mußten die Arbeiten schließlich wegen starken Schneefalls eingestellt werden. Im letzten Schreiben beteuerten die Mittenwalder, daß nun sämtliche Straßen *in fahrbarem Stand hergestellt sind.* Zudem versicherten sie, daß *man es auch an pflichtmäßiger Aufsicht nicht ermangeln lassen*[26] wird, damit der Zustand auch in Zukunft erhalten werde.

Die Strecke von Scharnitz nach Partenkirchen – eine Chaussee?

Nur schwer läßt sich diese Frage mit einem eindeutigen »Ja« oder »Nein« beantworten. Gegen ein eindeutiges »Nein« sprechen die Unterhaltsmaßnahmen der Werdenfelser Untertanen, vor allem aber die in den 1760er bis 1770er Jahren professionell durchgeführte Umbaumaßnahme zu einer Chaussee.[27] Zudem befolgten die Mittenwalder eine kurfürstliche Verordnung vom 31. Mai 1790, die die Aufstellung von Stundensteinen oder -pfählen pro Chausseestunde betraf.[28] Mit der Aufstellung war eine genaue Ausmessung der Straße verbunden. Die Werdenfelser führten diese Verordnung bereits im Juli 1790 durch, wie ein Vermerk der Kurfürstlichen Landesdirektion von Bayern belegt. Darin hielt der Schreiber fest, daß die Untertanen einen Verweis erhielten, da sie nicht die verordneten blauen und weißen Säulen einsetzten, sondern grüne und weiße.[29]

Und dennoch läßt sich die Frage, ob die Strecke von Scharnitz nach Partenkirchen eine »richtige« Chaussee war, auch nicht mit einem klaren »Ja« beantworten. Die in den zahlreichen Beschwerdebriefen angeführten Tatbestände sind ein Indiz dafür, daß sich die Straße nicht im Stand einer solchen befand. Offensichtlich waren zwar einige Streckenabschnitte zu einer Chaussee umgebaut worden, konnten aber – mangels geeigneter Unterhaltsmaßnahmen – nicht als solche erhalten werden. Die Wahrnehmung des Richters Dösch beschreibt die Situation sehr zutreffend. Der Richter hatte generell den Eindruck, daß die *widerspenstigen und halsstarrigen Werdenfelser Köpfe* die Strecke nicht zu einer Chaussee erheben, beziehungsweise als eine Chaussee erhalten wollten.[30]

Doch warum sträubten sich die Werdenfelser Untertanen vehement dagegen, ihren Beitrag zum Ausbau und Unterhalt der Chaussee zu leisten? Wahrscheinlich lag der Grund für ihre *Widersässigkeit* in einem Kampf um die Weggelderhöhung. Die Grafschaft Werdenfels verlangte in Farchant und in Mittenwald von den ankommenden Reisenden, den Fuhrleuten und allen Personen, die die Straße durch das Werdenfelser Gebiet benutzen wollten, einen bestimmten Geldbetrag. Mit der eingenommenen Summe sollten die Kosten gedeckt werden, die bei einer regelmäßigen Pflege anfielen. Die Höhe des Weggeldes richtete sich nach der Länge der zu befahrenden Straßenstrecke, den transportierten Gütern und der Art der Fortbewegung – ob zu Pferd, zu Fuß oder mit einer Kutsche, einem Fuhr- oder Postwagen. Für mitgeführte Tiere mußte ebenfalls Weggeld entrichtet werden. Die zu erhebenden Beträge waren von der Obrigkeit in Freising für die Grafschaft Werdenfels festgelegt worden. In einem Schreiben aus dem Jahr 1776 bitten die Untertanen zum wiederholten Mal darum, die

Straßenausbesserungsarbeiten: Schlamm und Kot werden beseitigt, Schlaglöcher aufgefüllt und Gräben gezogen. Männer erhielten für diese Tätigkeiten 24 Kreuzer und Frauen nur 22 Kreuzer Taglohn.
Votivtafel von 1826, Maria Eck.

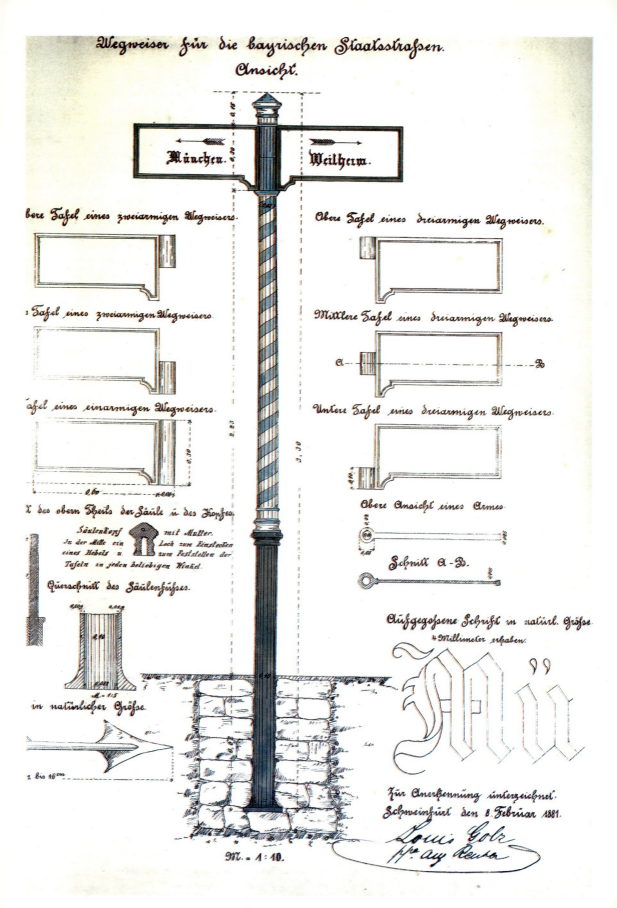

Skizze eines Wegweisers für die bayerischen Staatsstraßen, 1881.

Weggelder erhöhen zu dürfen. Ansonsten seien sie nicht mehr in der Lage, die *Strasse in einem dauerhaften Stand*[31] zu erhalten. Sie bitten darum, die Weggelder nach den »Churbayerischen bzw. Tyrollerischen Weggeldtarifen« abrechnen zu dürfen.

Der Kampf um die Erhöhung des Weggeldes zog sich über Jahre hin und endete erst kurz nach der oben beschriebenen Reparatur der Straße im Jahr 1801. Die Untertanen waren nun dazu berechtigt, die Weggelder nach dem kurbayerischen Weggeldtarif einzunehmen. Ferner werden sie beauftragt, an den Weggeldstationen in Farchant und Mittenwald einen Schrankbaum zu setzen und die Stationen bei Tag und Nacht besetzt zu halten.

Mit dieser abschließenden Genehmigung war nun der Grundstein gelegt für eine gut gepflegte Straße und den weiteren Ausbau zu einer Chaussee. Ein Vergleich zweier im 19. Jahrhundert entstandenen Karten zeigt diesen weiteren Ausbau. In der Urkarte aus dem Jahr 1810 war einfach eine Straße vermerkt, im Jahr 1856 bei der Renovationsmessung waren bereits Bäume[32] entlang der Chaussee eingezeichnet. Ein wichtiger Hinweis dafür – da die Bequemlichkeit der Reisenden dadurch gesteigert wurde –, daß beim weiteren Ausbau und Unterhalt der Straße auf die Umsetzung von immer mehr Kriterien der modernen Straßenbautechnik geachtet wurde. So war es nun für die Reisenden und die Händler möglich, ohne größere Pannen, unbeschadet und immer bequemer an ihr Ziel zu gelangen.

Weg-Pollete aus dem Jahr 1798, auf der bestätigt wird, daß K. mit zwei leeren Wagen und fünf Pferden die Strecke zwischen Scharnitz und Partenkirchen benutzt hat. Das Weggeld beträgt neun Kreuzer und drei Heller.

Anmerkungen

1. HSTA: HL 3 Fasc. 386 Nr. 6 (Herstellung der Mittenwalder Rottstraße durch die Herrschaft Werdenfels 1767 – 1772).
2. Über den genauen Aufbau der Straßen im Mittelalter und bis zum 17. Jahrhundert gibt es keine Quellen. Vgl. SEITZ, GERHARD: Geschichtliche Entwicklung und Bewertung der Tragfähigkeit historischer Straßenkonstruktionen. Mitteilungen des Prüfamtes für Bau von Landverkehrswegen der Technischen Universität München Heft 45, München 1984.
3. Vgl. ENGEL, VOLKER: Die Entwicklung des Bayerischen Straßen und Wegerechts. o.J. Diesen Aus- und Umbau bereits vorhandener Strecken förderte der bayerische Kurfürst seit dem 1. Drittel des 18. Jahrhunderts, weshalb man ab 1762 in Bayern damit begann, Chausseen nach französischem Vorbild zu bauen.
4. Ebd.
5. GERHARD SEITZ 1984, S. 92.
6. Ebd. S. 15 – 16.
7. Vgl.: WIEBEKING, CARL FRIEDRICH: Praktische Anleitung zur Aufführung, Wiederherstellung und Erhaltung bequemer und das Commerz befördernder Landstraßen, Wien 1804, S. 15.
8. Vgl. ebd. S. 20.
9. Ebd. S. 44.
10. 1 Zoll = 2,5 cm; 1 Klafter = 1,75 m.
11. Vgl. CARL FRIEDRICH WIEBEKING 1804, S. 44 u. 47.
12. EBD., S. 9–10.
13. HSTA: HL 3 Fasc. 386 Nr. 6: Herstellung der Mittenwalder Rottstraße durch die Herrschaft Werdenfels 1767 – 1772.
14. Ebd.
15. Ebd.
16. Ebd.
17. HSTA: HL 1 GL Fasc. 4516 Nr. 27: Land- und Poststr. durch die Grafschaft betreffend.
18. Ebd.
19. HSTA: HL 3 Fasc. 386 Nr. 6: Herstellung der Mittenwalder Rottstraße durch die Herrschaft Werdenfels 1767 – 1772.
20. Ebd.
21. HSTA: HL 3 Fasc. 386 Nr. 6: Herstellung der Mittenwalder Rottstraße durch die Herrschaft Werdenfels 1767 – 1772.
22. Marktarchiv Mittenwald: Bestand Bauwesen A5 (Unterhalt der alten Rottstraße über Ettal und der Poststraße über Walchensee 1772–1795) und A10 (Wasserbauten an den Hochstraßen nach München und Augsburg und das dazu verwendete Weggeld 1790–1802).
23. Marktarchiv Mittenwald: Bestand Bauwesen A II 5 (Die Unterhaltung der Poststrasse, dann die Herstellung der Strassengebäude 1772 – 1796).
24. Marktarchiv Mittenwald: Bestand Bauwesen AII 5 (Die Unterhaltung der Poststrasse, dann die Herstellung der Strassengebäude 1772 – 1796).
25. HSTA: HL 1 GL Fasc. 4516 Nr. 27 (Land- und Poststraße durch die Grafschaft betreffend).
26. Ebd.
27. Schwarz datiert den großen Straßenumbau auf die Jahre von 1764 – 1775. S. SCHWARZ, PETER: Das Rottwesen, in: JOSEF OSTLER, MICHAEL HENKER, SUSANNE BÄUMLER (Hrsg.) Grafschaft Werdenfels 1294–1802, Garmisch-Partenkirchen 1994, S. 76 – 83.
28. Vgl.: VOLKER ENGEL o.J. Eine Chausseestunde entsprach 12703 Schuh Länge = ca. 3709 m (1 Schuh = 29,2 cm).
29. HSTA GL Werdenfels 4493/111.
30. HSTA: HL 3 Fasc. 386 Nr. 6: Herstellung der Mittenwalder Rottstraße durch die Herrschaft Werdenfels 1767 – 1772.
31. HSTA: GL Werdenfels 4493/111.
32. Belehrung über die zweckmäßigste Art der Anpflanzung von Alleen an Landstraßen. München 1836.

Karl Gattinger

DIE VIA CLAUDIA ALS ›VIA TRIUMPHALIS‹

Kaiser, Könige und Kurfürsten auf der Durchreise

Es war ein Tag, den man jahrelang in der Erinnerung genießen kann. Um sechs Uhr verließ ich Mittenwald, den klaren Himmel reinigte ein scharfer Wind vollkommen. Es war eine Kälte, wie sie nur im Februar erlaubt ist. Nun aber bei dem Glanze der aufgehenden Sonne die dunklen, mit Fichten bewachsenen Vordergründe, die grauen Kalkfelsen dazwischen und dahinter die beschneiten höchsten Gipfel auf einem tieferen Himmelsblau, das waren köstliche, ewig abwechselnde Bilder.[1]

Goethe rastet auf seiner Italienreise 1786 in Benediktbeuern, Fassadenmalerei am Gasthaus Post in Benediktbeuern.

Wohl kaum ein Reisender kleidete seine Eindrücke von einer Fahrt durch das Werdenfelser Land in solch' wunderschöne Worte wie Johann Wolfgang von Goethe. Als der anerkannte Dichterfürst diesen strahlenden Bilderbuch-Herbsttag im Gebirge – es war der 8. September 1786 – erlebte, befand er sich gerade von größter Ungeduld getrieben auf dem schnellstmöglichen Wege nach Arkadien, und der führte über die Via Claudia. Doch nicht Dichterfürsten oder anderen Literaten aller Art, deren es genügend gäbe, soll hier die Ehre erwiesen werden, sondern gekrönten Häuptern des europäischen Hochadels. Kaiser waren unter ihnen, wie die Habsburger Maximilian I. und Karl V. (dessen Reich von solcher Ausdehnung war, daß darin »die Sonne nicht untergeht«), der russische Zar Alexander I., aber auch Könige aus Spanien, Italien und dem Deutschen Reich sowie zahlreiche Fürsten und Herzöge aus ganz Europa.[2]

Allen voran aber wählten die bayerischen Landesherren diesen kürzesten Weg zwischen ihrer Residenzstadt München und dem angrenzenden Tirol beziehungsweise weiter nach Italien. Die Tiroler Hauptstadt Innsbruck war immer wieder Schauplatz Wittelsbacher Verwandtschaftsbesuche, und Italien ohnehin ein bevorzugtes Urlaubs- und Reiseziel dieser Familie, deren Reisen deshalb auch im Mittelpunkt der folgenden Betrachtungen stehen sollen.

Gereist wurde mit großem Hofstaat

Selbstverständlich wollten die reisenden Herrschaften auch unterwegs nicht auf einen angemessenen Hofstaat verzichten. Als zum Beispiel der Herzog von Württemberg am Heiligen Abend 1766 auf seinem Weg nach Venedig durch die Grafschaft kam, führte er eine Equipage mit neunzig eigenen Pferden mit;[3] im Gefolge des bayerischen Kurfürsten Ferdinand Maria, der mit seiner Familie noch nicht einmal offiziell, sondern inkognito als Graf Fürstenberg unterwegs war, reisten über 150 Personen mit nach Padua,[4] und als 1503 Philipp der Schöne, Erzherzog von Österreich und König von Kastilien, in Mittenwald übernachtete, mußte der Zug seiner Größe wegen getrennt werden, um alle 250 Personen und 400 Pferde unterbringen zu können.[5]

Stadt- und Reiseberline französischen Stils, 18. Jahrhundert.

Eine Aufstellung, die sich für eine Italienreise des Wittelsbacher Kronprinzen Karl Albrecht 1715 erhalten hat, gibt detaillierte Aufschlüsse über das begleitende Personal. Demnach sorgten für das Wohl des Reisenden 6 Kammerherren und 5 Kammerdiener, 2 Truchsessen für die Tafel, 2 Sekretäre (1 Deutscher, 1 Welscher), 1 Leibmedicus, 1 Beichtvater und 1 Kaplan, 1 Kammermusikus und 2 Waldhornisten sowie 1 Kavalierkoch, 1 Mundkoch, 1 Zuckerbäcker und ein eigener Sommelier. Das Gepäck bestand aus 45 Koffern und Truhen, 36 Mantelsäcken, 4 großen Matratzen und 5 kleinen sowie 2 großen Körben.[6]

Die Sicherheit und Befahrbarkeit der Straße als dringlichste Aufgabe

Ein besonderes Augenmerk warfen die für einen reibungslosen Reiseablauf Verantwortlichen auf die Sicherheit und bequeme Befahrbarkeit der Straße. Wie wichtig dies gerade im Winter war, zeigt ein Reisetagebuch aus dem 16. Jahrhundert.[7] Als Herzog Albrecht V. seinen fünfzehnjährigen Sohn Ferdinand Ende November 1565 auf Kavalierstour nach Florenz schickte, traf die Reisegruppe bereits beim Eintritt in das Gebirge auf erhebliche Schwierigkeiten. Eine Loisach-Furt erwies sich als undurchquerbar, und ein beträchtlicher Teil der Hauptstraße bis Mittenwald war in einem erbärmlichen Zustand. Ein dreitägiges Tauwetter hatte die zuvor einen halben Mann hoch eingeschneite und gefrorene Straße in einen fast unpassierbaren Schlammweg verwandelt, so daß es *aine dieffe Gröppen an der andern gehabt, vnd gannz gefarrlich zu reitten gewest*. Statt der üblichen dreieinhalb Stunden brauchten die Reisenden für den Weg von Partenkirchen bis Mittenwald fast fünf Stunden, wobei sie einen *vil guetten thaill des Weegs zue fueß durch alle Lakhen gangen, dann es hat sich gar nit lassen aufsezen vor schnee*. Bei der Ankunft in Mittenwald war es bereits finstere Nacht geworden. Auch am nächsten Tag blieb der Weg eine Weile böse, und erst ab Seefeld, wo das erste Morgenmahl eingenommen und das Mirakel in der Kirche besucht wurde, verbesserte er sich zusehends, so daß man relativ zeitig in Innsbruck ankam. Dort fand der junge Prinz in der erzherzoglichen Burg gastliche Aufnahme und konnte sich am Abend beim Kartenspiel mit der Hausherrin von den anstrengenden Strapazen der aufregenden Fahrt erholen.

Ob es sich im geschilderten Fall um eine Nachlässigkeit des zuständigen Beamten handelte, oder ob bei dieser Kavalierstour ganz bewußt auf jeglichen offiziellen Charakter verzichtet wurde, läßt sich im nachhinein leider nicht mehr feststellen. In der Regel jedenfalls wurden große Anstrengungen unternommen, die Straße bis zur fürstlichen Ankunft in den bestmöglichen Zustand zu versetzen. Bereits Tage vorher erging an die Magistrate der anliegenden Gemeinden der Befehl, nicht nur auf der Hauptstraße des Ortes für die nötige Reinlichkeit zu sorgen, sondern im gesamten Gemeindebezirk die Straße unverzüglich zu säubern und in einen möglichst sicheren und fahrbaren Zustand zu versetzen. Bei schlechter Witterung mußte die Ortsdurchfahrt notfalls, wie in Partenkirchen bei der Heimreise König Ludwigs I. aus Griechenland, mit feinem Kies aufgeschüttet werden. Desweiteren erhielten die Partenkirchner den Auftrag, *auch die Strassen-Allee-Bäume(n), wo es nöthig, alsogleich gehörig anbinden zu lassen*, und sie mußten dafür Sorge tragen, daß *an denjenigen Häusern, wo sich keine Randrinnen befinden, solche so möglich schleunigst aufgestellt werden, damit nicht bey allenfallsigem Regenwetter das Wasser aus den Dachrinnen in den Wagen Seiner Majestät hineinströme*.[8]

Besondere Schwierigkeiten bereitete naturgemäß der Winter. Immer wieder wurden die Gemeinden angehalten, bei drohendem Schneefall genügend Personal zum Schneeräumen in Bereitschaft zu halten. Als der bayerische Kurfürst Karl Theodor an einem Februartag 1795 die Straße benutzte, waren über zweihundert Untertanen aus Mittenwald, Krün und Wallgau im Einsatz, nur um den Schnee auszuschaufeln und den Weg zu planieren. Um die solchermaßen hergestellte Straße bis zur endgültigen Ankunft des Kurfürsten, der nicht im Schlitten, sondern im Wagen zu reisen gedachte, nicht wieder zu beschädigen, erging an alle Fuhrleute zu Mittenwald, Krün und Wallgau der Befehl, die Landstraße bei Strafe *mit keinen anderen Schlitten, als solchen, deren Eblaten auf das gewöhnliche Wagen-Geleise gehörig erweitert sind,* zu passieren.[9]

Ebenso wichtig wie der tadellose Zustand der Straße war die stete Verfügbarkeit frischer Pferde. War hoher Besuch zu erwarten, mußte jeder Ort *bey schwerster Verantwortung und Exekution*[10] eine gewisse Anzahl an Pferden bereitstellen. So mußte Partenkirchen bei der

Obermarkt in Mittenwald, Fotographie um 1880.

Durchreise König Max Josephs I. 1807 *16 angeschirrte Pferde auf zwey volle Tage mit Futter* abstellen, als 1822 der Kaiser von Rußland mit dem König von Württemberg in Mittenwald weilte, hatten zwanzig Pferdebesitzer 35 spannfähige Pferde bereitzuhalten,[11] und für die Rückreise Karl Theodors von seiner Hochzeit in Innsbruck wurden 82 Pferde requiriert, elf weitere standen in Bereitschaft. Der Kommentar des für die Organisation der Pferde zuständigen Pflegers, *daß nur die brauchbarsten Pferde ausgesucht worden sind, und daß noch eine beträchtliche Anzahl, auf alle Fälle, in den Ställen vorhanden war,*[12] bezeugt einmal mehr den großen Pferdereichtum im Werdenfelser Land, der wiederum die enorme Bedeutung des Fuhrwesens für die Grafschaft unterstreicht. Daß es sich dabei tatsächlich um einen außergewöhnlich hohen Pferde- und damit auch Zugtierbestand handelte, geht aus einem Bittgesuch des Gerichts Benediktbeuern anläßlich derselben Reise Karl Theodors hervor. Da der Posthalter von Walchensee, nachdem nicht nur bereits alle verfügbaren guten Pferde des eigenen Gerichts, sondern darüber hinaus auch noch dreißig Pferde samt Knechte aus dem benachbarten Gericht Tölz zusammengetrieben wurden, nach wie vor an Pferdemangel litt, erbat und bekam er deshalb vom Gericht Werdenfels die Bereitstellung weiterer vierzig Pferde.[13]

Böllerschüsse und Glockengeläute zum Empfang

Selbstverständlich wurde den durchreisenden Herrschaften ein Höchstmaß an offiziellen Ehrerweisungen zuteil. Eine besondere Bedeutung kam dem Geleitrecht zu, das heißt, den Fürsten wurde unmittelbar beim Eintritt in das eigene Territorium in Form ranghoher Beamter das Geleit angetragen.[14] Man erwies dem Ankömmling dadurch nicht nur eine besondere Ehre, sondern machte ihm auch unmißverständlich deutlich, wo das benachbarte Territorium aufhörte und das eigene Herrschaftsgebiet anfing. Freilich waren diesbezüglich Streitereien, vor allem in Hinblick auf den exakten Grenzverlauf, nicht zu vermeiden. Am Steinernen Brückerl zwischen Farchant und Oberau, der Grenze zwischen Bayern und der Grafschaft Werdenfels, wurde über den exakten Ort der Übergabe des hohen Gastes mit den bayerischen Beamten oft ebenso heftig diskutiert wie an der Tiroler Grenzmark bei der Scharnitz-Brücke mit den Tirolern.[15]

Ein unverzichtbares Ritual beim Empfang an der Grenze scheint dabei das unentwegte Abfeuern von Böllerschüssen gewesen zu sein. Dabei konnte es freilich auch zu gefährlichen Zwischenfällen kommen. Als zu Ehren der, die Weihnachtstage 1822 in Mittenwald verbringenden, Majestäten des Kaisers von Rußland und der Königsfamilie von Württemberg recht emsig geschossen wurde, geschah es, *daß während der Abfeuerung ein Pöller gänzlich zersprang, der den Abfeuerer Friedrich Wäckel sehr leicht das Leben hätte kosten können, wenn nicht ein glücklicher Zufall selben gerettet hätte.*[16]

Nicht selten wurden die hochrangigen Gäste unter nicht endendem Böllerschießen bis in den Ort hinein geleitet, wobei noch eine Marschkapelle aufspielte und alle Glocken entlang des Weges geläutet wurden. Lediglich der menschenscheue König Ludwig II. verbat sich bei solcher Gelegenheit jegliche Huldigung und verzichtete auf die Böllerschüsse ebenso wie auf einen offiziellen Empfang.[17]

Wolltte man den Gast darüber hinaus auf ganz besondere Weise ehren, errichtete man ihm einen Triumphbogen. Dieser bestand ganz aus –

möglichst astfreiem – Holz, wobei für das Gestell selber bis zu zwölf Meter hohe Fichtenstämme verwendet wurden.[18] Große wiederverwendbare Flaggen und Fahnen sowie zahlreiche auf die Reisenden bezugnehmende Wappen und glorifizierende Inschriften schmückten den Ehrenbogen. Vor der davor versammelten Prominenz spielte eine Musikkapelle auf, gelegentlich durch einen Chor unterstützt,[19] und speziell im 19. Jahrhundert wurden dazu gerne eigens verfaßte Gedichte vorgetragen.[20] König Ludwig I., der sich selber gerne als Dichter versuchte, reagierte auf entsprechende Feierlichkeiten in Partenkirchen mit einem eigenhändig unterschriebenen Dankesbrief, in dem er besonders auch das gelungene Gedicht hervorhob.[21]

Manchem Gast wurde bei dieser Gelegenheit auch ein kleines Geschenk aus einheimischer Produktion von einem gebildeten Mädchen überreicht.[22] Die an der Straße liegenden Häuser waren festlich dekoriert und in der Nacht beleuchtet, und ein Großteil der Bevölkerung fand sich zum Jubeln ein. Bei besonderen Anlässen wie der Rückkehr Ludwigs I. aus Griechenland mußte sich das Volk ausdrücklich in sonntäglicher Kleidung zeigen, *widrigenfalls sie Zurückweisung in ihre Häuser zu gewärtigen hätten.*[23]

Wollten die Reisenden in der Grafschaft übernachten, geschah dies ausnahmslos in Mittenwald oder Partenkirchen. Während sich für die einfachen Reisenden zahlreiche Gasthöfe entlang der Strecke anboten, bezogen die Fürsten besondere Quartiere. Eine namentliche Nennung in Frage kommender Gasthöfe hat sich nur für Mittenwald erhalten. Hier wurden die höchsten Gäste in der Posthalterei untergebracht, die im Range nachfolgenden Mitreisenden in den Häusern der Händler und Wirte des Marktes; daß die Händler bei der Auswahl eines angemessenen Quartiers den Gastwirten vorgezogen wurden, belegt einmal mehr die Bedeutung des Handels für diese Gegend.

In den Werdenfelser Amtsrechnungsbüchern[24] – die Herrschaften wurden meist auf Kosten der Grafschaft bewirtet – sind vereinzelt Speisepläne verzeichnet. Demnach servierte man den Fürsten sehr gerne Fische aus dem nahen Eibsee, in der Regel geselchte oder geräucherte Renken und Hechte. An Fleisch wurde

vor allem das einheimische Wildbret (Hirsche, Gemsen, Rehe, Auerhähne) gereicht. Wie begehrt dieses Wild aus dem Gebirge bei den Fremden war, mag das Beispiel jener Nürnberger Ritter zeigen, die auf ihrem Weg nach Rom beim Gastwirt Jörg Krapf ein Fäßlein Gemswildpret kauften, das sie in Tirol – gleichsam als Delikatesse – am Hl. Christtag verzehrten.[25]

Als Getränk wurde hauptsächlich der Etschwein ausgeschenkt, den die Fuhrleute und Händler in ausreichender Menge direkt aus Südtirol anlieferten. Was die Qualität dieses Weines betrifft, hat sich als einzige – selbstverständlich nicht repräsentative – Aussage lediglich die des Würzburger Chorherren Sigmund Thunger erhalten, der auf seiner Pilgerfahrt nach Jerusalem 1551 in Partenkirchen zum Frühstück zwar einen *kostlich gut visch*, aber dazu einen *argen Wein*[26] vorgesetzt bekam.

Die Hochzeitsreise des bayerischen Kurfürsten Karl Theodors

Dem bisher dargelegten Schema einer Fürstenreise auf der Via Claudia folgte auch die bereits erwähnte Reise Karl Theodors 1795 nach Innsbruck, um dort die Erzherzogin Marie Leopoldine zu seiner zweiten Frau zu nehmen. Was diese Reise allerdings so bedeutsam macht, ist deren hervorragende Überlieferung. Da es sich um eine hochoffizielle Reise des bayerischen Kurfürsten handelte, hat sich die gesamte Korrespondenz zwischen dem Werdenfelser Landrichter und den zuständigen Behörden in München erhalten.[27] Da diese Korrespondenz ein sehr buntes und lebendiges Bild vom Ablauf einer spätabsolutistischen Fürstenreise auf der Via Claudia liefert, darf ihr hier ein breiterer Raum eingeräumt werden.

Bereits zwei Wochen vor der eigentlichen Durchreise des Kurfürsten traf sich der Werdenfelser Landrichter Hoheneicher im Carnerischen Posthause zu Mittenwald mit dem *Chur-Pfalz-Bayerischen Journal-Straßen Direkteur*, der *für die Sicherheit und Bequemlichkeit der Strasse von München bis Innsbruck zu sorgen* hatte. Da bei einer vorläufig vorgenommenen Besichtigung der Werdenfelser Landstraße keine wesentlichen Mängel gefunden wurden, kamen die beiden überein, die notwendigen kleinen Reparationen der Witterung wegen – es war Ende Januar – erst wenige Tage vor der eigentlichen Reise vorzunehmen. Um die Straße aber nicht über Gebühr zu strapazieren, erließ Hoheneicher sogleich den bereits erwähnten Befehl an sämtliche Fuhrleute, die Landstraße nur mit speziell verbreiterten Schlitten zu benutzen.

In der folgenden Woche fuhr Hoheneicher nach Mittenwald, um dort

Ehrenpforte, errichtet anläßlich des Besuchs von Kaiser Franz in Regensburg am 22. Oktober 1745.

und in den benachbarten Ortschaften die tauglichsten Pferde auszuheben. Gleichzeitig wurden *die nothwendigen Veranstaltungen zur Herstellung sicherer und bequemer Passage der Land-Strasse vorläufig eingeleitet.* Zwei Tage vor der Ankunft Karl Theodors kam in Mittenwald der kurfürstliche Ober-Weg-Bereiter mit einem Schreiben des kurfürstlichen General-Straßen- und Wasser-Bau-Direktors an, in dem es hieß, auf Grund des gegenwärtigen starken Schneefalls seien besondere Arbeiten nötig, um die Straße sicher passieren zu können. Daraufhin wurde an den nächsten beiden Tagen die Landstraße *durch mehr als 200 zum Schnee-ausschaufeln und adplaniren etc. angestellte Unterthanen von Mittenwald, Krün und Walgau in den besten Stand hergestellt.* Doch nicht nur der kurfürstliche Oberwegbereiter war nach Mittenwald gekommen. Am selben Nachmittag erschien auch eine eigens abgeordnete Ordonnanz eines Münchner Regimentes mit der Bitte, ihrem vierzehnköpfigen Kommando zur Aufwartung und Begleitung der höchsten Herrschaften über Nacht ein unentgeltliches Quartier zu besorgen.

Am Vorabend der kurfürstlichen Ankunft traf der Fourier und erste Kammerdiener des Kurfürsten ein, um *in den Carnerischen und übrigen hiezu tauglichen Häusern die nothwendige Nacht-quartiers-Anstalten zu machen.* Der Kurfürst selber logierte im Hause des Johann Martin Karner, Weinwirt und Posthalter zu Mittenwald. Unter dem selben Dach wurden einquartiert der erste Kammerdiener, dazu der Leibchirurg Karl Theodors, der Leiblakai, der Leibfriseur und der Leibkutscher sowie ein Kurier. Der restliche Hofstaat wurde auf die Häuser von vier Händlern und zwei Wirten verteilt.

Kurfürst Karl Theodor mit Pagen als Großmeister des Georgiritterordens, Gemälde von Hickel, 1780, Schloß Nymphenburg.

Am 13. Februar war schließlich alles für den großen Tag vorbereitet. Als abends gegen sechs Uhr als erster der Oberst-Kammerer eintraf, stattete Hoheneicher sogleich seine gebührende Aufwartung ab, nützte die Gelegenheit aber auch dazu, um nachzufragen, wann er dem Kurfürsten sein ehrerbietigstes Bewillkommnungs-Kompliment abstatten solle. Er war sich nämlich nicht sicher, ob er sich dessen *gleich beym Aussteigen Seiner Kurfürstlichen Durchleucht unterthänigst entledigen, oder vielmehr, um Höchstdieselbe, bey bereits eintrettender Dunkelheit durch keinen Aufenthalt zu inkommodiren, nachhin zu diesem Ende eine gnaedigste Audienz ... erbitten solle.* Der Oberst-Kammerer fand das Letztere schicklicher.

Über die endliche Ankunft des Kurfürsten in Mittenwald notierte Hoheneicher in einem eigens angefertigten Diarium: *Bald nach 6 1/2 Uhr kamen Seine Kurfürstliche Durchleucht an. Höchstdieselbe wurden beym Aussteigen von mir unterthänigst empfangen, und in das in dem Posthause zur Nachts-Tafel bestimmte Zimmer begleitet. Gleich nach dem Eintritte in dieses Zimmer wurde Höchstdenenselben ... ich vorgestellt. Im Namen Seiner Hochfürstlichen Gnaden meines gnaedigsten Herrns stattete ich das ehrbietigste Bewillkommungs-Kompliment in tiefster Erfurcht ab, und legte anbey den Hochfürstlichen Markt Mittenwald und alle übrige Werdenfelsische Einwohner nebst mir unterthänigst zu Füßen. Seine Kurfürstliche Durchleucht dankten in sehr gnädigen Ausdrücken, ließen mich zum Handkuß, und fingen sodann einen Dißkurs an über die Größe und Gewerbsamkeit des Markts Mittenwald, über die Entfernung und Lage des Dorfes Garmisch, des Klosters Ettal und des Passes Scharnitz, über den heurigen kalten Winter p.p. ... Seine Kurfürstliche Durchleucht rühmten die bereisete Strasse, in welches Lob, mit der weiteren Bemerkung, daß solche viel näher als die Strasse über Aybling sey, die ganze Hohe Suite einstimmte. Nach Verfluß ungefähr einer halben Stunde wurden die Speisen aufgetragen: worauf Herr von Ziedl und ich uns entfernten. Seine Kurfürstliche Durchleucht hatten weder einen Mund-Koch noch einen Kuchel-Wagen bey sich, sondern alles wurde in dem Karnerischen Post-Hause herbeygeschafft und zubereitet. ... Ich wurde zur Marschallstafel eingeladen, mußte aber, wegen starkem Katarrhfieber, diese Gnade verbitten.*

Maria Leopoldine von Österreich-Este, Portraitgemälde von Moritz von Kellerhoven, um 1795, Residenz München.

An dieser Stelle folgt ein Bericht über den Empfang Karl Theodors zuvor an der Grenze. Der Kurfürst wurde von den örtlichen Repräsentanten zu Pferde begrüßt. Auf der Weiterfahrt wurden mehrere Böller wiederholt abgefeuert, und zu Krün, Wallgau und Mittenwald alle Glocken geläutet. Vor dem Posthause in Mittenwald paradierten 42 Männer der größten Bürger und Bürgerssöhne als Schützen, allerdings zur Vermeidung aller Gefahr mit ungeladenen Gewehren. (Dies war vielleicht die Lehre aus einem unrühmlichen Vorfall, der sich sieben Jahre zuvor an selber Stelle abgespielt hatte: Als es bei der Durchreise der Witwe Kurfürstin von Sachsen während des Pferdewechsels zu einem Tumult kam, löste sich ein Büchsenschuß, der den Fuß eines begleitenden kaiserlichen Hauptmannes sowie den Wagen der Kurfürstin traf[28]). Dem Posthause gegenüber war ein wappenverzierter Ehrenbogen mit rühmenden Inschriften errichtet worden. Das Vorhaben jedoch, *solchen zu illuminiren, wozu bereits alles in Bereitschaft war*, wurde durch einen andauernden starken Wind verhindert. Dafür wurde *eine ganz artige und wohlbesezzte Musik aufgeführt*.

Am nächsten Morgen besuchte Karl Theodor bereits um 7½ Uhr die heilige Messe in der *mit allen vorhandenen Kirchen-Zierden* ausgeschmückten Pfarrkirche, vor deren Eingang wiederum eine reichverzierte Ehrenpforte aufgestellt wurde. Unter mehrmaligem Läuten aller Glocken und erneutem Abfeuern sämtlicher Böller setzte der Kurfürst, von der gesamten örtlichen Prominenz bis Scharnitz begleitet, seine Reise nach Innsbruck fort.

Am Rande dieser perfekt geplanten und inszenierten Durchreise spielte sich jedoch eine kleine Panne ab, die sich auf einem losen Zettel am Schluß dieses umfangreichen Aktes erhalten hat: *Der hochfürstliche Bräuverwalter hat, wahrscheinlich in der gutgemeynten Absicht, seine Devotion zu beweisen, auf die Durch-Reise Ihrer Kurfürstlichen Durchleuchsten ein eigenes Bier bräuen lassen. Hievon wurde den Wirthen Nachricht gegeben, die mit solchen Bier gefüllte Fäßln wur-*

Originalentwurf der Inschrift der Mittenwalder Ehrenpforte, die anläßlich der Durchreise Kurfürst Karl Theodors im Februar 1795 errichtet wurde.

den durch ein K = /: Kurfürstlich :/ bezeichnet, und überhaupt ein großes Wesen gemacht. Weil aber dieses Bier ohne Zurathziehung des Bräumeisters gesotten, und gleich vom Sieden her gefaßt und abgegeben worden ist, zeigte sich am Ende, daß das Kurfürstliche Bier – nicht trinkbar sey.

Auch wenn mit diesem kleinen Beitrag noch lange nicht allen auf der Via Claudia durchreisenden Herrschern die gebührende Reverenz erwiesen wurde, sollte an dieser Stelle doch mit einer bayerisch-österreichischen Hochzeitsreise geschlossen werden, versinnbildlicht sie doch auf besonders anschauliche Weise das verbindende Band zwischen Nord und Süd, das zu knüpfen gerade auch die Via Claudia im Laufe ihrer Geschichte immer wieder mitgeholfen hat.

Anhang I

Unvollständiger Überblick über nachgewiesene Herrscher auf der Via Claudi

1204	Wolfger von Ellenbrechtskirchen, Patriarch von Aquileja
1348	Ludwig der Brandenburger, Markgraf von Brandenburg
1484	Albrecht IV. der Weise, Herzog von Bayern
1497	Erich I., Herzog von Braunschweig-Lüneburg
1500, 1504	Kaiser Maximilian I.
1503	Philipp I. der Schöne, Erzherzog von Österreich, König von Kastilien
1510/11	Martin Luther, Reformator
1536	Wilhelm IV., Herzog von Bayern
1541, 1551	Kaiser Karl V.
1582, 1587, 1618, 1621	Wilhelm V. der Fromme, Herzog von Bayern
1582, 1608	Maximilian III., Erzherzog in Tirol
1589, 1596	Matthias, Erzherzog von Österreich
1593	Prinz Maximilian, späterer Kurfürst Maximilian I.
1598	Albrecht, Erzherzog von Österreich, Regent der Niederlande
1600	August d. J., Herzog von Braunschweig-Wolfenbüttel

1618	Maximilian III., Erzherzog von Österreich, als Leiche
(1625), 1631	Leopold V., Erzherzog in Tirol
(1627)	Elisabeth Renata von Lothringen, Gemahlin des Kurfürsten Maximilian I.
1628	Ferdinando II., Großherzog von Florenz
1638	Nikolaus Franz, Herzog von Lothringen
1655	Christina, Königin von Schweden, Tochter Gustav Adolfs
1667	Ferdinand Maria, Kurfürst von Bayern
1670	Max Heinrich von Bayern, Kurfürst von Köln
1703, 1715, 1737	Max Emanuel, Kurfürst von Bayern
1715	Karl Albrecht, Kronprinz von Bayern und späterer Kaiser Karl VII.
1766	Karl Eugen, Herzog von Württemberg
1775, 1795	Karl Theodor, Kurfürst von der Pfalz, später von Bayern
1806	Eugen, Vizekönig von Italien
1807/08	König Max Joseph I. von Bayern
1822	Alexander I., Kaiser von Rußland, Wilhelm I., König von Württemberg
1835	Christina von Savoyen, Königin von Neapel
1835/36, 1839	Ludwig I., König von Bayern
1894	Luitpold, Prinzregent von Bayern

Anmerkungen

[1] GOETHE, JOHANN WOLFGANG VON, Goethes Werke, hg. im Auftrag der Großherzogin Sophie von Sachsen, Abt. I, Bd. 30: Italiänische Reise I, Weimar 1903 [ND München 1987], S.15–16.

[2] Einen keineswegs vollständigen Überblick versucht Anhang I zu bieten.

[3] BAADER, J., Chronik des Marktes Mittenwald, seiner Kirchen, Stiftungen und Umgegend, Mittenwald ²1936, S.77.

[4] BARY, ROSWITHA V., Henriette Adelaide von Savoyen, Kurfürstin von Bayern, München 1980, S.210.

[5] KLINNER, HELMUT W., Vom Saumpfad zur Rottstraße, in: Marktgemeinde Mittenwald (Hg.), »Bozener Märkte« in Mittenwald 1487–1679. Ein Bild der Zeit vor 500 Jahren, Mittenwald 1987, 15–24, hier: S.21.

[6] BEKH, WOLFGANG JOHANNES, Ein Wittelsbacher in Italien. Das unbekannte Tagebuch Kaiser Karls VII., München 1971, S.12f.

[7] Das Tagebuch über diese Reise liegt in: Bayerisches Hauptstaatsarchiv München [HStAM], Staatsverwaltung 4024. Für den Hinweis auf dieses Tagebuch habe ich Herrn Kollegen Martin Ott zu danken!

8 Marktarchiv Partenkirchen, Akten X 21.
9 HStAM Freising HL 3 12/5.
10 Befehl an die Obmannschaften von Gerold und Wallgau anläßlich der Durchreise des Kronprinzen Ludwig am 7.3.1811, Marktarchiv Mittenwald, Akten X 21/1.
11 Marktarchiv Partenkirchen Akten X 15.
12 HStAM Freising HL 3 12/5.
13 Ebd.
14 Über das Werdenfelser Geleitrecht: BRANDNER, JOSEF / SPICHTINGER, HEINRICH, Rund ums Landl. Altwerdenfelser Grenzsteine und Felsmarchen. Geschichte, Denkmäler, Geschichten, Garmisch-Partenkirchen 1993, S.157–161.
15 Eine besonders umfangreiche Streit-Korrespondenz über die unterschiedliche Auffassung des Geleitrechts hat sich zwischen dem Freisinger Fürstbischof Veit Adam von Gepeckh und Kurfürst Maximilian I. anläßlich der Durchreise des österreichischen Erzherzogs Leopold 1631 erhalten, HStAM Pfleggericht Werdenfels 207.
16 Marktarchiv Garmisch, Altregistratur I 2.5.
17 Marktarchiv Mittenwald, Akten X 21/2.
18 Anläßlich der Durchreise des Prinzen Luitpold von Bayern und dessen Gemahlin 1844 hat sich eine detaillierte Beschreibung des benötigten Baumaterials erhalten, Marktarchiv Mittenwald, Akten II 41.
19 Als Prinz Luitpold 1844 durchreiste, sang bereits an der Grenze der Männerchor von Mittenwald zur Musik von Pentenrieder; wegen der vorhergehenden Generalprobe in Klais erging Anweisung an die Posthalter von Partenkirchen und Mittenwald, sie sollten die Gefälligkeit haben, die Sänger dieserorten unentgeltlich nach Klais fahren zu lassen, Marktarchiv Mittenwald, Akten II 41.
20 Ein solches Gedicht hat sich z.B. zu Ehren des Prinzen Luitpold von Bayern im Jahre 1844 erhalten, Marktarchiv Mittenwald, Akten II 41.
21 Marktarchiv Partenkirchen, Akten X 15.
22 Z.B. bei der Durchreise des Kronprinzen Ludwig 1810, Marktarchiv Mittenwald, Akten X 21/1.
23 Marktarchiv Partenkirchen Akten X 21.
24 HStAM Freising HL 3 Rep. 53.
25 BAADER, Chronik des Marktes Mittenwald, S.24.
26 DUSSLER, HILDEBRAND (Hg.), Reisen und Reisende in Bayerisch-Schwaben und seinen Randgebieten in Oberbayern, Franken, Württemberg, Vorarlberg und Tirol. Reiseberichte aus elf Jahrhunderten I, Weißenhorn ²1980, S.79.
27 HStAM Freising HL 3 12/5.
28 BAADER, Chronik des Marktes Mittenwald, S.83–84.

Christoph Kürzeder

Zu ewigen Zeiten ein Pilgram- oder Bruderhaus
Das Mittenwalder Pilgerhaus und die christliche »hospitalitas«

Eine seltene Erscheinung

Als am 27. September 1786, 24 Tage nach seiner Flucht aus Karlsbad, der Geheime Rat Johann Wolfgang von Goethe mit dem Schiff auf der Brenta von Padua nach Venedig fuhr, schienen ihn die prächtigen Landhäuser und Paläste entlang des Flusses nicht sonderlich zu beeindrucken. In seinem Reisetagebuch[1] findet der sonst so kunstbeflissene Ästhet nur wenige Worte für diese »Ikonen« des gegenwärtigen Kulturtourismus. Vielmehr als diese Zeugnisse venezianischer Lebenslust und Prachtentfaltung faszinierte und interessierte ihn eine andere, eine menschliche Begegnung: Zwei deutsche Pilger aus Westfalen, die zunächst das Grab der Heiligen Drei Könige im Kölner Dom besucht hatten, um dann durch Deutschland, Österreich und Italien zum eigentlichen Ziel ihrer Reise, zum Grab der Apostel Petrus und Paulus nach Rom zu gelangen. Natürlich besuchten sie gemäß der Pilgertradition auf ihrer langen Reise auch andere wichtige Wallfahrtsorte. Padua mit dem Grab des heiligen Antonius und Venedig mit den Gebeinen des Evangelisten Markus gehörten fast zum geistlichen »Pflichtprogramm« einer Rompilgerfahrt. Noch ein halbes Jahrhundert früher hätten diese beiden frommen Wanderer wahrscheinlich kein besonderes Aufsehen erregt, prägten doch auch die Rompilger über sechs Jahrhunderte das Leben auf den europäischen Fernstraßen entscheidend mit. Nun saßen sie aber abseits, hinten beim Steuermann, von den übrigen Reisenden getrennt, denn Ende

Zwei Pilger in der typischen Pilgertracht, Fassadenmalerei, Krün.

des 18. Jahrhunderts wurden sie, wie Goethe schreibt, *als eine seltene Erscheinung (...) angestaunt und, weil früher unter dieser Hülle manch Gesindel umhertrieb, wenig geachtet.* Diese Hülle, die Pilgertracht, zu deren charakteristischsten Elementen der *große Kragen, der runde Hut, der Stab und die Muschel*, sowie eine *rotsaffiane Brieftasche*[2] gehörte, war über die Jahrhunderte das äußere Erkennungsmerkmal der Pilger gewesen. Damit waren sie von den übrigen Reisenden problemlos zu unterscheiden. Dies war insofern wichtig, als den Pilgern entlang der Hauptrouten nach Rom eine eigene Infrastruktur zur Verfügung stand, die ihnen neben einer materiellen Grundversorgung auch eine »spirituelle Wegbegleitung« garantierte. Diese scheint im Jahr 1786 ebenfalls nicht mehr funktioniert zu haben, denn die frommen Pilger berichten dem aufmerksam zuhörenden Goethe, daß man sie, *ob sie gleich die ihnen vorgeschriebene geistliche Marschroute und die bischöflichen Pässe vorgezeigt, in katholischen Landen wie Landstreicher behandle.*[3]

Vergeßt die Gastfreundschaft nicht

Dies ist nicht immer so gewesen. Den Pilgern stand vom 11. bis zum frühen 18. Jahrhundert gemäß dem Auftrag des Evangeliums *was ihr dem geringsten meiner Brüder habt getan, das habt ihr mir getan* (Mt 25,40) ein wohl organisiertes und dichtes Netz von Hospizen, Herbergen und anderen wohltätigen Einrichtungen zur Verfügung, das den *um Christi Willen* Pilgernden die beschwerliche und oft gefährliche Reise erleichtern sollte. Im Zuge der Zunahme der Rom- und Heilig-Land-Fahrten im Laufe des 11. und 12. Jahrhunderts gewann auch die ehemalige Via Claudia als Fernstraße für Pilger immer mehr an Bedeutung. Dies galt besonders für die Route über den Brenner, der mit 1374 Metern Höhe als der niedrigste Alpenübergang stark frequentiert wurde. Ein Ausbau der Infrastruktur, den Bedürfnissen der Pilger entsprechend, war deshalb notwendig geworden. Zwar hatten Klöster, Stifte und Domkirchen schon während des Frühmittelalters das Paulus-wort *Vergeßt die Gastfreundschaft nicht, denn durch sie haben einige, ohne es zu ahnen, Engel beherbergt* (Hebr 13,12) als programmatischen Auftrag einer speziell christlichen »hospitalitas« verstanden und diese auch praktisch (Übernachtung und Verpflegung), sowie rituell (Hand-, und Fußwaschung, sowie Gebet) gepflegt.[4] Den wachsenden Strom der Pilger konnten jedoch diese meist klösterlichen Einrichtungen bald nicht mehr alleine bewältigen, da der organisatorische und finanzielle Aufwand immer größer wurde. Zwischen 1100 und 1250 kam es deshalb entlang der Fernstraßen, die zugleich wichtige Pilgerstrecken waren, zu einer Welle von Neugründungen sogenannter Pil-

Gruppe von Pilgern, auf einem Holzschnitt des Hans Burgkmair, um 1500. Illustration zu Johannes Geiler von Kaisersbergs Predigt über die »achzehen aigenschafften, die ain gutter Christenbilger an sich nemen soll«, Augsburg 1508.

gerherbergen, Hospizen und Spitäler,[5] die entweder von speziellen Pflege- und Hospitalorden gegründet und betreut wurden, wie den Antonitern, Johannitern, dem Deutschen Orden oder den Hospitalitern, oder durch private Stiftungen und Schenkungen ermöglicht und unterhalten wurden. Das Hospiz am Reschenübergang *St. Valentin auf der Haid* kann hier als typisches Beispiel einer speziell alpinen Pilgerherberge gelten: Es wurde um das Jahr 1140 von Udalricus Primele de Burgus (=Burgeis) gestiftet und sollte den Pilgern *vor allem im Winter eine Zuflucht bieten vor dem gefürchtet eiskalten Wind,* und bei *undurchdringbaren Schneestürmen*[6] eine sichtbare Orientierung bieten. Deshalb war der Spitalmeister nach einer Verordnung von 1489 unter anderem verpflichtet, daß er *sich ein par oxen und ein roß halten sol, wann dann ungewitter, schnee, kelte, geferigen* (gefährliche) *und pöze weg werden,* sollen die Ochsen und das Roß eingespannt und der Weg in beiden Richtungen nach *pilgrein und arme leut..., die vielleicht krank, plöd, nagkat, plozz oder arbeitsalig* (armselig) *wären,* abgesucht werden. Im Hospiz sollen *solhe leut* dann beherbergt werden und *mit essen und tringken auf drei tag*[7] versorgt werden. Zu den Hospizen und Spitälern, die im 12. und 13. Jahrhundert entlang der Via Claudia an der Brennerstrecke errichtet wurden, zählt das 1157 in Brixen gegründete »Heilig-Kreuz-Spital auf der Insel«, das 1211 gegründete und später vom Deutschen Orden betreute Spital von Lengmoos am Rittenübergang zwischen Bozen und Klausen und das 1241 von Johann von Taufers gestiftete Heilig-Geist-Spital in Sterzing. Daneben entwickelte sich in dieser Zeit für zahlungskräftigere Pilger und Reisende ein kommerzialisiertes Herbergswesen in Form von Tavernen und Gasthäusern. Zu den relativ späten Gründungen zählt das *zum Frommen der elenden Leute und Pilgrime* im Jahr 1447 gestiftete Hospiz in Matrei am Brenner[8] und schließlich das 1485 in Mittenwald gegründete Pilgerhaus zum Heiligen Geist.

Zu bauen ein Pilgram- oder Bruderhaus

Welchen Weg unsere beiden Pilger aus Westfalen von Köln bis Padua gegangen sind, ob sie die Alpen auf der ehemaligen Via Claudia überquert haben und vielleicht auch an Partenkirchen, Mittenwald und Zirl vorbeigekommen sind, wissen wir leider nicht. Den Dichterfürsten scheint ihre Marschroute nicht weiter interessiert zu haben. Wenn sie jedoch von Partenkirchen hinauf über den Seefelder Sattel und den Zirler Berg wieder hinunter ins Inntal gezogen sind, dann wäre es auch wahrscheinlich gewesen, daß sie eine Nacht im Mittenwalder Pilgerhaus verbracht haben. So wie der größte Teil der vielen tausend namenlosen Pilger, die über die Jahrhunderte entlang »unserer« Straße über

Rast und Unterkunft auf dem Weg zu heiligen Stätten, das Pilgerhaus am Mittenwalder Obermarkt.

Partenkirchen und Zirl nach Rom, Loreto, Jerusalem oder auch nur zum *wunderbarlichen Gut* im nahen Seefeld »gewallt« sind, so haben auch diese beiden keine Spuren hinterlassen. Eines der wenigen bis heute sichtbaren Zeugnisse, das von dieser wichtigen Funktion der Straße als Weg für Pilger und Wallfahrer erzählt, ist das Pilgerhaus am Mittenwalder Obermarkt. Bis zum heutigen Tag fällt das Gebäude zwischen den historischen Bürger-, Handels- und Handwerkerhäusern durch die im 18. Jahrhundert neugestaltete Fassade auf. Der kapellenartige Mittelteil mit Glockentürmchen und die bemalten Stuckreliefs, mit Darstellungen der Apostelfürsten Petrus und Paulus, Maria mit dem Kind und dem heiligen Josef, lassen bis heute seine ehemals religiöse Bestimmung erkennen. Das durch mehrere Umbauten immer wieder veränderte Haus ist heute nur noch äußeres Erinnerungszeichen und beherbergt schon lange keine frommen Pilger mehr in seinen

Mauern. Über den Alltag in der Unterkunft, die Aufnahme und Versorgung mitteloser Pilger, das geistliche Leben und der damit zusammenhängenden frommen Intention des Stifters sind wir jedoch durch drei wichtige Archivalien aus der Gründungszeit des Pilgerhauses relativ gut unterrichtet. Dies ist zunächst ein sogenanntes Notariatsinstrument, in dem der Stifter Johannes Andre, genannt Swalb, am 1. September 1485 in Anwesenheit des mit seinen Räten in Mittenwald weilenden Freisinger Bischofs Sixt und dem Rat des Marktes notariell beglaubigt erklärt, *zu bauen ein Pilgram- oder Bruderhaus in seinem Heimath zu Mittenwald.*[9] Sechs Jahre später, 1491, bewilligt Bischof Sixt von Freising die Stiftung eines Benefiziums einer ewigen Messe für das Oratorium des Pilgerhauses, weshalb nun ein eigener Kaplan für das Pilgerhaus zuständig war. Am 5. Oktober 1492 wurde schließlich die eigentliche Stiftungsurkunde mit den genauen Statuten und Bestimmungen unterzeichnet und am darauffolgenden Sonntag von der Kanzel der Pfarrkirche St. Peter und Paul herab öffentlich verlesen.[10]

Der Stifter stammte väterlicherseits aus der angesehenen und wohlhabenden Mittenwalder Familie Andre und war mütterlicherseits mit der Familie Swalb aus Tölz verwandt, weshalb er sich nach seiner Mutter Anna auch Swalb nannte. Seine Lebensdaten sind nicht genau bekannt. Er dürfte jedoch um das Jahr 1425 in Mittenwald geboren sein. Nach absolviertem Theologiestudium wurde er Doktor des Kirchenrechtes, verbrachte zwanzig Jahre als Jurist an der päpstlichen Rota in Rom[11] und war dort auch als Agent und Prokurator tätig. Außerdem war er Kanoniker am Passauer Domkapitel, seit 1483 Vizehofpfalzgraf, Rat und Diener des Herzogs Georg des Reichen von Bayern-Ingolstadt und Ende des 15. Jahrhunderts auch Pfarrer in Mittenwald und Garmisch. Mit seiner Stiftung des Pilgerhauses steht der angesehene Sohn des Marktes ganz in der Tradition des spätmittelalterlichen christlichen Wohltäters: Dieser ist mit seinen verschiedenen Akten der Mildtätigkeit weniger bestrebt, das christliche Gebot der Nächstenliebe selbstlos zu erfüllen, sondern versucht sich auf diesem Weg ein ewiges Andenken, das heißt in diesem Falle Gebetsandenken und damit das eigene Seelenheil zu sichern. Stiftungen von Hospizen, Hospitälern, Armen- und Waisenhäusern waren als »Seelgerät« besonders beliebt, denn Pilger, Kranke, Arme und Waisen wurden dazu verpflichtet, als Gegenleistung für die ihnen entgegengebrachte Mildtätigkeit für ihre Wohltäter zu beten. So wurden die im Mittenwalder Pilgerhaus Ankommenden vom Pilgermeister, der sie in Empfang nahm aufgefordert, *daß sie in die Capellen gehen und daselbs ihr jeglicher ein Pater noster, Ave Maria und ein Glauben bet für den Stifter und alle die, der Almosen darzu kommen ist.*[12] Die größte Sorge

Die Apostelfürsten Petrus und Paulus grüßten auch schon in früheren Zeiten den durch Mittenwald ziehenden Pilger und erinnerten ihn an sein noch fernes Ziel, die Ewige Stadt, Fassadenmalerei am Turm der Pfarrkirche St. Peter und Paul in Mittenwald.

des Stifters war deshalb gewesen, daß der ursprüngliche Zweck seines hoch dotierten Benefiziums, das mit beträchtlichem Grundbesitz ausgestattet war, verloren gehen könnte und damit die in den Urkunden festgelegten Gebetsalmosen der Pilger, das eucharistische Gebetsandenken an den Stifter, an dessen Verwandte und an die anderen Wohltäter, sowie deren Jahrtage und Seelenmessen entfallen könnten. Der erfahrene Kirchenrechtler Johannes Andre kannte die Gefahr des Mißbrauches und der Zweckentfremdung von kirchlichen Stiftungen sicher aus seiner eigenen Berufserfahrung sehr gut. Er würde sonst nicht in allen drei Urkunden immer wieder die Dauerhaftigkeit seiner Stiftung so sehr betont haben. So verfügte er bereits im Notariatsinstrument von 1485, daß das Haus seines Vaters Hans Andre *zu ewigen Zeiten ein Pilgram- und Bruderhaus und zu keinem andern Nutz oder Nieß hinfür gebraucht und verkehrte werden soll.*[13] Bezüglich der Meßstiftung ist von *ewiglich, fest und unzerbrochenlich*[14] die Rede und in der Stiftungsurkunde droht er denen mit Kirchenbann und sogar *Verdammnis ihrer Seelen*, die *das Pilgramhaus, Pilgram, Pilgrammeister und Inwohner, auch die Stift (...) beschweren, leidigen oder irren an seinen Gütern und Rechten, auch etwas aus dem Pilgramhaus, was das wär, klein oder groß, tragen, nehmen, zerreissen oder ihn zueignen.*[15]

Die Pilgram gütiglich aufgenommen und geherbergt

Welchen Personenkreis der Stifter als Nutznießer seiner Mildtätigkeit ausersehen hatte, wird in allen drei Dokumenten immer wieder betont: Dies sind zum einen *arm Pilgram*, weshalb auch immer wieder explizit vom *Pilgramhaus* gesprochen wird, und zum anderen einfach nur *Armleut, die manigmal ein großen Mangel an Herbergen haben.*[16] Diese Kombination von *pauperes et peregrini* (Armen und Pilgern) als die zur Übernachtung und Verpflegung Berechtigten, findet sich in fast allen überlieferten Stiftungsurkunden, Statuten und Hausordnungen mittelalterlicher Pilgerherbergen. Sie entspricht der bereits angesprochenen Überzeugung, daß der caritative Dienst an diesen »geringsten Brüdern« auch für das eigene Seelenheil am wirkungsvollsten sei. Dies hatte natürlich zur Folge, daß es immer wieder andere Reisende oder Vagierende, die sich auf unlautere Weise die Früchte christlicher Nächstenliebe und die verschiedenen Pilgerprivilegien (zum Beispiel Zollfreiheit) erschleichen wollten. Unter dem Deckmantel des Pilgers reiste deshalb so mancher Kaufmann, der sich damit die oft hohen Zoll- und Mautgebühren sparen wollte, und vor allem Gauner, Landstreicher, Hausierer und Gaukler, die auf diese Weise von der meist gut ausgebauten und kostenlosen Infrastruktur für Pilger profitieren konnten. Aus diesem Grund werden in vielen Hospizordnungen bestimmte Personengruppen von vorne herein ausgeschlossen. Johannes Swalb verfügte deshalb, daß man dürfe in dem von ihm gestifteten Pilgerhaus *kein Freiheit (vagierende, verdächtige Personen), Spielmann, verdachte Frau oder ander mit Rossen, Esel und Wägen oder die Kaufmannschaft, Krämerei tragen oder führen, oder auch unfriedsam wären, beherbergen.*[17] Außerdem grenzte sich Swalb bewußt von einer sogenannten Spitalstiftung ab, die im Spätmittelalter besonders in größeren Städten und Märkten zu den häufigsten »Seelgerätstiftungen« gehörten. Diese kümmerten sich neben Armen und Pilgern hauptsächlich um Alte und Kranke. Der Stifter begründete seine Anweisung mit dem Hinweis, daß das Stiftungsvermögen für diese ungleich personalaufwendigere und teurere Form institutionalisierter Nächstenliebe zu gering wäre, weshalb er den Pilgermeister und den Kaplan des Pilgerhauses dazu anhält, *kein liegerhaften Menschen hineinlegen noch tragen (zu) lassen (...) auch kein der Pestilenz hab, damit die andern Pilgram und Armleut an ihr Herberg nit gehindert werden.*[18] Wurden jedoch die anklopfenden Pilger als solche anerkannt, so sollten sie vom Pilgermeister *gütlich aufgenommen* und *geherbergt*[19] werden.

Pilger mit typischer Kürbisflasche am Gürtel und Jakobsmuschel auf dem links seitlich abgelegten Umhang. Deckenfresko von Joh. Ev. Holzer, Wallfahrtskirche St. Anton / Partenkirchen, 1736.

Aigenschafften, die ein gutter Christenbilger an sich nehmen soll

Wie aber haben wir uns diese Pilger vorzustellen, die während des ganzen Spätmittelalters bis zur Mitte des 18. Jahrhunderts tagtäglich durch Mittenwald zogen und ihr Quartier im Pilgerhaus nahmen? Waren sie von den übrigen Reisenden auf der Straße überhaupt zu unterscheiden? Auf einem Holzschnitt von Hans Burgkmair, den der Künstler in der Entstehungszeit des Pilgerhauses um das Jahr 1500 geschaffen hat, ist das Zusammentreffen einer Pilgerfamilie mit einem Einzelpilger dargestellt. Durch die Kleidung, dem typischen Pilgerstab und besonders wegen der an den breitkrempigen Hüten befestigten Pilgerzeichen, der Jakobsmuschel, dem gekreuzten Petrusschlüssel und dem sogenannten »Vera Icon«, ist die kleine Gruppe eindeutig als Pilgergruppe zu identifizieren.

Der auf dem Deckenfresko des Johann Evangelist Holzer in der Wallfahrtskirche St. Anton in Partenkirchen dargestellte Pilger zeigt auch zweihundertvierzig Jahre später einen ähnlichen Typus. Zwar fehlt der obligatorische Hut, aber auf dem zur Seite gelegten Schulterumhang, der sogenannten Pelerine, ist als Pilgerzeichen eine Jakobsmuschel zu sehen. Diese war zwar ursprünglich das Erkennungszeichen der Santiagopilger gewesen, seit Anfang des 13. Jahrhunderts wurde sie jedoch zum Pilgerzeichen schlechthin, unabhängig vom eigentlichen Zielort.[20] Neben diesen Bildquellen kennen wir jedoch auch literarische. Einer,

der sich mit Sinn und Wesen des Pilgerns immer wieder beschäftigt hat, ist der wortgewaltige Prediger des Straßburger Münsters Johann Geiler von Kaisersberg. Dieser verbrachte auf Einladung seines Freundes Bischof Friedrich von Zollern im Herbst 1488 drei Monate in Augsburg. Unter den insgesamt 26 Predigten, die er dort hielt, findet sich auch eine, in der sich Kaisersberg mit den *achzehen aigenschafften, die ain gutter Christenbilger an sich nemen soll* beschäftigt.[21] Obwohl der Prediger seine Ausführungen ganz im Geist spätmittelalterlicher Laienmystik als Anleitungen zu einer rein spirituellen, also geistlichen Pilgerschaft verstanden haben will, gibt der überlieferte Text uns dennoch einen authentischen Einblick in das Pilgerwesen zur Zeit der Gründung des Mittenwalder Pilgerhauses. Dies geschieht anhand der Beschreibung der 18 *aigenschafften eines Christenbilgers*, die uns chronologisch über Vorbereitungen, Ausrüstung, Aufbruch und Verhalten während der Reise unterrichten, und mittels derer Kaiserberg in einer bildhaften Allegorese sein katechetisches Anliegen eines wahrhaftig christlichen Lebensweges entfaltet. Obwohl hier das anzustrebende Ideal einer Pilgerreise vorgestellt wird, zeigt der historische Befund, daß der einzelne Pilger sich diesem »Verhaltenscodex« auch verpflichtet fühlte. Die ersten zehn *aigenschafften* geben dem zum Pilgern Entschlossenen einen genauen Leitfaden zur Vorbereitung seiner Reise. Um sie in materieller, aber auch geistiger Hinsicht »unbelastet« antreten zu können, soll der *bilger* zunächst seine *schulden des pfennigs und der sünd*[22] bezahlen. Nach Schuldenbegleichung und Empfang des Beichtsakramentes solle er, die Gefahren der Reise bedenkend, sein Testament verfassen und das Hauswesen der Frau oder seinem *haußgesünde* übergeben. Nun kümmert sich der Pilger um seine Ausrüstung: Diese besteht aus *ainen lyderin sack*, gefüllt mit *Brott, Wein, und lattwarig und ainen feürzüg*,[23] einem Paar *gutt schuch*

»Alle Wege führen nach Rom«, der Papst spendet vom Balkon herab den vor dem Vatikan versammelten Gläubigen und Pilgern seinen Segen, im Hintergrund ist die noch nicht vollendete Kuppel der Peterskirche zu erkennen, Kupferstich 16. Jahrhundert.

*die nit new seind,*²⁴ einen *braiten hut,*²⁵ einen *guten weiten mantel,* etwas Bargeld *ain tail im seckel, ain tayl verborgen*²⁶ und *ainen gutn stab oder spyeß.*²⁷ Mit Punkt zehn werden die Reisevorbereitungen abgeschlossen und Kaisersberg rät dem Pilger abschließend: *Er überladet sich nit mit speiß, und mit klaidern. Und ob er sich überladen hat/ so legt er dasselbig erwan auff ainen wagen.*²⁸ So vorbereitet kann er sich nun auf den Weg machen. Um gegen die Gefahren der Reise besser gewappnet zu sein und auch in spiritueller Hinsicht einen Begleiter zu haben, wird dem Pilger empfohlen, sich einen *guten geferten* zu suchen, *der kurtzweilig sey* und zugleich vor *dem verretter, och vor dem geüdische, und faulen geferten*²⁹ gewarnt. Aber nicht nur diese schlechte Gesellschaft kann die Pilgerfahrt ernsthaft gefährden, sondern vor allem Diebe und Straßenräuber. Dem Pilger wird deshalb nahegelegt, *daz er sein schatz verbirget, auff das er nit beraubt werde.*³⁰ Sollte er aber trotzdem beraubt worden sein, so *hebet er an und bettelt von hauß zu hauß, biß dz er wyderkumpt in sein vatterland.*³¹ Doch nicht allein die Kleidung, Ausrüstung und richtige Gesellschaft machen den Pilger aus, auch der Lebenswandel während der Reise ist entscheidend für das Gelingen der frommen Fahrt: Spott soll er in Demut ertragen, denn *ainem vernünftigen bilger, ist vil lieber er werde verachtet auff seiner wallfart, dan geert,*³² die verlockenden Vergnügen und Zerstreuungen am Weg soll er meiden, weil *ain gutter christenlicher bilger gedenckt alweg fürsich, das er sein lust, freüd und kurtzweil, nit such auf der walfart*³³ und in Gasthäusern und kommerziellen Herbergen soll der Pilger seinem Status gemäß bescheiden bleiben und wenn *ym der würt vil kostlicher speis und trank fürsetzet, des frowt er sich nit wan er waißt wol, das er yms wol bezalen mußs.*³⁴

Endlich am Ziel. Pilger am Grab des Hl. Petrus in der Peterskirche in Rom, Fresko über der Orgelempore der Pfarrkirche in Oberammergau von Matthäus Günther, 1740.

Man soll auch kein Mann und Frau in ein Kammer legen

Letzteres war im Mittenwalder Pilgerhaus nicht zu befürchten, bezahlten doch die Pilger nicht mit irdischer, sondern mit geistlicher Münze, nämlich mit dem Gebet für Stifter und Wohltäter. Hatten die Neuankömmlinge ihre Gebetspflicht erfüllt, so wurden ihnen die Schlafplätze für die Nacht zugewiesen. Laut Stiftungsurkunde standen im Haus insgesamt zwölf Betten zur Verfügung. Dies sagt jedoch nichts über die Unterbringungskapazität aus. Bei großem Andrang mußten in einem Bett, wie damals allgemein üblich, auch mehrere Personen Platz finden.³⁵ Um den Pilger in seinem Vorsatz eines keuschen Lebenswandels nicht in Versuchung zu führen, wurde in den Herbergen auf die Geschlechtertrennung peinlichst geachtet. Normalerweise standen mindestens zwei Schlafkammern zur Verfügung. Auch der gottesfürchtige Stifter Johannes Andre wies seinen Pilgermeister dazu

an, *man soll auch kein Mann und Frauen mit nicht in ein Kammer legen, ob sie auch schwören wollten, sie wären Eheleut.*[36] Im Gegensatz zu vielen Hospizen, in denen die Pilger in Strohlagern oder in auf den Boden gebreiteten Strohsäcken nächtigten, müssen die Betten in Mittenwald relativ komfortabel gewesen sein. Laut Meßstiftungsbrief waren sie mit eigenem *Bettgewand* ausgestattet, weshalb der Pilgermeister sehr auf die Reinlichkeit seiner Gäste bedacht war. Er mußte ihnen *warm Wasser* reichen, *damit sie ihr Fuß sauber waschen* und darauf achten, daß *sich die Pilgram in der Stuben abziehen bis in die Pfaidt* (Hemd)*, und darinnen schlafen* sowie, *kein Leibgewand an das Bett legen, damit sie sauber bleiben.*[37] Die Beherbergungsdauer legte der Stifter genau fest. Sie betrug lediglich eine Nacht und konnte nur in Ausnahmefällen, bei Krankheit, Erschöpfung oder schlechten Witterungsverhältnissen auf maximal zwei Nächte ausgedehnt werden.[38]

Auch der Speiseplan des Mittenwalder Hospizes ist uns durch die Stiftungsurkunde überliefert. Im Viertagesrhythmus wurde den Wallfahrern *ein Nacht Arbais* (Erbsen) *oder Pam* (Bohnen)*, die ander Gersten, die dritt Kraut, die viert Milch*[39] gereicht. Diese Grundversorgung war nicht in allen Herbergen gewährleistet. Im Augsburger Pilgerhaus beispielsweise mußten die Pilger die Lebensmittel selbst und auf eigene Kosten besorgen, die ihnen dann in der Küche zubereitet wurden.[40] Wer jedoch nach wochenlanger Reise endlich am ersehnten Ziel ankam und in Rom im größten Pilgerhospiz der Stadt, S. Trinità dei Pellegrini, unterkam, der konnte eine ganz besondere Form der christlichen Gastfreundschaft erleben. Dort wurden die Pilger nämlich von den meist adligen Bruderschaftsmitgliedern bei Tisch bedient. Als Johann Caspar Goethe, der Vater Johann Wolfgangs, am Gründonnerstag des Jahres 1740 das besagte Hospiz besuchte, wunderte er sich *über die erstaunlich lange Tafel, die man für 600 Pilger gedeckt hatte* und über das »Servicepersonal«. Denn diese *armen, mit Wunden übersäten und stinkenden Leute* wurden von *römischen Nobili* (Adlige) und *vornehmen römischen Damen* bedient.[41]

Das christliche Rom auf dem Fresko der Langhauskuppel der Pfarrkirche St. Peter und Paul in Mittenwald, Matthäus Günther 1740.

Aber nicht nur um die leiblichen Belange kümmerte man sich im Mittenwalder Pilgerhaus. Neben Küche und Schlafräumen gehörte auch eine Kapelle oder ein Oratorium zur obligatorischen »Grundausstattung« einer Pilgerherberge. In Mittenwald befindet sich die Kapelle bis zum heutigen Tag im ersten Stock des Pilgerhauses. Sie wurde im Jahr 1491 dem heiligen Geist, der Jungfrau Maria, dem Evangelisten Johannes und der heiligen Barbara geweiht. Im selben Jahr erfolgte auch die Stiftung des Meßbenefiziums, was insofern von großer Bedeutung war, als nun ein eigener Kaplan für das Pilgerhaus zuständig war. Dieser war laut Stiftungsurkunde dazu verpflichtet, in der Heilig Geist Kapelle und in der Nikolauskapelle wöchentlich je drei Messen zu lesen. Johannes Andre legte auch großen Wert auf dessen Integrität. Der vom Rat zu Mittenwald ausgewählte Geistliche sollte aus der Grafschaft Werdenfels stammen, keine anderen geistlichen Pfründe besetzen und *kein verdachte Frau oder Concubin, auch Kinder* haben.[42] Seine geistlichen Pflichten erstreckten sich von der Sakramentenspendung, die für die Pilger angesichts der oft lebensbedrohlichen Gefahren während ihrer Reise als äußerst notwendig erschien, über das Gebet für Stifter und Wohltäter bis hin zu seelsorglicher *Hilf und Beistand*[43] für die vielen Wallfahrer, die Abend für Abend an der Tür des Pilgerhauses klopften und um Einlaß baten. Am nächsten Morgen gingen sie dann wieder ihres Weges, nach Rom, nach Loreto oder vielleicht auch nur bis Ettal oder Seefeld – jedenfalls körperlich und seelisch gestärkt dank der Wohltaten des Mittenwalder Benefiziums.

Anmerkungen

1. Johann Wolfgang von Goethe, Italienische Reise, (Hamburger Ausgabe, Autobiographische Schriften Bd. 3), München 1988, S. 65–67.
2. Ebd. S. 65.
3. Ebd. S. 66.
4. Einen besonderen Einfluß auf die monastische Gastfreundschaft übte das Kapitel 53 *De hospitibus suscipiendis* der *Regula Benedicti* (6. Jh.) aus. Gemäß der Regel Benedikts soll der Fremde wie Christus selbst, vom Prior oder einem anderen Bruder des Klosters mit dem Friedenskuß freundlich empfangen werden. Darauf folgen Hand- und Fußwaschung sowie ein Gebet. Unterbringung und Verpflegung waren unterschiedlich organisiert. Nach einer Übernachtung wurden die Fremden dann mit, für mindestens einen Tag ausreichendem, Proviant versorgt und mit einem speziellen Reise- oder Pilgersegen verabschiedet.
5. Besonders ab dem Alpenhauptkamm, wo die verschiedenen Wege aus Nord-, Ost- und Westeuropa zusammenliefen, entstand entlang der Hauptrouten nach Rom ein ziemlich dichtes Netz von wohltätigen Einrichtungen. In der Gegend um Lucca beispielsweise betrug der durchschnittliche Abstand zwischen den Hospizen nur ca. fünf Kilometer, vgl.: Ludwig Schmugge, Die Anfänge des organisierten Pilgerverkehers im Mittelalter, in: Quellen und Forschungen aus italienischen Archiven und Bibliotheken 64 (1984), S. 1–83, hier S. 51.
6. Georg Mühlberger, Die Kultur des Reisens in Mittelalter, in: Leo Andergassen, Gianni Bodini (u.a.), Pässe, Übergänge, Hospize. Südtirol am Schnittpunkt der Alpentransversalen in Geschichte und Gegenwart, Lana 1999, S. 52–88, hier S. 85.
7. Ebd. S.86.
8. Martina Haggenmüller, Als Pilger nach Rom. Studien zur Romwallfahrt aus der Diözese Augsburg von den Anfängen bis 1900, Augsburg 1993, S. 178.
9. Joseph Baader, Chronik des Marktes Mittenwald, seiner Kirchen, Stiftungen und Umgegend, 1880, unveränderter Nachdruck 1936, S. 213.
10. Die drei Dokumente befinden sich im Marktarchiv Mittenwald, Inventarnummern U 29, U 47, U 50.
11. Dies war im 15. Jahrhundert nicht ungewöhnlich. Damals waren nämlich von den Notaren der römischen Rota ein Drittel Deutsche. Vgl. Hubert Jedin, Die deutsche Romfahrt von Bonifatius bis Winckelmann, Krefeld o.J. (1952), S.26.
12. Baader 1936, S. 223. Diese Form des Gebetsalmosens ist für viele Pilgerhospize überliefert. In der Anfang des 14. Jahrhunderts gegründeten »Elendsherberge« in Straßburg hatten die Armen und Pilger beispielsweise folgendes »Gebetspensum« zu erfüllen: Vor

dem Essen fünf Paternoster und Ave Maria und danach jeweils drei davon. Vgl. dazu: ARNOLD LASSOTTA, Pilger- und Fremdenherbergen und ihre Gäste. Zu einer besonderen Form des Hospitals vom Spätmittelalter bis in die Neuzeit, in: LENZ KRISS-RETTENBECK; GERDA MÖHLER, Wallfahrt kennt keine Grenzen. Themen zu einer Ausstellung des Bayerischen Nationalmuseums und des Adalbert Stifter Vereins, München, Zürich 1984, S.128–142, hier S. 134.

[13] BAADER 1936, S. 214.
[14] Ebd. S. 221.
[15] Ebd. S. 225. Daß Johannes Andre in der Stiftungsurkunde eventuellen Schädigern seines Benefiziums sogar mit Kirchenbann und ewiger Verdammnis drohte, hängt wohl auch damit zusammen, daß sogar einige seiner engsten Verwandten versucht hatten, diese Stiftung zu verhindern. Am 9. April 1492 fand deshalb vor dem Offizialat der Kurie Salzburg eine Anhörung statt, die jedoch zu Gunsten Johannes Andres ausging. Vgl. Pfarrarchiv Mittenwald U 25.
[16] BAADER 1936, S. 221. Andre schränkt diesen sehr dehnbaren Begriff *Armleut* in einer späteren Passage der Stiftungsurkunde ein, indem er vom *arm Christenmenschen* spricht, der ohne eigenes Verschulden, allein *durch Gottes Willen begerend ist*, ebd. S. 222.
[17] Ebd. S. 223.
[18] Ebd.
[19] Ebd. S. 218
[20] LEONIE VON WILCKENS, Die Kleidung der Pilger, in: LENZ KRISS-RETTENBECK; GERDA MÖHLER 1984, S. 174–180, hier S. 175.
[21] JOHANNES GEILER VON KAISERSBERG, Predigen Teutsch: und vil gütter leeren des hochgelehrten herrn Johann von Kaisersberg..., Augsburg 1508, hier fol. 39a.
[22] Ebd.
[23] Ebd. fol. 39b.
[24] Ebd. fol. 40a.
[25] Ebd.
[26] Ebd. fol. 40b.
[27] Ebd. fol. 41a.
[28] Ebd.
[29] Ebd.
[30] Ebd. fol. 41b.
[31] Ebd. fol. 44a.
[32] Ebd. fol. 42a.
[33] Ebd. fol. 42 b.
[34] Ebd. fol. 44 a.
[35] Vgl. ARNOLD LASSOTTA 1984, S. 133.
[36] BAADER 1936, S. 223.
[37] Ebd.
[38] Diese Regelung entspricht im Vergleich zu anderen Herbergen nicht der Norm. Sehr oft war eine maximale Aufenthaltsdauer von drei Tagen erlaubt, so auch im bereits erwähnten Valentinshospiz am Reschen. Vgl. GEORG MÜHLBERGER 1999, S. 86.
[39] BAADER 1936, S. 223. Diese, wie auch andere Verfügungen des Stifters wurden jedoch im Laufe der Jahre immer weniger beachtet, weshalb das offizielle Aufsichts- und Kontrollorgan des Pilgerhauses, der Rat des Marktes Mittenwald, immer wieder deren Einhaltung einfordern mußte. So wurde der Pilgermeister Adam Wurmer, der die Versorgung der Pilger sehr vernachlässigte, im Jahr 1721 vom Rat dazu verpflichtet, jährlich zwei Scheffel rauhe Gerste und einen halben Scheffel Erbsen, sowie Milch und 40 Pfd. Schmalz für Pilger und Arme zu verkochen. Vgl. Marktarchiv Mittenwald U 84.
[40] Vgl. MARTINA HAGGENMÜLLER 1993, S. 181f.
[41] JOHANN CASPAR GOETHE, Reise durch Italien im Jahr 1740, München [4] 1999, S. 272. Das auf Initiative des heiligen Philipp Neri (1515–1595) gegründete Hospiz bestand bis 1870 und war das größte in der Stadt. Es soll in den Heiligen Jahren bis zu einer halben Million Pilger beherbergt haben. Die maximale Aufenthaltsdauer betrug dort drei Tage.
[42] BAADER 1936, S. 218.
[43] Ebd. S. 224.

Alexa Gattinger

ABSEITS DER STRASSE – *ALLERLEI HAILLOS UND LIEDERLICHES GESINDEL*

Angesichts des regen Verkehrs auf der Rottstraße durch Werdenfels und Tirol überrascht es sehr, daß die heute noch erhaltenen Quellen so gut wie nichts über Plünderungen und Raubüberfälle auf die durchziehenden Kauf- oder Fuhrleute aussagen. Wahrscheinlich spielten sowohl die geringe Fluchtmöglichkeit für Täter als auch die schlechte Wegschaffungsmöglichkeit für Güter im engen Gebirgstal eine Rolle. Bis jetzt hat sich aber kein Nachweis finden lassen, warum die Rottstraße im werdenfelsischen und tirolerischen Abschnitt viel sicherer war als Straßen in anderen Gegenden, beispielsweise in Schwaben oder Franken.[1] Lediglich ein einziger Raubüberfall ist überliefert, der sich auf der Wasserrottstraße zwischen Mittenwald und Tölz zutrug. Im Jahre 1431 lauerten mehrere Räuber auf Pferden den Isarflößern auf, die Waren von österreichischen Kaufleuten beförderten, und nahmen sämtliche Güter, die sie auf ihren Gäulen transportieren konnten, in Beschlag.[2]

Wein als begehrtes Diebesgut

Auch wenn bislang keine weiteren Überfälle in großem Stile belegt sind, so hören wir doch von verschiedenen kleineren Delikten, die meistens mit Geld-, in schwerwiegenderen Fällen mit Arreststrafen geahndet wurden. Ein begehrtes Diebesgut stellte der Wein dar, der als Handelsprodukt Nummer eins in großer Menge aus dem Süden (Etschland) heraufgeführt wurde. In den Amtsrechnungsbüchern der Grafschaft Werdenfels[3] finden wir im Jahre 1589 den Schlosser von Partenkirchen zu fünf Gulden Strafe verurteilt, weil er Durchreisenden und Einheimischen den Wein auf den Wägen angestochen und daraus getrunken hatte. 1592 mußte ein Hans Teuschl aus Partenkirchen aus dem gleichen Grund Strafe zahlen, 1615 zapften zwei Flößer aus Mittenwald den *ihnen anvertrauten Wein* an, was über neun Gulden kostete. 1629 mußte der Metzger von Partenkirchen die hohe Strafe von zehn Gulden löhnen, weil er dreisterweise einen Wagen Wein zu Mittenwald in einen Landstadl gebracht, daraus etwas abgelassen, wieder mit Wasser aufgefüllt und hernach in Bayern verkauft hatte. Die Mittenwalder waren hierbei besonders um ihren Ruf besorgt. Ein ähnlicher Fall, bei dem ebenfalls Wein mit Wasser verdünnt wurde, trug sich im gleichen Jahr in Partenkirchen zu.

Die Umgehung des Zollamtes Mittenwald

Waren bei all diesen Delikten die Fuhrleute die Opfer, so kamen diese häufig selbst mit dem Gesetz in Konflikt – jedenfalls aus Sicht des bayerischen Kurfürsten. Anlaß dazu gab die Tatsache, daß das Werdenfelser Land zwar Freisingischer Besitz war, die Zollstätte in Mittenwald jedoch »von alters her« Bayern gehörte. Auf Freisinger Boden mußten also diejenigen Waren, die nicht in der Grafschaft verblieben, sondern lediglich durchgeführt wurden, einem fremden Landesherrn verzollt werden. Dieser Umstand belastete das Verhältnis zwischen Freising und Bayern immer wieder schwer. Der bayerische Beamte in Mittenwald sah sich daher den übelsten Beschimpfungen und Übergriffen ausgesetzt, wie beispielsweise der Fall des Hans

Lösch zeigt, eines Fuhrknechts aus Partenkirchen, der den Zöllner im Jahre 1609 *mit groben e[h]rverlezlichen Wortten* bedachte und dafür 1 Gulden und 15 Kreuzer Bußgeld erhielt.[4]

Häufig wurde der Versuch unternommen, die Zollstelle in Mittenwald zu umgehen, was um so leichter war, als das Zollhaus nicht direkt an der Landstraße, sondern mitten im Markt lag und somit besonders

Unstimmigkeiten dieser Art sind an der tirolisch-werdenfelsischen Grenze nicht belegt, Chromolithographie um 1900.

nachts durch allerlei abweeg, und in specie durch den Ehrwald, umgangen werden konnte. Aus diesem Grund kam 1671 der Vorschlag auf, die Zollstation an den strategisch günstigen Ort am Steinernen Brückl nahe dem heutigen Oberau zu verlegen, um dem Schmuggel von Wein, Branntwein, Getreide oder dem preiswerteren Salz aus Tirol Einhalt zu gebieten.[5]

1652 berichtete der Zöllner Franz Kaufmann an die bayerische Kurfürstin Maria Anna von der *haimblichen einschlaichung* von Waren nach Mittenwald durch das *schädliche Prandtwein Tragern, so den ersten Ursprung in Tyrol zu Insprugg, volgents zue Zirl, alßdann in der Schärnitz* [hat]*, alwo noch zwen Prandtwein Crammer seyen auskhommen.*[6]

Diese Praxis muß bereits seit längerer Zeit gang und gäbe gewesen sein, denn schon 1636 schrieb der bayerische Kurfürst Maximilian dem Freisinger Bischof, hinsichtlich einer Abstellung der Gebührenhinterziehung sei bis jetzt noch *kein rechter effect* erfolgt. Maximilian erbat sich daher, daß der Freisingische Pfleger in Werdenfels die Fuhrleute unter Androhung einer Strafe und der Konfiszierung ihrer Güter anweisen solle, auf *den gwohnlichen Landstrassen auf Mittenwald* zu reisen.[7] Der gewünschte »Effect« dürfte wieder ausgeblieben sein, denn noch im Jahre 1671 bestätigte die »Gemaine Landschafft« (eine Art Vorläufer des Landtags) in München ihrem Kurfürsten die *von langen Jahren hero eingerissenen und lenger je mehrs continuierten... aigennutzighkheiten* der Fuhrleute.[8]

Selbst das System mit Kontrollscheinen, sogenannten *Polliten*, brachte keine Besserung. Dabei erhielten die Fuhrleute an den Zollstationen einen Bestätigungszettel über die Menge der mitgeführten und verzollten Güter. Doch entweder unterschlugen die Fuhrleute diese Anmeldung gänzlich oder deklarierten die Güter als zollfreien Eigenbedarf, verkauften sie dann aber trotzdem weiter.

Dieser Mißstand wurde besonders im Jahre 1670 augenfällig und gab Anlaß zu langwierigen Auseinandersetzungen zwischen Bayern und Freising. Ein Vergleich der Zollbücher hatte ergeben, daß im Zeitraum vom Mai 1669 bis August 1670 in den beiden *Bey-Aufschlagsorthen* Ammergau und Murnau weitaus weniger Güter veranschlagt worden waren als am Zollamt zu Mittenwald durchgeführt, was den Schluß zuließ, daß die Fuhrleute große Mengen an Gütern in Mittenwald einfach nicht verzollt hatten. Die damalige Amtsrechnung ergab die Differenz von 893 Eimern Wein und 229 Eimern Branntwein, was laut der bayerischen »Gemainen Landschafft« zeigte, daß es *danenhero clar von Augen ist, daß ein solcher Anzahl in der Grafschafft nit verbliben, sondern nach und nach in diß Landt* [Bayern] *hereinge-*

*schlaicht und der schuldige Aufschlag hinterschlagen worden ist. Zugeschweigen waß in die Grafschafft ist heimblicher weiß eingefierth worden und unßeren Beambten davon gar nichts bewust.*⁹

Vielleicht hielten es viele Fuhrleute wie Matthias Erzenberger, Fuhrmann von Partenkirchen. Er führte um 1670 ca. 20 Yhren Wein (= ca. 1300 Liter) an der Mittenwalder Zollstation unter dem Vorwand vorbei, dieselben für den Eigengebrauch zu transportieren, ohne Polliten zu nehmen und ohne den Aufschlag zu bezahlen. Anschließend lieferte er den Wein jedoch *immediate* dem Matthias Gropper zu Murnau ab. Der Bericht der beiden Mittenwalder Zöllner führt näher aus: *...darbey leicht zugedenkhen ist, wievill hundert fähl zwischen hie und denen beede Beyorthen...vorbeygehen werden, biß wür auf einen oder zwey probierlicher massen khommen.*¹⁰

Im Jahr 1673 stellte die Gemeine Landschaft in München fest, daß dieser Betrug fast täglich noch anhalte. So berichtete der Mittenwalder Zöllner Daniel Riß, daß die drei werdenfelsischen Untertanen Georg Pfeffer, Georg Lidl und Matthias Riser ihre Güter weder angemeldet noch verzollt und *widersessigerweiß* am Zollamt Mittenwald vorbeigeführt hätten unter dem Hinweis: *...wür zallen und seindt alda zu Mittenwaldt keinen Zoll nit schuldig, es thue uns dann solchen unser Fürst von Freysing, oder die Obrigkeit zu Werttenfelß auferladen, ja und wan gleich dises geschechen solle, so thuen wür halt durch den Ehrwaldt fahrn.*¹¹

Aus dem wohl gleichen Grund unterschlugen andere Fuhrleute die Zollgebühr, wenn sie Getreide durch die Grafschaft transportieren wollten. Offenbar gaben sie beim Mittenwalder Zöllner vor, sie hätten das Gut bereits im Weghaus bei Eschenlohe verzollt. Dies war allerdings meist unwahr, da, wie auch der Zöllner erkannt hatte, die Händler das Getreide an Orten wie Ettal, Au, Unter- oder Oberammergau, Rottenbuch oder Schongau einzukaufen pflegten und bei der Rückkehr nach Werdenfels das Eschenloher Weghaus gar nicht passierten.¹²

Besonders hart traf es allerdings den Garmischer Fuhrmann Gabriel Rösch (oder Reschen), dessen Fall sich schließlich zum Zankapfel zwischen dem Freisinger Bischof und dem bayerischen Kurfürsten gestaltete. Rösch war bereits, wie seine Kollegen Matthias Reschen, Balthasar Ingedult,¹³ Geörg Pfeffer, Georg Lidl, Matthias Riser,¹⁴ Georg Sailler,¹⁵ Gabriel Walser¹⁶ oder Gabriel Mayr¹⁷ des öfteren aktenkundig geworden, weil er unangemeldeterweise Wein und Branntwein am Zollamt vorbeigeführt hatte. Für solche Fälle wies die bayerische Regierung ihre Zollstationen z. B. in Schongau, Weilheim, Tölz, Murnau oder Ammergau an, solche Delinquenten solange in

Ortspolizeiliches Auftrittsverbot für Schausteller in Partenkirchen, 16. Oktober 1874.

Haft zu nehmen, bis sie dem Mittenwalder Zöllner die ausstehende Summe nachgezahlt hatten.[18] 1673 handelten die Schongauer Beamten gemäß diesem Befehl und zogen Gabriel Rösch samt Roß und Wagen zu Arrest, als er für seine aus Tirol geführten Wagen Wein keine Polliten aus Mittenwald vorweisen konnte. Die Inhaftierung Röschs veranlaßte nun die Freisinger Regierung, ihren Unmut über das Verhalten des Mittenwalder Zöllners deutlich zu machen und die Existenz der Mittenwalder Zollstelle überhaupt in Frage zu stellen. Bayern blieb jedoch stur und berief sich auf seinen jahrhundertelangen, traditionellen Besitz eben dieser Zollstelle.[19]

Allerlei haillos und liederliches Gesindel

Ein besonders großer Dorn im Auge der Obrigkeit waren die umherziehenden Menschen ohne festen Wohnsitz wie Zigeuner, Bettler oder Vaganten. Dieses *allerhand haillos und liederliche Gesindel,*[20] wie sie immer wieder abschätzig tituliert wurden, galt grundsätzlich als illegal; Nichtseßhafte wurden als Bedrohung für die Gesellschaft empfunden und des Diebstahls oder der Seuchenverbreitung verdächtigt. Fahrende Händler und Handwerksburschen nahmen dabei eine Zwischenstellung ein, da sie zwar mobil waren, in der Regel jedoch einen festen Wohnsitz in ihrem Heimatort besaßen und lediglich aus beruflichen Gründen wanderten. Schätzungen zufolge betrug der Anteil der Vaganten an der Gesamtbevölkerung im Bayern des 18. Jahrhunderts etwa 10 %.[21]

Diese Menschen hielten sich auch entlang der Via Claudia auf und gaben immer wieder Anlaß zu obrigkeitlichem Eingreifen. Im Jahre 1609 wurde eine *junge starckhe Manns-Persohn* in Garmisch beim Betteln ergriffen und verhaftet. Er konnte nicht recht deutsch und war ein Franzose namens Jacob Renn, wie Pflegverwalter Christoph Kurz notierte.[22]

Ausländer zahlten für gewöhnlich höhere Strafen als Einheimische.

Bekanntmachung.

Nach Beschluß des unterfertigten Magistrates vom 16. dies Monats wird von nun an allen Jongleurs, Gymnastikern, Bärentreibern, Karoussellbesitzern, Drehorgelspielern, Harfenisten und Musikern niederen Ranges, Besitzern von Musikdosen, Mordthatensängern und Marionettenspielern die ortspolizeiliche Erlaubniß zur Produktion versagt, wovon die Betreffenden zur Vermeidung von unnützen Reisekosten hiemit verständigt werden.

Am 16. Oktober 1874.

Magistrat Partenkirchen.

Kiste, Bürgermeister.   Elmer, Marktschreiber.

1629 fingen zwei Italiener, die ihre Pferde durch Partenkirchen trieben, mit dem Wirt einen Streit mit Degen und Pistole an, was sie schließlich ganze 40 Reichstaler Bußgeld kostete.²³

*1696 hören wir von dem herumbstreichenden Landtfahrergesindl Sebastian und Georg Haillandt und ihren complices, denen ihre schädliche Lebensweise und Räuberei von mehreren hundert Gulden sowie anderen Gegenständen vorgeworfen wurde. Unter der Folter u.a. mit anhengung der stain, oder gewichter, an ainem jeden... Fuß 25 ff [Pfund] schwehr wollte man ein Geständnis erzwingen, welches sie bislang aufgrund ihrer Halsstärrigkeit und beständigen Läugnens abgelehnt hatten.*²⁴ Die Folter sah man dabei als ein legitimes Mittel zur Wahrheitsfindung an.

1733 verhörte der Pfleggerichts-Amtsknecht auf der Wang Blasy Schürkhover, *ain vagirente Manns Persohn neben seinem Eheweib, dann weithers aine Weibs Persohn mit deren Techterl*. Es handelte sich um Arme, die sich durch Kleinwarenhandel und Betteln am Leben erhielten. Sie befanden sich allesamt auf dem Weg nach dem Süden und hofften auf die Erlangung eines Reisepasses im Werdenfelser Land.²⁵

1740 nahm der Pfleger von Werdenfels fünf Zigeuner fest. Er schlug der bayerischen Regierung vor, die Gefangenen nicht nur aus der Grafschaft, sondern auch aus dem churbayerischen Territorium auszuweisen, *da diese Leute... auch denen in die churbajrische Lannde gehörigen Orten beschwerlich erscheinen*. Bayern erbot sich, gegen eine Geldzahlung die fünf Zigeuner *über Weilhaim und Landsperg verführen zu lassen*. Schließlich konnte der Pfleger ganze drei Monate nach der Verhaftung die Gefangenen am Grenzort des Steinernen Brückls den Bayern übergeben, die sie in die *Fron Veste* von Weilheim überbrachten. Die bisherige Haftzeit rechnete man ihnen auf die Gefängnisstrafe an.²⁶

Daneben versuchten manche Bettler, sich durch Schauspielerei über Wasser zu halten. In der Reisebeschreibung von Maximilian Misson aus dem 17. Jahrhundert hören wir davon:

Der Raubmord des Georg Schötl, Illustration zu einer Flugschrift, die anläßlich der Hinrichtung Georg Schötls am 20. März 1772 gedruckt wurde.

Spielleute, Kupferstich von Lorenz Strauch (1554–1636).

Unweit davon begegnete uns eine seltsame Art von Bettlern; so bald diese uns von Ferne sahen, kam einer gelauffen, und setzte einen Baum mit rothen Früchten behangen, mitten in den Weg, und sich daneben. Nach ihm kam ein Teufelgen geschlichen in Gestalt eines Crocodils, das legte sich an den Baum an, wohin auch ein Mägdgen mit langen und zu Felde geschlagenen Haaren kam. Ein klein Eckgen davon stund ein alter Mann in schwartzen Habit, Paruque und Bart von Mooß auffgesetzt, und zunächst bey ihm ein kleiner weiß-gekleideter Junge mit einem Degen in der Hand. Als wir nun, ihren Gedancken nach, nahe genug waren, fieng das Teufelgen die Comödie mit einem übel-lautenden Gesange an, wir konten aber gar leicht errathen, daß es eine Vorstellung der Historie, da die Schlange Evam verführet, seyn solte. Es fragte einer von unserer Gesellschafft den alten Mann, ob er auch darzu gehörete, da er denn gar kaltsinnig antwortete, er bedeute Gott den Vater, und wenn uns ein wenig noch zu verziehen beliebte, könten wir ihn seine Person mit dem kleinen Jungen, der den degen in der Hand trug, und der Ertz-Engel Michael heissen solte, auch spielen sehen. Aber wir hatten des albernen Dinges bald satt. [27]

Der Raubmord des Georg Schötl

Ein außergewöhnlich brutaler Raubmord trug sich im März 1772 in der Reindlmühle in Mittenwald zu, wofür der Täter Georg Schötl in Garmisch zum Rade verurteilt wurde. Georg Schötl war ein nach eigenen Angaben 22 bis 24 Jahre alter Zimmer- und Mühlknecht und in Bogenhausen bei München gebürtig. Nach vielen verschiedenen Arbeitsstellen in ganz Bayern war er schließlich bei der Mittenwalder Reindlmühle gelandet. Eines Tages stellte ihn die Müllersfrau wegen eines gestohlenen Messers zur Rede. Da er eben dieses Messer bei sich trug, kam es zu einer Rauferei, an deren Ende der Malefikant die Müllerin unter ihren Wehrufen *Jesus, Maria und Joseph* mit mehreren Stichen vor den Augen ihrer kleinen Tochter erdolchte. Daraufhin lief er dem vier- bis fünfjährigen Mädchen

139

ins Haus nach und erstach und erdrosselte es mit seinem Hosenträger oder einem Wiegenband. Anschließend raubte er Geld, Schmuck und Kleidung aus dem Wohnhaus und flüchtete mit dem Pferd des Müllers. Als er bei Partenkirchen einem *rauschigen Bauer* begegnete, und dieser das Pferd als das des Müllers erkannte, mußte Schötl das Tier zurücklassen. Wie er später gefaßt wurde, wird nicht berichtet.

Dem damaligen Vernehmungsrichter erschien diese Tat besonders grausam. Der Verurteilte gab zu Protokoll, er habe aus der Furcht heraus gehandelt, die Müllersfrau könnte ihn zuerst erstechen, was sie auch versucht habe. Das Mädel aber ermordete er, weil es ihn hätte verraten können.[28]

Als spektakulären Kriminalfall druckte das *Münchnerische Wochenblatt In Versen* den Tathergang und das *wohlverdiente Todesurtheil nebst einer Moralrede des Georg Schötl* in einer seiner Ausgaben ab.[29]

Die Strafsäule der Zigeuner und Räuber

Besonders seit dem frühen 18. Jahrhundert wurden verstärkt Maßnahmen gegen das »herrenlose Gesindel« ergriffen. Mit zahlreichen Verordnungen und Steckbriefen suchte man diese Menschen zu verfolgen und vom Eintritt ins eigene Territorium fernzuhalten. So kamen zu dieser Zeit die sog. Zigeuner-, Heiden- oder Vagantenstöcke auf, die die Vagierenden auf ihre bevorstehende Bestrafung hinwiesen. Ähnlich wie u.a. in Baden oder der Pfalz,[30] ließ das Kloster Ettal im Jahre 1720 eine solche »Strafsäule der Zigeuner und Räuber« errichten.

Verschiedene Zeugen berichteten dem Werdenfelser Pfleger von der Aufstellung der Säule, die auf der zu Ettal gehörigen Seite des Steinernen Brückls stand. Auf der Seite gen (Ober-)Au trug sie die Aufschrift *Closter Ettal, Landgericht Murnau*, während in Werdenfelsischer Richtung ein *Hochgericht oder Galgen, mit ainem daran hangenten Cörper, Laitter, und Scharpfrichter, dan aine Köpfstatt* mit der Unterschrift *Straff der Zügeüner und Rauber* zu lesen war.

Über die Maße dieser Säule ist nichts bekannt. Es ist aber anzunehmen, daß sie groß genug war, um gut sichtbar zu sein. Immerhin mußte sie mit einem Wagen angeliefert, für ihre Aufstellung eine Grube gegraben und vom Kammerrichter mit drei Helfern errichtet werden.

Da der genaue Grenzverlauf in der Nähe des Steinernen Brückls in der Vergangenheit immer wieder umstritten war, fragte der Werdenfelser Pfleger in Freising an, ob eine solche Säule geduldet werden solle; sie könnte eine Grenzmarksverletzung darstellen sowie der

»Allerlei Arten der Kunst des Bettelns«, Kupferstich nach Hieronymus Bosch, 17. Jahrhundert.

Grafschaft einen despektierlichen Ruf einbringen. Der Bischof von Freising sah sich jedoch nicht veranlaßt, gegen Ettal eine Protestnote abgehen zu lassen. Man hielt die Tafel nicht für einen Grenzstein: *Auch glauben wir nicht daß das Ansehen der Grafschaft mit dieser Tafel berührt wird...außerdem steht es uns offen, am Stainern Brückl gegen Farchant zue, ebenfalls aine oder mehrere solche Säullen aufrichten zu lassen, wenn es Uns gefällig sein würde.*[31]

Wachen und Generalstreifen

Dem gleichen Zweck, die Einwanderung von unerbetenen Menschen zu verhindern, dienten die Kontrollwachen und Streifen, die besonders in Krisenzeiten an den Grenzübergängen eingeführt wurden. 1681 herrschten *leidige Contagionszeiten*, weswegen der Pfleger von Werdenfels die Richter von Mittenwald, Garmisch und Partenkirchen anwies, jeweils am Steinernen Brückl bei Au und auf der Scharnitz eine Wache aufzustellen, damit *ohne authentische fede* [Ausweis] *niemandts hinein und eben so wenig ainig vagirendtes gsündl durch die Schärnitz herausgelassen würdtet*. Ebenso wurde den Bürgern anbefohlen, über Nacht niemanden zu beherbergen, dessen Papiere nicht *ordentlich examiniert* seien. Dabei mußten die Gerichte für die Aufstellung der Wachen selbst aufkommen, was *in disen gelt clamen Zeiten* zu Klagen seitens Garmisch und Partenkirchen führte. Freising beharrte jedoch auf der ordnungsgemäßen Aufstellung der Wachen an allen Punkten. Dem Markt Mittenwald drohte Freising mit einer *exemplarischen Bestraffung*, weil sie angeblich entgegen den Verordnungen *allerhand von der Grafschafft Tyroll heraus ankhommendt vagirendt liederlicher Gesindl, unnd Pedtleith* ungerechtfertigterweise hereingelassen und diese *mithin der Burgerschafft beschwehlich gewesen seien*.

Schließlich beschwerten sich die Werdenfelser beim Bischof, daß die Wachen, die eigentlich zur Abhaltung der Tiroler aufgestellt worden waren, zu *unnsren äußersten Undergang und Ruin gereichen*. Die Grenzer verhielten sich derart *rigoros*, daß sie selbst die einheimischen Wallfahrer nach Hl. Blut in Seefeld nur mit gültigem Ausweis durchließen. Auch reiche das komplizierte Verfahren, wobei die Papiere zur Überprüfung erst nach Innsbruck geschickt werden müßten, an Unmenschlichkeit. So sei im August 1680 eine arme Frau, die aus dem Schwabenland angereist war, trotz gültigen Ausweises an der Scharnitz abgewiesen worden. Daraufhin versuchte sie den Übertritt über die Isar, wobei sie *vom Wasser aber überfahlen* und *todter gefunden* wurde.[32]

Im Jahre 1727, ein Jahr nach der großen Viehseuche, konzentrierte man sich wieder einmal auf die Beseitigung des Bettls und die Ergreifung aller bettelnden fremden Personen. Der werdenfelsische Pfleger ordnete im Januar nicht nur Wachen an, sondern verhaftete gleich 60 Personen, von denen 20 aus Mittenwald geliefert wurden, um diese sodann dem Ettaler Kammergericht am *gewohnlichen Gräniz Orth*, also am Steinernen Brückl, auszuliefern.[33] Nicht selten gab Bayern den Anstoß zur Durchführung solcher Landstreifen wie dieser. Im Juni ordnete der Pfleger bereits die nächste *General Straiff* an, um *die im Landt herumb vagiernt liederliche Pettl und anders verdächtiges Gesündl* aufzuspüren, ggf. gefangenzunehmen und alsdann zur Ausweisung um die Mittagszeit auf das Steinerne Brückl zu bringen.[34]

Beherbergungsverbot

Auch wenn die Beherbergung von Fremden und Landfahrern strengstens verboten war, sofern man es nicht bei der Obrigkeit anmeldete, so zeigen doch zahlreiche Fälle, daß zwischen diesen Verordnungen und der Realität eine große Kluft bestand.

1697 will das Pfleggericht Werdenfels erfahren haben, daß *landtschedtlich rauberisches gesündl* aus Tirol über den Paß Scharnitz in die Grafschaft eingedrungen und beim Fischer zu Lautersee die Nacht verbracht hatte.[35] Weitere Erkundigungen über diesen Vorfall sollten noch eingeholt werden. Auch Anton Vischl, Bauer zu Kaltenbrunn, mußte 1751/52 eine Geldstrafe zahlen, weil er einer ledigen Tirolerin Unterschlupf gab.[36] Im folgenden Jahr wurden vier Werdenfelser bestraft, weil sie sich unterstanden, *frembde Landtfahrer nächtliche Herberg und Unterschlupf zu verstatten, ohne solche in der Stille anzuzaigen*.[37] Wer zu unvermögend war, um eine Geldstrafe zu entrichten, der mußte, wie zwei Eheleute aus Farchant im Jahre 1752/53, für das gleiche Vergehen, er *eine Stundt im Bokh und dessen Eheweib aber eine Stunde in der Geige* stehen.[38] 1832 zeigte der Garmischer Stations-Kommandant den Baltasar Labinger an, weil er *sieben Burschen aus Tyroll Uebernacht beherbergt habe*, und dies schon öfters vorgekommen sei.[39]

Trotz der strengen Ahndung schloß das Beherbergungsverbot nicht aus, daß wirklich bedürftigen Menschen unbedingt Hilfe geleistet werden mußte. Im Jahre 1590 mußte der Müller von Mittenwald, Hans Reindl, wegen unterlassener Hilfeleistung über 3 Gulden Strafe zahlen. Er ließ einen armen, kranken Menschen, der an seiner Tür des Frostes halber um Einlaß gebeten hatte, zwei Tage vor seinem Haus unbeachtet liegen; jener verstarb schließlich im Spital.[40]

Bettler, Ausschnitt aus dem Fresko »Die Mantelspende des Hl. Martin«, Alte Martinskirche, Garmisch, spätes 14. Jahrhundert.

Vagantenschübe

Wurde umherziehendes Volk, Bettler oder Vaganten vom örtlichen Ordnungsdienst aufgegriffen, so wurden sie in der Regel des Landes verwiesen. Normalerweise verhängte man über sie eine *Exil-Straff*, die für eine bestimmte Zeit oder lebenslang galt. In letzterem Falle mußten die Landesverwiesenen einer sog. *Urphed* schwören, das Land nie mehr zu betreten. Dann wurden sie an die Grenzpunkte am Steinernen Brückl bei Au oder auf die Scharnitz gebracht und dort ausgesetzt, mit der Auflage, an ihren Heimatort zurückzukehren. Allerdings konnten die Freigelassenen leicht über Schleichwege wieder an ihren ursprünglichen Ort zurückkehren. Es dauerte bis zum Jahre 1805, bis zwischen Bayern und Tirol eine Vereinbarung zustande kam, nach der die Abgeschobenen nicht nur an der Grenze freigelassen, sondern der nächsten Gerichtsstelle überliefert werden sollten. Für die Rottstraße waren hier die Behörden in den Orten Scharnitz und Mittenwald verantwortlich.[41]

Von Zeit zu Zeit wurden diese Landesverwiesenen sogar auf einen Transport geladen, um sie an ihren Heimatort zu überstellen. Diese sog. Bettel- oder Vagantenschübe fanden auch auf der Rottstraße statt, wenn diese Menschen von Bayern nach dem Süden und umgekehrt transportiert werden sollten. In der Regel blieben die Vaganten nur für eine Mahlzeit oder für eine Nacht in der Grafschaft.

Einige der Listen mit den durch die Station Mittenwald verschobenen Vaganten haben sich bis heute erhalten. Darin sind fein säuberlich Name, Wohnort und Alter der Vaganten aufgeführt, Tag der Ein- und Ablieferung, beliefert von wo und nach wo, Begleiter (meist Polizeidiener oder Gendarm), Verpflegung und Transportkosten. In der Regel erhielten die Vaganten für die nächstfolgende Behörde einen sog. Schubpaß, auf dem neben ihren Personalien ihr Vergehen, ihre Bestrafung und ihr Ablieferungsort eingetragen waren.

Registrierte Vaganten beim Transport durch die Station Mittenwald:[42]

Jahr (Okt. bis Sept)	Anzahl der Vaganten
1815/16	33
1840/41	46
1841/42	49
1842/43	29
1843/44	36
1844/45	31
1845/46	24
1846/47	35
1847/48	18
1848/49	14
1849/50	16
1850/51	25
1851/52	16
1852/53	29
1853/54	34
1854/55	15
1855/56	13
1856/57	10
1857/58	8
1858/59	4
1859/60	4
1860/61	1
1861/62	1
1862/63	1

Der Grund für die deutliche Abnahme der Vagantenschübe dürfte einerseits in der Abnahme dieser Bevölkerungsschicht durch die Einengung der Lebenswelt für Vaganten und Bettler, andererseits in der verbesserten Armenfürsorge liegen.

Transport von Galeerenhäftlingen

Einen Sonderfall unter den verschobenen Menschen stellten die Transporte von Galeerenhäftlingen dar. Seit der zweiten Hälfte des 16. bis ins 18. Jahrhundert hinein war es durchaus üblich, zum Tode verurteilte Sträflinge zu »begnadigen« und sie als Ruderer auf die venezianischen Galeeren teuer zu verkaufen; auch Vaganten, Bettlern, Zigeunern, Wilderern und sonstigen fahrenden Leuten konnte diese Strafe drohen.[43] Die Galeeren waren für die Verteidigung der Seemacht Venedigs im Mittelmeerraum wichtig. Vor allem die Reichs-

und Handelsstadt Augsburg war ein wichtiger Belieferer Venedigs für solche Galeerenhäftlinge. Oft kauften die Vermittler Häftlinge aus Württemberg, Schwaben oder Bayern an und führten diese auf der klassischen Route über Scharnitz und Innsbruck nach Venedig. Das Leben auf einer Galeere war eine einzige Folter: Bei minimaler Verpflegung und härtester körperlicher Arbeit unter ständiger Züchtigung lag die Sterberate sehr hoch. Schon allein der Gedanke an eine Galeerenstrafe flößte den Häftlingen derartigen Schrecken ein, daß es wiederholt zu Fluchtversuchen auf dem mehrwöchigen Transport von Süddeutschland nach Venedig kam. Des öfteren nutzten die Galeoten die unwegsame Strecke in den Alpen für ihre Ausbrüche, wie ein aus dem Jahre 1583 vom Münchner Stadtgericht berichteter Fall zeigt, als eine gesamte Eskorte dabei erschlagen wurde. Leider erfahren wir aus dem Protokoll nichts Genaueres über Ort und Hergang dieses einen Vorfalls.[44]

1584 hören wir in dem Briefwechsel des bayerischen Herzogs Wilhelm mit dem österreichischen Erzherzog Ferdinand von 34 Galeoten, die einen Fluchtversuch unternommen und sich auf dem Seefeld losgerissen hatten.
Zunächst hatten die Gefangenen die Fortsetzung des Transports verweigert, indem sie nicht mehr weitergehen wollten, und *alle geschrieen man solle sy zu Todt schlagen* und *es geschehe Inen was da wöll*. Anschließend brachte man sie mit großer Mühe bis auf das Seefeld und sperrte sie dort in einen Stall, wo *sy sich hernach von den Eisen alle ledig gemacht*. Allerdings gelang es ihnen offenbar nicht, aus dem Stall auszubrechen. Wie man nun mit jenen Galeoten weiter verfahren sollte, gestaltete sich als schwierig. Erzherzog Ferdinand stellte folgende Überlegungen an: Wer sollte die Sträflinge weiterhin verwahren, wo doch die Untertanen gerade jetzt im Monat April die meiste Feldarbeit hätten? Ferner müßten die Sträflinge wieder mit Gewalt in die Eisen geschlagen werden, wodurch man in Gefahr von Leib und Gut geraten könnte; zudem wisse man nicht, wie man sie weiter gen Italien führen solle, wo die Gefangenen doch lieber sterben und sich zu Tode schlagen lassen wollten. Außerdem benötigte man eine große Begleitmannschaft, da man einen wiederholten Ausbruch verhindern wollte.
Offenbar arrangierte man sich; die tirolerischen Untertanen verwahrten schließlich die Delinquenten unter *höchster gefahr* und *versaumbnus irer Arbeiten*. Schließlich versicherte der tirolische Landesherr, für die Durchführung durch sein Herrschaftsgebiet sei alle notwendige Verordnung zur *besten Sicherung und Begleitung* getan.
Insgesamt hatte dieser Galeotentransport Tirol nur Umstände bereitet; daher rührte wohl auch die Bitte Ferdinands an den bayerischen Her-

zog, künftig eigene Begleitmannschaften mitzuschicken: ...*die unserigen werden und wollen darmit weiter nichtens zu thuen oder zu schaffen haben.*[45]

Ortsbettelvereine und Naturalverpflegsstationen

Entlang der Rottstraße entstanden in der 2. Hälfte des 19. Jahrhunderts Ortsbettelvereine und Naturalverpflegsstationen, mittels derer die Gemeinden das »Übel« der mittellosen Reisenden und Bettler sowie der armen Handwerksburschen beseitigen wollten. Diese Einrichtungen kamen zu dieser Zeit in vielen Gegenden auf. 1885 existierten allein im Regierungsbezirk Oberbayern rund 365 derartige Vereine.[46]

1882 beabsichtigte der Magistrat Garmisch, einen Ortsbettelverein zu gründen: Zweck des Vereins ist Unterstützung fremder Hilfsbedürftiger, soweit diese nicht der öffentlichen Armenpflege obliegt, insbesondere der wandernden Handwerksgesellen, um dem Straßen- und Hausbettel vorzubeugen. Das Projekt scheiterte allerdings teils an der Nichtbeteiligung Partenkirchens und teils am mangelnden Interesse der Garmischer selber; die konstituierende Sitzung mußte wegen zu geringer Beteiligung entfallen.

Noch einige Jahre später stellte der Garmischer Magistrat die *völlige Interesselosigkeit der hiesigen Bevölkerung an einem derartigen Unternehmen* fest. 1886 lehnte er die Errichtung einer Naturalverpflegsstation im Ort ab mit der Begründung, u.a. würde *hiedurch Garmisch zum privilegierten Sammelplatze sämtlicher...durchziehender Handwerksburschen* gemacht. Ferner befürchte man, neben den Abgaben für die Natural-Verpflegsstation trotzdem den Handwerksburschen den gewohnten Tribut zahlen zu müssen, nur um von deren *Grobheiten verschont zu bleiben*. Zuletzt würde sich keine geeignete Person finden lassen, die die Formalitäten in der ständigen Anwesenheit der Handwerksburschen durchführen wolle.[47]

In Partenkirchen war es dagegen spätestens seit 1837 üblich, den bedürftigen Reisenden, vor allem den in Scharen durchziehenden Handwerksburschen, ein sog. Marktgeschenk in Form einer kleinen Geldspende zu übergeben. Die Gemeinde registrierte in ihren Akten für das Jahr 1838 496, im Jahre 1839 623 und im Jahre 1840 sogar 827 Marktgeschenke an Handwerksburschen in einer Höhe von 3–6 Kreuzern.[48]

1893 wurde dieses System zugunsten von Natural-Verpflegsstationen aufgegeben. In vier Orten – Eschenlohe, Garmisch, Mittenwald und

Oberammergau – wurden *der fremden Wanderbevölkerung, die sich durch Besitz gültiger Legitimationspapiere und eines Ausweises über geleistete Arbeit in den letzten vier Monaten einer Gabe würdig erweist*, derartige Einrichtungen eröffnet.[49] Die Reisenden erhielten bei Ankunft am Vormittag ein Mittagessen gegen Vorlage einer

Der Kunstreiter Christian Müller Kamin, Nürnberg Anno 1647 Kupferstich.

Berechtigungskarte, bei Ankunft am Nachmittag eine Übernachtung mit Abendessen und Frühstück. In einem Kalenderjahr durfte man zwei Mal an der gleichen Station eine Verpflegung in Anspruch nehmen.[50]

Für die Wirte von Partenkirchen waren die Natural-Verpflegsstationen ebenfalls eine große Erleichterung, denn sie durften fortan jeden ankommenden Handwerksburschen auf eben diese Institutionen verweisen, wo sie unentgeltlich versorgt wurden. Die Unterbringung der Handwerksburschen hatte nämlich in der Vergangenheit immer wieder zu Problemen geführt, weil sie *viele Verdrißlichkeiten* mit sich brachte. Die Wirte weigerten sich schließlich, Handwerksburschen überhaupt aufzunehmen, oder gaben vor, bereits ausgebucht zu sein. Dies widersprach nach Ansicht des Partenkirchner Magistrates wiederum der *Menschenpflicht*. Als Kompromiß einigten sich die Wirte zunächst, dem Schattenwirt Alois Bauer gegen eine jeweilige Entschädigungszahlung von 50 Pfennigen pro Monat und der Befreiung von den Gemeindeumlagen alle Handwerksburschen schicken zu dürfen. Der Schattenwirt gab jedoch diesen Habitus 1887 auf, da *die besseren Handwerksburschen in der Regel von einzelnen Wirthen selbst behalten, ich also nur die schlechtesten haben muß*. 1891 führte der Magistrat eine turnusmäßige Unterbringungspflicht für die Wirte ein. 1893 schließlich wurden die Natural-Verpflegsstationen eröffnet.[51]

Die Ortschaften an der Rottstraße sahen also die Jahrhunderte hindurch nicht nur Pilger, Handelsleute oder Fürsten durchziehen, sondern auch viele Arme, Bettler, Landfahrer, Vaganten oder Handwerksburschen. Im 19. Jahrhundert befand sich allerdings ein organisiertes Wohlfahrtssystem im Aufbau, was dazu führte, daß der Kontakt zwischen den armen Reisenden und den Einheimischen immer mehr abnahm. Die Verbesserung des Lebensstandards für die breite Bevölkerung ließ schließlich die Schicht der Bettler und Vaganten auf ein Minimum herabsinken und vom Straßenbild weitgehend verschwinden.

Anmerkungen

[1] JOSEF BAADER, Chronik des Marktes Mittenwald, seiner Kirchen, Stiftungen und Umgegend, Mittenwald ²1936, S. 128.
[2] BAADER, S. 129.
[3] HStAM Freising HL 3 Rep. 53, Fasz. 343.
[4] Ebd.
[5] HStAM Kurbayern Äußeres Archiv 426, fol. 74
[6] Ebd., fol. 46
[7] Ebd., 18. Okt. 1636.
[8] Ebd., fol. 71.
[9] Ebd., fol. 55–57.
[10] Ebd., fol. 142ff.
[11] Ebd., fol. 190–193
[12] Ebd., fol. 190–193.
[13] Ebd., fol. 142ff.
[14] Ebd., fol. 190–193.
[15] Ebd., fol. 227–228.
[16] Ebd., fol. 244ff.
[17] Ebd., fol. 260–262.
[18] Ebd., fol. 49–54, 190–193.
[19] Ebd., z. B. fol. 210–219 (sehr ausführlich), fol. 248–249.
[20] HStAM HL Freising 2, Fasz. 4517, Freisinger Befehl an Pfleggericht Werdenfels v. 7. März 1681.
[21] CARSTEN KÜTHER, Menschen auf der Straße. Vagierende Unterschichten in Bayern, Franken und Schwaben in der zweiten Hälfte des 18. Jahrhunderts (Kritische Studien zur Geschichtswissenschaft 56), Göttingen 1983, S. 20ff.
[22] HStAM Freising HL 3 Rep. 53, Fasz. 343. Vgl. auch JOSEF BRANDNER/HEINRICH SPICHTINGER, Rund ums Landl. Altwerdenfelser Grenzsteine und Felsmarchen. Geschichte,

Denkmäler, Geschichten, Garmisch-Partenkirchen 1993, S. 154.
23 HStAM Freising HL 3 Rep. 53, Fasz. 343.
24 HStAM Pfleggericht Werdenfels 13.
25 HStAM Pfleggericht Werdenfels 83.
26 HStAM Freising HL Fasz. 451, Abh. 12. Vgl. auch BRANDNER/SPICHTINGER 1993, S. 153–154.
27 MAXIMILIAN MISSON, Reise nach Italien, Bd. 1, Leipzig 1713, S. 157. Die Reise erfolgte im Jahre 1687/88.
28 MAG XV 7. Vgl. auch Josef Ostler/Michael Henker/Susanne Bäumler (Hrsg.), Grafschaft Werdenfels 1294–1802. Katalogbuch zur Ausstellung vom 30.7.–4.9.1994 im Kurhaus Garmisch, Garmisch-Partenkirchen 1994, S. 69–70.
29 StaBiM Res/4 Bavar. 674 13/15.
30 WOLFGANG SEIDENSPINNER, Bettler, Landstreicher und Räuber. Das 18. Jahrhundert und die Bandenkriminalität, in: HARALD SIEBENMORGEN (Hrsg.), Schurke oder Held? Historische Räuber und Räuberbanden (Ausstellung des Badischen Landesmuseums und in Zusammenarbeit mit dem Stadtmuseum Hommoldhaus in Bietigheim-Bissingen, 27.9.1995–7.1.1996, Karlsruhe, Schloß), (Volkskundliche Veröffentlichungen des Badischen Landesmuseums Karlsruhe 3), Sigmaringen 1995, S. 27–38, hier S. 31.
31 HStAM Pfleggericht Werdenfels 79, fol. 1–9. Vgl. auch BRANDNER/SPICHTINGER 1993, S. 152–153.
32 HStAM Freising HL 2, Fasz. 4517 v. 14.1., 17.1., 17.2., 7.3., 18.3.1681.
33 HStAM Freising HL 3, Fasz. 238, 6.1.1727.
34 MAP X 2, 26.6.1727.
35 MAM, A IV 1, 10.8.1697.
36 MAM R 3, Amtsrechnung 1751/52, S. 60.
37 MAM R 3, Amtsrechnung 1752/53, S. 55.
38 MAM R 3, Amtsrechnung 1752/53, S. 62.
39 MAG XII 9.
40 HStAM Freising HL 3 Rep. 53, Fasz. 343.
41 HStAM GR Fasz. 317/16,2.
42 MAM A IV 40.
43 Zum Folgenden vgl. HANS SCHLOSSER, Die Strafe der Galeere für Kriminelle aus Bayern und Schwaben – Menschenhandel als Strafvollzug im 16.–18. Jahrhundert –, in: Rieser Kulturtage 5 (1984), S. 265–290.
44 Stadtarchiv München, Stadtgericht 866/1, Malefizprotokolle-Unterrichter, fol. 218ff.
45 HStAM Auswärtige Staaten Literalia Tirol, Fasz. 97.
46 MAG VII 1.14.
47 MAG VII 1.14.
48 MAP XIV 8.
49 Amts-Blatt des königlichen Bezirksamtes Garmisch, Nr. 26 v. 28.3.1893, in: MAG XIV 8.
50 Anleitung für die Vorstände der Natural-Verpflegsstationen im Amtsbezirke Garmisch, in: MAG XIV 8.
51 MAP XIV 8.

Karl Berger

PESTILENZISCHE SUCHT UND ANDERE HEIMSUCHUNGEN

Der Schwarze Tod auf Reisen

Der florierende Handel zwischen Deutschland und Italien bedeutete sowohl für die Grafschaften Werdenfels und Tirol als auch für Bayern eine sichere Einnahmequelle. Allein die Zollabgaben machten circa ein Viertel des jährlichen Ertrags des Tiroler Landesfürsten aus. Schon deshalb versuchte die Obrigkeit beider Länder alles zu tun, um diesen Wirtschaftszweig zu fördern und zu sichern. So war die Stadt Innsbruck schon 1332 verpflichtet, die Straße von Zirl über Seefeld bis nach Scharnitz zu erhalten.[1] Dies trotz der Tatsache, daß das Wegstück Scharnitz – Seefeld eigentlich zur Grafschaft Werdenfels gehörte, die in Freisinger Besitz war. Die Werdenfelser nahmen den Einflußverlust auf ihr Gebiet hin, da es für Freising wichtiger war, daß der Warenstrom weiter über den Seefelder Sattel nach Mittenwald und Partenkirchen führte. Ähnliche Beweggründe galten für Tirol, als der Bozener Markt nach Mittenwald »verlegt« wurde: Zum einen existierte der Markt in Bozen weiter und zum anderen führte der venezianische Warenverkehr weiter durch das Land. Für den bescheidenen Wohlstand der Bevölkerung war jedoch, so glaubten zumindest die Menschen des späten Mittelalters und der frühen Neuzeit, die Fürsorge der Landesherren nicht allein ausschlaggebend. Der Wille Gottes war in allen Vorgängen des Lebens gegenwärtig, und die Gläubigen fürchteten seine Strafe, daß ...*der almechtig Gott durch unser sündlich leben, welches täglich mit allerley sträflichen lastern, Gotts lestern, fluechen, füllereyen, unzucht, unbilliger beschwerung des nechsten und anderen mehr mißhandlungen bey jung unnd altern, je lenger je mehr zuenimbt, höchlich verursacht wirdet, seinen billichen zorn mit schickung Pestilenzischer Sucht unnd andern haimsuchungen über uns außzugießen.*[2]

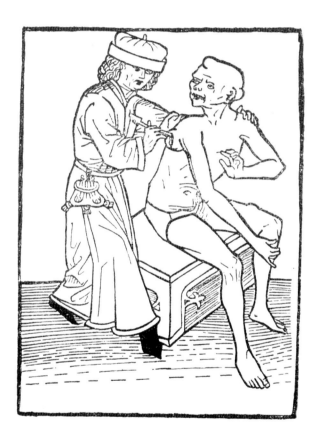

Pestarzt beim Aufschneiden der Beulen, Holzschnitt um 1480.

Seuchen

Unter *Pestilenz, pestilenzischer Sucht, große Sterb oder sterbende Leüff* verstand man im damaligen Sprachgebrauch nicht ausschließlich die Pest. Da man teilweise noch nicht fähig war, zwischen den verschiedenen Krankheitsarten zu unterscheiden, wurden diese Bezeichnungen als Überbegriff für Epidemien und Seuchen verwendet.

Tirol und Bayern wurden in der Geschichte mehrmals von Seuchen – Pest, Fleckfieber, Typhus, Syphilis und anderen – heimgesucht. 1347 liegen erste Berichte über einen Ausbruch der Pest vor; die Krankheit verschwand erst Ende des 18. Jahrhunderts völlig aus Europa. Die letzte größere Seuche trat 1785 in Zirl auf: Dr. J. von Lutzenberg berichtet über die Typhusepidemie in Zirl.[3] Mittenwald wurde 1836 von der Cholera und 1868 von Typhus befallen,[4] doch waren diese Krankheiten nur lokal begrenzt. Mit den verbesserten hygienischen Verhältnissen und dem steigenden medizinischen Wissen verschwanden im 19. Jahrhundert größere Epidemien aus Tirol und Bayern.

Als die Pest im 14. Jahrhundert erstmals über Bayern und Tirol hereinbrach, konnte sich niemand erklären, woher die Epidemie kam oder wie sie verbreitet wurde. Nach allgemeinem Glauben war das sündhafte Leben der Menschen der Grund für einen solchen Zorn Gottes:

Erstlichen die weil vermüg heiliger Göttlicher schrift sollichhe unnd dergleichen erschräcknliche plagen unnd kranckhaiten von Gott dem allmechtigen aus Rechten Göttlichem zorns allein zu straff unserer vilfeltigen unaufhörlichen sünden Lastern und mjssethaten verhenget worden weil an villen orthen bey nach alle ware Gottes forcht unnd Andacht auch die Rechte Christlich lieb der menschen gegenainander schwärlichen gefallen aber endgegen alles Übel als Gottes lesterung, wuecher, fresserei, Trunckenheit, Eebruch, hurerej, spilen, Todtscheleg unnd anndere grejliche laster jmmer je mer über handt nehmen, und in höchsten schwang geen und ain Sindt mit der anderen genert und gehaufft wird.[5]

Eine Eindämmung der Seuche hoffte man zu erreichen, indem man Gott durch Gebete, Messen und ein frommes Leben besänftigte. Die Landesfürsten von Tirol veröffentlichten im 16. Jahrhundert sogar Mandate, in denen mögliche Verfehlungen aufgelistet und die Menschen angehalten wurden, sich durch Beten, Prozessionen und heilige Messen mit Gott zu versöhnen.[6] Man ahnte noch nicht, daß gerade durch solche Zusammenkünfte die Übertragung von Krankheiten gefördert wurde. Da den Ärzten der Pesterreger nicht bekannt war, war es unmöglich, die wirklichen Ursachen der Krankheit festzustellen. Erst allmählich erkannte man, daß schlechte hygienische Verhältnisse ein Grund für die schnelle Ausbreitung der Seuche waren.

Der Haller Arzt Hippolytus Guarinoni berichtet am Anfang des 17. Jahrhunderts in seinem Werk »Grewel der Verwüstung Menschlichen

Geschlechts« über die üblichen Wohnverhältnisse seiner Zeit, von *grausamen Krotten in den Kellern, die Maeuß, Ratzen, Spinnen in verschlossenen Zimmern*,[7] die nach seiner Meinung die Luft vergiften. Erste Versuche, die Hygiene in den Städten und Dörfern zu verbessern, gab es schon im 16. Jahrhundert. 1564 erließ die Tiroler Regierung die Verordnung »Wegen Säuberung der Häuser, des Bett- und anderen Gewands zur Zeit der Infektion.«[8] Diese Verordnung war ein Novum, da sie sich ausschließlich mit Hygiene befaßte. Eigene Beauftragte sollten Spitäler und Pestenhäuser (Krankenhäuser für Pestkranke) untersuchen, alle verseuchten Privathäuser mußten genauestens gesäubert werden. Es wurde verboten, den Müll auf die Straße zu werfen, die Ritschen mußten ständig Wasser führen, Tiere sollten von den Straßen ferngehalten werden.

Die Forderung nach mehr Hygiene basierte auf dem Glauben, daß die Luft Überträger der Pest sei: Jeder stinkende Geruch galt als potentieller Erreger der Krankheit. Sogar die Werkstätten der Schuster, Gerber oder Kürschner galten als gefährlich. Viele Maßnahmen gegen die Pest zielten deshalb darauf ab, üble Gerüche zu beseitigen.

Zu Beginn des 16. Jahrhunderts sah man noch keinen Zusammenhang zwischen der Pest und den durchziehenden Händlern, Pilgern oder Soldaten. Nur wenige Ärzte warnten damals vor der Gefahr der Übertragung von Mensch zu Mensch.[9] 1546 brachte die Tiroler Regierung jedoch ihre Befürchtung zum Ausdruck, durchziehende Truppen könnten die Infektion ins Land bringen.[10] Viele Soldaten waren krank und konnten aus Geldmangel kein Krankenhaus aufsuchen. Die Regierung verfügte, daß an den Grenzen Wachen aufgestellt wurden und kein fremdes Kriegsvolk durchgelassen werden sollte. Im Dreißigjährigen Krieg wurde Tirol fast gänzlich von den Kriegswirren verschont, hatte auf Grund der geographischen Lage aber zahlreiche Truppendurchmärsche zu verzeichnen. Gerade für diesen Zeitraum sind überdurchschnittlich viele Pestepidemien verzeichnet. Auf einem Haus in Zirl befand sich bis zum Dorfbrand 1908 ein Totenkopf. Man erzählte sich, daß in diesem Haus die Pest ausgebrochen sei, nachdem sich nach Bayern ziehende Soldaten dort einquartiert hatten und nach wenigen Tagen sechs Pesttote zurückließen. Daraufhin sei das ganze Dorf von der Seuche befallen worden.[11]

Pest und Handel

Markiert man auf einer Karte die Orte, in denen es historische Aufzeichnungen über Pest- oder Seuchenbefall gibt, so stellt man fest, daß sich die Krankheiten hauptsächlich entlang der wichtigen Handelswege ausbreiteten. So ist etwa 1572 die »Pestilenz« in Innsbruck (Wilten), Zirl, Seefeld und Mittenwald belegt. Bei Pestgefahr wurden Vorkehrungen in Bezug auf den Einlaß in Städte, Dörfer oder Gerichte getroffen.[12] Die Handelstätigkeit zwischen Norden und Süden war aber so bedeutend, daß beim Ausbruch einer Seuche die Handelswege nicht völlig gesperrt wurden. Zwischen 1540 und 1580 brach die Pest in Zirl, das am Kreuzungspunkt zweier wichtiger Transitstraßen liegt, viermal aus. Im gleichen Zeitraum kam es in den Städten Bozen und Trient sowie im Markt Matrei am Brenner dreimal zu Pestepidemien. Manche Orte, die nicht an wichtigen Straßen lagen, wurden dagegen nie von der Pest heimgesucht. Außerdem ist auffallend, *daß in den Monaten Jänner, Februar, März, April und Dezember öfter ein Aufhören, immer aber ein Rückgang der Epidemie zu verzeichnen ist und in den Monaten Mai und Juni sich immer ein Aufflackern der Seuche registrieren läßt.*[13] In den Sommermonaten, also den »pestreichen« Monaten, waren vermehrt Kaufleute unterwegs, da in diesem Zeitraum die Jahrmärkte stattfanden.

Auf die Salzgewinnung im Bergwerk Hall wirkten sich Seuchen beispielsweise auf zwei Ebenen aus: Zum einen sank die Produktion durch die Erkrankung der Knappen, zum anderen mußten die Salzsäumer und -händler das Salz vor der Stadt am Siedhaus (Pfannhaus) bestellen. Sie mußten zudem eidlich versichern, daß sie nicht aus verseuchten Gegenden kamen. 1541 erhielten unter anderem die Wirte Hörtenbergs und Zirls den Auftrag, den Säumern nahezulegen, sich nicht zwischen Innsbruck und Hall niederzulassen, sondern stattdessen in Zirl oder Umgebung zu übernachten.[14]

Die Getreideeinfuhr wurde, da Tirol nicht in der Lage war, sich selbst mit Getreide zu versorgen und somit von Importen aus Bayern, Böhmen oder Niederösterreich abhängig war, als wichtiger angesehen als die Gefahr der Einschleppung von Krankheiten. Dennoch kam es bei größeren Seuchen oft zu Engpässen. 1572 wurden größere Teile Bayerns (auch München) und der Grafschaft Werdenfels (Mittenwald) von der Pest befallen, und obwohl sie überaus stark wütete, stellte man vorerst keine Wachen, da man befürchtete, einige Dörfer, wie etwa Seefeld oder die Leutasch, könnten ohne Getreideversorgung bleiben.[15]

Am meisten hatte das Rottwesen, der in Kurzstrecken aufgeteilte Transport von Handelsgütern, unter der Seuchengefahr zu leiden. Seit der 2. Hälfte des 15. Jahrhunderts wurde der Verkehr auf den Straßen durch Rottordnungen geregelt, die die Gebühren für die Einlagerung der Waren, die Rechte, Pflichten und die Löhne der Rottleute festlegten. Brach eine Krankheit aus, so konnten Rottplätze verlegt, neue Routenverläufe errichtet oder neue Lagerräume angelegt werden. Daß

Aus Mangel an wirksamen Medikamenten suchte man Hilfe beim Hl. Dyonisius und der Gottesmutter, um von der schrecklichen »französischen Krankheit« (Syphilis) geheilt zu werden, Holzschnitt um 1500.

Aller heyligister vater vñ großmechtiger nothelfer Dyonisi: ein ertz bischoff vñ loblicher martrer. O du himelischer lerer: der von fränckreich apostel: vñ teutzscher landt gewaltiger regierer. Wehuet mich vor der erschrecklichen krancheit mala franzos genant: von welcher du ein grosse schar des christenlichen volks in franckreich erlelediget hast: So dy kosten das wasser des lebēdigen prunnen der onder deinē aller heiligisten korper entsprang: Wehuet mich vor diser gewerlichen kranckheit. O aller genedigister vater Dyonisi: biß ich mein sundt mit dem ich got meinen herreñ belaidigt hab: pussen mug: vñ nach dysem lebē erlangen: dy freud der ewigē saligkeit: das verleich mir xps iesus der dich in dē aller vinstersten kercker verschlossen trostlichen haym gesuechet: vñ mit seinē aller heiligisten leichnam ond pluet dich speiset sprach: dy lieb vñ guttikait dy du hast zu mir al lerzeit: dar omb wer wirt bitten der wirt gewert: Welcher sey gebenedeit in ewigkait Amen.

Entlang der Straße in vielen Kirchen zu finden: die beiden Pestpatrone Sebastian und Rochus, Pfarrkirche Mittenwald.

der Warentransport dennoch nicht reibungslos vor sich ging, bezeugt eine Beschwerde der Innsbrucker Bevölkerung: Obwohl sie für den Streckenerhalt über den Seefelder Sattel zuständig seien, werde ihnen in Zirl weder eine Herberge noch eine Mahlzeit gereicht.[16] Nahe Innsbruck war die Pestilenz ausgebrochen und die Zirler Bevölkerung hatte Angst, die Seuche könne auch ihr Dorf befallen. Die Regierung schlug darauf einen Kompromiß vor. Die Zirler sollten den Innsbruckern ein Haus und Nahrung bereit stellen. In diesem Haus sollte die Möglichkeit bestehen, Waren zwischenzulagern und zu übernachten. Die Innsbrucker zogen es dann doch vor, die Waren nicht zu lagern, sondern so schnell wie möglich nach Seefeld und weiter nach Mittenwald zu ziehen.[17]

Obgleich der Handel durch Epidemien wie die Pest stark beeinträchtigt wurde, versuchte man von seiten der Regierung dennoch, den Warenverkehr nicht zu stark zu behindern. 1563 erhielten die Zöllner bei Zirl die Order, Menschen aus verseuchten Gebieten zurückzuhalten, bei den Kaufleuten aus Augsburg jedoch eine Ausnahme zu machen und ihnen den Durchzug zu gewähren.[18] Auch im 17. Jahrhundert galt diese Regel noch. Im November 1611 durften die Waren, die von Händlern aus dem Süden importiert worden waren, nur »unter dem Schönberg« geliefert werden. Da aber durch Lagerung und Umschüttung Waren wie Wein oder andere Lebensmittel verderben konnten, durften bayrische Fuhrleute, die den Wein nach Mittenwald oder Schongau lieferten, *ohne Scheu mit sieben und acht Wagen aus dem Etschland heraus und durch die Innsbrucker »Vorstadt«* [Anm.: Maria Theresien Straße], *um den Graben, über die Innbrücke und durch Hötting*[19] und weiter nach Zirl, Seefeld und Mittenwald fahren. Eine weitere Maßnahme war die vorübergehende Aussetzung der Märkte. Diese Entscheidung wurde jedoch überaus selten getroffen. Als 1543 die Seuche in München und Meran wütete, wurde den Augsburger Kaufleuten empfohlen, den Bozener Markt in Mittenwald zu meiden. Dennoch wurde der Handel nicht unterbunden. Als 1611 die Pest (Fleckfieber ?) in Innsbruck wütete, wurden die Wochenmärkte nicht abgesagt, sondern lediglich auf mehrere Plätze vor der Stadt verlegt.

Nachdem 1599 *leider die Infektion und Pestilenz auf Seefeld*[20] ausbrach, berieten die Innsbrucker Bürger, wie man sich verhalten solle: Keiner sollte sich an infizierte Orte begeben, man sollte keine Person von diesen Orten beherbergen, weder mit ihnen essen noch trinken oder mit ihnen Gemeinschaft halten ohne Wissen des Stadtrates. Vor den Häusern sollte sauber gemacht, Misthaufen und *anderer Ungeschmack* beseitigt, Bäche und Brunnen von *unsauberlichkeiten* befreit werden.[21]

Und weil auch die Jugend sich gar ärgerlich mit Geschrei und anderer Anzüchten auf der Gasse vergnigt, sollen die Eltern mit Ernst darob sein, ihre Kinder in Bester Zucht zu erhalten, damit der Zorn Gottes und die Straf der weltlichen Obrigkeit an ihnen Verhütet werde.[22]

Als Ende des 17. Jahrhunderts in Venedig Seuchen grassierten, wurden von den Grafschaften Tirol und Werdenfels Wachen und »Sterbhueter«[23] aufgestellt, um die durchziehenden Leute zu kontrollieren. Hauptsächlich wurde diese Arbeit von Zöllnern, vereinzelt auch von Gastwirten oder eigens angestellten Personen verrichtet. 1797/98 übernahmen sogar bayerische Truppen die Kontrolle bei Scharnitz, da in Tirol eine *bedenkliche Krankheit* herrschte.[24] Die kontrollierten Händler mußten bezeugen, weder aus einem verseuchten Ort zu kommen, noch dort übernachtet zu haben. Damit man ihre Angaben überprüfen konnte, wurden in Tirol – nach dem Vorbild Venedigs – Sanitäts- beziehungsweise Gesundheitspässe eingeführt, die man nach dem italienischen »fede di sanità« oder »fede e bolletini«,[25] Fede, Bolliten, Paßporten oder ähnlich nannte. Ausgestellt wurden solche Feden von der jeweiligen Obrigkeit eines Ortes, bei den Kontrollstellen überprüfte man üblicherweise die Fede und versah sie mit Datum und einem »Stampf« (Stempel). 1611 beantragte Martin Lidl, ein Fuhrmann aus Partenkirchen beim Marktrichter Ferdinand Khnielling von Mittenwald eine Fede für die Fahrt nach Tirol.[26] Feden waren gedruckt, konnten aber auch von Hand geschrieben sein – Mißbrauch und Fälschungen waren deshalb leicht möglich. Es standen jedoch hohe Strafen auf einen gefälschten Gesundheitspaß.

Brach die Pestilenz nun aber trotz dieser Vorkehrungsmaßnahmen aus, so wurde die Ortschaft für alle Fremden gesperrt. Die Händler nahmen oft große Umwege auf sich, um ihre Waren dennoch auf die Märkte zu bringen, so bei der Umfahrung und Quarantäne von Zirl 1611/1612. Im Oktober 1611 brach die Pest, nachdem sie zuvor schon in Seefeld wütete, auch in Zirl aus. Die Pläne, nur Seefeld zu umfahren, wurden deshalb fallen gelassen. Statt dessen sollten die Händler von Scharnitz in die Leutasch beziehungsweise von Mittenwald aus direkt in die Leutasch und weiter über den Lengenberg nach Telfs fahren. In einem Schreiben des Zöllners Hans Baptist am Paß Luegg ist zu lesen, daß der Stempel seit einigen Tagen nicht mehr von den Zollbeamten in Zirl stamme, *weil man zu Zirl nit mehr passieren darf.*[27] Der Weg von Telfs in die Leutasch aber war für Fuhrwagen nicht ausgebaut und bedeutete einen beschwerlichen, großen Umweg. Bereits im November 1611 schlugen die Händler deshalb vor, wieder über den Seefelder Sattel und den Zirler Berg zu fahren und lediglich die Dörfer Seefeld und Zirl zu meiden. Die Fuhrleute boten sogar an, die notwendige Winterbrücke (über den Inn) unter der Martinswand mit einem Wegegeld zu finanzieren.[28] Wenige Tage später wurde der Plan an Ort und Stelle von den Zöllnern von Telfs und Zirl, Beauftragten der Saline in Hall und Vertretern aus Innsbruck begutachtet. Die Umfahrung Zirls wurde beschlossen, die Arbeiten begannen sofort. Mit der Brücke wartete man zunächst noch, da Innsbruck bereits als seuchenfrei galt. Als die Innsbrucker Brücke aus Rücksicht auf Bayern und Brixen aber doch nicht geöffnet wurde, errichtete man tatsächlich eine Winterbrücke über den Inn. Am Weihnachtstage des Jahres 1611 wurde der Wegezoll auf Vorschlag der Zirler Zöllner beschlossen. Die Brücke sollte aber nicht lange in Betrieb sein, schon einen Monat später waren Innsbruck und Hall von der Seuche befreit, der Verkehr wurde wieder über die »normale« Innbrücke geleitet und Anfang Februar ersuchte der Stadtrat von Innsbruck, die Winterbrücke wieder abzureißen, da sie nicht mehr benützt werde und der steigende Inn sie sowieso zerstören würde. Im April 1612 war die Behelfsbrücke bereits entfernt, die Händler nahmen wieder den ursprünglichen Weg. Die provisorisch

Die den Heiligen Sebastian und Rochus geweihte Kapelle auf dem Geistbühel bei Zirl, erbaut um 1650.

eingerichteten Zölle am Lengenberg und der Salzzoll von Zirl bestanden jedoch weiter, worüber sich die Fuhrleute Melchior und Georg Widmann, Adam Resch und Jakob Schorn aus Werdenfels bei den Zollamtsleuten von Zirl beklagten.[29]

Sagen und Baudenkmäler

1512 schreibt die verzweifelte Dorothea von Serntheim an ihren Mann Cyprian, daß in Zirl die Pest ausgebrochen sei. Über 60 Leute seien bereits gestorben, darunter ihr neugeborenes Kind.[30]

Neben Dokumenten wie diesem findet man auch steinerne Zeugnisse, die an die Zeiten der Seuchen gemahnen. Auf dem Weg über den Zirler Berg nach Mittenwald und Partenkirchen gibt es einige Baudenkmäler, die an die Pestzeiten erinnern: Kapellen, Altäre, Marterl oder Kreuze, an die sich oft eine Sage oder Erzählung knüpft.

Eine dieser Sagen aus Zirl bezieht sich auf die heute noch stehende Kapelle auf dem Geistbühel. Sie entstand um 1650 und ist den Pestheiligen Sebastian und Rochus geweiht. Es handelt sich um eine Wandersage; Varianten aus Südtirol, Salzburg und Bayern sind bekannt.

Zu Zeit der großen Sterb war das Inntal fast ganz ausgestorben, nur einige Menschen – zwei Familien – waren noch übrig. Diese beteten nun so

andächtig zum Herrn in Himmel um Rettung, daß er sie erhörte und zeigte, daß über dem Tod ein Allmächtiger steht. Aber auf recht wundersame Weise zeigte er das. Am nahen Hügel ertönte in der Nacht eine gewaltig laute Stimme, so daß man Wort für Wort genau verstand, und die Stimme sprach: »Kranawittbeer und Bibernell, so eilet der Tod nit so schnell!« Sobald die zu Zirl das gehört hatten, räucherten sie mit solchen Kräutern, thaten davon an ihre Speisen und tranken einen solchen Thee, und keines starb. Zur Pestzeit Bibernell im Munde gehalten, schützt vor Ansteckung.
Dieser Hügel oder Bühel, seitdem der »Geistbühel« genannt, weil Gott durch einen Schutzengel die Stimme erschallen ließ. Dann haben die Geretteten eine Kapelle dahin gebaut, die noch jetzt zu sehen ist, und eine Stiftung verlobt, welche noch redlich gehalten wird. Am Sebastianitag wird allda Messe gelesen, und jeden Monat zieht ein Kreuzgang dahin.[31]

Bemerkenswert ist das überlieferte volksmedizinische Rezept gegen die Pest: Bibernell[32] wurde gegen viele Krankheiten verwendet und galt unter anderem als Pestpflanze.[33] Das Räuchern diente zur Reinigung der Luft, die als Überträger der Pest galt. Das Gelöbnis einer Prozession am Sebastianitag erinnert an die früheren Verordnungen und Schriften, in denen dies als Vorkehrung gegen die Pest angeordnet wurde.

Aus Pestzeiten stammt auch die Flurbezeichnung am rechten Ufer des Ehnbaches: Sie trägt den Namen Siechenäuele. Hier soll sich das Siechenhaus und der Friedhof befunden haben.[34]

In unmittelbarer Nähe des Geistbühels befindet sich eine weitere Kapelle aus der Mitte des 17. Jahrhunderts, die der Heiligen Anna gewidmet ist. Der Altar trägt die Inschrift: »O Maria nimb dich unser ahn – krieg, hunger und pest wend hindan – bitt Fesst um dein Lieben sahn – daß er uns all zeith verschan.«

In Leithen bei Reith findet sich ein Bildstock von 1637. Im gleichen Jahr wurde die Pest von durchziehenden Truppen nach Tirol geschleppt[35] und tobte im Großraum Innsbruck. Auch Reith, Seefeld, Leithen und die Scharnitz sollen betroffen gewesen sein. Von dem Marterl ist überliefert, ein Kaufmann aus Innsbruck, Nikolaus Haller, habe es aus Dankbarkeit gestiftet: Als in Innsbruck die Pest wütete, sei er nach Leithen geflüchtet und habe die Seuche dort mit seiner Familie überlebt. Eine andere Quelle berichtet, der Kaufmann sei wegen seiner Geschäfte nach Hall gefahren und habe sich dort angesteckt. Voller Angst habe er gelobt, im Falle seiner Genesung einen Bildstock

PESTSÄULE

GESTIFTET VON NIKOLAUS HALLER, DER MIT SEINER FAMILIE VON INNSBRUCK NACH LEITHEN FLÜCHTETE UND SO VON DER SEUCHE VERSCHONT BLIEB. GEW. 6.10. 1637

zu stiften.[36] Dargestellt sind neben den Heiligen Georg, Martin, Rochus und Sebastian auf der Rückseite auch 13 Personen (sechs männliche, sieben weibliche), die unter einem Kreuz knien und beten. Da sie in vornehmer Kleidung gemalt sind, welche sie als Kaufmannsfamilie ausweist, handelt es sich vermutlich um die Familie des Stifters. Die Kirche von Reith selbst ist dem Pestheiligen Sebastian geweiht.

Das letzte Marterl auf Tiroler Seite liegt in der Scharnitz. Es entstand um 1700 und wird »Steinernes Bild« oder »Stundkapelle« genannt, da es sich genau eine Stunde Gehzeit zwischen der Scharnitz und Seefeld befindet. Der Kapellenbildstock soll an die überstandene Pest erinnern.[37] Laut mündlicher Überlieferung hatten die von Mittenwald nach Innsbruck kommenden Kaufleute hier ständig Probleme mit scheuenden Pferden, als ob sie jemand aufhalten wollte.

Altäre bzw. Darstellungen des Pestheiligen Sebastian finden sich in Mittenwald und in der 1730/34 erneuerten Pfarrkirche St. Martin in Partenkirchen. Noch zu Beginn des 19. Jahrhunderts bestand in Mittenwald eine Bruderschaft, die ihre Mitglieder unter den Schutz der Pestheiligen Rochus und Sebastian stellte.[38]

Pestmarterl in Leithen bei Reith, mit Stifterfamilie und Inschrift.

Viehseuchen

Auch Viehseuchen, vielfach als »Viech sterben« , »Viechfall« oder »üblen infectis«[39] bezeichnet waren für den Handel schädlich. Um welche Tierkrankheiten es sich genau handelte, ist heute nicht mehr festzustellen. Verbreitet war die Maul- und Klauenseuche, sehr gefürchtet der Blasenbrand, da ein infiziertes Tier in nur wenigen Stunden solche Schmerzen verspürte, daß es unfähig war, wieder aufzustehen und notgeschlachtet werden mußte.

Es gab einen nicht unbedeutenden Viehhandel. 1518 erließ Kaiser Maximilian in Innsbruck ein Dekret, in dem er neben Verordnungen über Lehens- und Erbrecht, Heirat, Totschlag und Gotteslästerung auch wirtschaftliche Regelungen traf. Auf die Ein- und Ausfuhr von Vieh standen Abgaben, *ein nuzung unnd einkommen an den confinen unnd grenzen,*[40] das sogenannte »Glaitgeld«. Der Kaiser war nur nach massiven Beschwerden zu bewegen, *die angezaigten glaitgeldt an allen orten gennzlichen abzuthun.*[41]

Die Maßnahmen zur Begrenzung von Viehseuchen waren den Verordnungen bei Pestgefahr ähnlich. 1680 beantragte ein Jenbacher Viehhändler und Metzger eine Fede, weil er aus dem Zillertal Vieh nach Bayern führen wollte.[42] Gesundheitspässe, wie sie für die Händler vorgeschrieben waren, waren auch für das Vieh erforderlich. Diese Pässe belegten, daß das Rind keine Krankheit hatte und auch nicht aus einer verseuchten Region kam. Als Ende des 18. Jahrhunderts in Tirol und Werdenfels eine Hornviehseuche wütete, mußten Werdenfelser Viehhändler, die ihre Tiere nach Tirol ausführen wollten, für ihr Vieh einen Hornviehpaß haben.[43] Zwischen 1729 und 1806 brach in Werdenfels mehrere Male eine Rinderseuche aus. Um der Krankheit Herr zu werden, wurden an den Grenzen zu Tirol Wachen aufgestellt, die die weitere Aus- bzw. Einfuhr von Tieren kontrollierten.[44] Im äußersten Notfall mußten sogar Viehmärkte abgesagt werden.

Auch bei Viehseuchen zog man in Erwägung, daß *Göttliches Verhängnis* schuld sein konnte,[45] erkannte jedoch, daß sie sich *von orth zu orth durch ansteckhung fortschleppten*. Deshalb wurden die Verordnungen speziell entlang der wichtigen Handelsrouten schnell umgesetzt und genau eingehalten. Brach eine Krankheit auf einer Alm aus, so wurde diese unter Quarantäne gestellt. Am Weg zur Alm wurden Wächter aufgestellt, die weder Menschen noch Tiere passieren ließen.[46] Im 19. Jahrhundert kamen vorbeugende Schutzimpfungen auf. War die Krankheit bereits ausgebrochen, versuchte man sie mit volksmedizinischen Arzneien zu bekämpfen. 1735 schickte Johann von Egger seinem Vater Caspar ein in *Freising mit Erlaubnis der Oberen* gedrucktes Rezept *wider den jetzt grasierenden Viech – Fall.*[47]

Man nehme Enzian Wurzen 12. Loth
Lackhen- oder gemeinen Knoblauch 8. Loth
Gutes reines Flinten- oder unpoliertes Pixen-Pulver 20. Loth
Gemeines Koch Salz ein halbes Pfund
Stark riechenden Kinruß ein viertel Pfund
Roches Spieß- Glas ein halb Pfund
Wacholder oder Krametbör 4. Bis 5. Handvoll.
Aus allen disen Stucken deren ein jedes absonderlich solle nit garzu fein gestossen werden, mache man Ein Pulver, mische es wohl untereinander und gebe dem kranck zu seyn scheinenden Viech 2. dem gesunden aber 1. Eß Löffel voll Morgens vor dem Auß- und Nachts nach dem Eintreiben entweder trocken oder, welches besser wäre, in einem aus gebrochenen Gersten und Grichisch Heu Saamen stark versottenen Tränkl ein; in Ermangelung des Griechisch Heu Saamens kann auch Linsen Saamen und Gersten gleichviel gesotten und also ein zur Ermilderung des verhärteten Lösers und Forttreibung des Speißsaffts tüchtigen Tränkl bereitet werden.

Eine Ansteckung versuchte man zu verhindern, indem man auch gesunden Tieren die Medizin gab. Üblicherweise wurde für die Heilung des Viehs auch gebetet (vor allem zu den Viehheiligen Leonhard und Silvester) oder eine Wallfahrt gelobt. Als Dank für die Errettung des Viehs wurden Votivgaben gespendet, die die Form des geheilten Tieres hatten oder dasselbe abbildeten.

Schlußbemerkungen

Der erwähnte Hippolytus Guarinoni beklagte in seiner Schrift von 1610 den frühen Tod vieler seiner Zeitgenossen. Nur wenige würden älter als 40 Jahre. Ursachen dafür sah er neben allzu großer Völlerei auch darin, daß *auff ebenen Ländern fast alle jahr die pestilenz* herrschte.[48] Der drohenden Seuchengefahr begegne der einfache Bürger am Besten damit, daß er *den allmächtigen Gott mit Gebet und anderen Werken versöhne, damit die drohende Straf des göttlichen Zorns wieder von hier abgewendet werde.*[49]

Trotz dieses Aberglaubens und des anfänglichen Unwissens über die Übertragung der Krankheit, waren die Maßnahmen, die bei einer Seuchengefahr ergriffen wurden, oftmals effizient. Im 17. und 18. Jahrhundert war man sich der Gefahr, die Menschen aus infizierten Orten zur Verbreitung der Seuche beitrugen, bereits bewußt. Erfuhr man vom Ausbruch der Pest in Norditalien oder Süddeutschland, waren die ersten Maßnahmen in Tirol und Werdenfels das Aufstellen von Wachen. Brach die Krankheit in einem Ort der eigenen Grafschaft aus, so wurde dieser schrittweise in Quarantäne gesetzt. Alle Maßnahmen waren aber dem Florieren des Handels untergeordnet, so daß es nicht selten zur Verlegung oder dem Neubau einer Straße kam.

Daß nach der Mitte des 18. Jahrhunderts gerade für den Bereich Partenkirchen – Zirl keine übergreifenden Seuchen mehr bekannt sind, hängt möglicherweise auch damit zusammen, daß sich die wirtschaftlichen Beziehungen zwischen Tirol und Werdenfels seit der neuerlichen Verlegung des Bozener Marktes 1679 zurückentwickelten. Der regionale Warenaustausch bestand zwar weiter, der internationale suchte sich jedoch zunehmend andere Routen. Erst im Jahre 1810, als Werdenfels im Zuge der bayerischen Neugliederung dem Tiroler Innkreis zugesprochen wurde, blühte die Straße kurz wieder auf. Zu diesem Zeitpunkt waren die Gefahren der Verbreitung von Krankheiten jedoch bereits eingedämmt.

Anmerkungen

[1] Vgl. STOLZ, OTTO: Geschichte des Zollwesens, Verkehrs und Handels in Tirol und Vorarlberg (=Schlern Schriften Nr. 108), Innsbruck 1953.
[2] FETTICH, THEOBALDUS: Ordnung und Regiment, wie man sich vor der scharpffen und giftigen Kranckheit der Pestilenz bewahren soll, München 1585, S. 5.
[3] TLMF, Biographie des Dr. J. von Lutzenberg, Sig. W 2009, S. 40.
[4] Vgl. Markt- und Pfarrarchiv Mittenwald (=Bayrische Archivinventare Heft 20) V/14.
[5] Sterbeleuffordnung bey einer hochlöblichen Regierung auffgericht worden; TLMF (Tiroler Landesmuseum Ferdinandeum), Sig: W 5618.
[6] Causa Domini (C.D.) 1563 – 1567, TLA (Tiroler Landesarchiv), S. 150.
[7] GUARINONI, HIPPOLYTUS: Die Grewel der Verwüstung Menschlichen Geschlechts, Ingolstatt 1610 (Nachdruck: Bozen 1993/94).
[8] Urkunde 1564, Stadtarchiv Hall, zit. nach: DEMETZ, KARIN: Die Pest in Tirol in den Jahren 1540 – 1580, Innsbruck 1987, S. 111.
[9] Vgl. die Lehre der Kontagonisten (Lehre der Ansteckung), etwa vertreten durch den Veroneser Arzt Fracastoro (1483 – 1553).
[10] TLA, C.D. 1543–1548, S. 225; vgl. Demetz 1987, S. 14.
[11] Vgl. PRANTL, NORBERT: Heimat Zirl (= Schlern Schrift Nr. 160), Innsbruck 1960, S. 99.
[12] Vgl. Kurbayern Äußeres Archiv, BHstA, Fasz. 444/39.
[13] DEMETZ 1987, S. 317.
[14] Vgl. TLA, Buch Tirol, 1540/46, S. 80.
[15] Vgl. TLA, Enbieten und Bevelch (E.u.B.) 1572, S. 420.
[16] TLA, Gemeine Missiven (Gem. Miss.) 1564, S. 1777.
[17] TLA, Gem. Miss, 1564, S. 1777.
[18] TLA, Gem. Miss. 1563, S. 1225.
[19] Vgl. TLA, Leopoldinum Lit D. Nr. 130, 1. Teil, Fasz 115 (Leop. Fasz. 115, 1611), zitiert nach: SCHRETTER, BERNHARD: Die Pest in Tirol 1611 – 1612. Innsbruck 1982, S. 316.
[20] TLMF: Auszüge aus dem Rathsprotocoll des Stadtmagistrates Innsbruck von 1527–1747, (28. November 1599), S. 494.
[21] Ebd. S. 494.
[22] Ebd. S. 494.
[23] Kurbayern Äußeres Archiv, BHstA 444 (1679 – 1685).
[24] Vgl. Bayrisches Hauptstaatsarchiv München, Bestand Generalregistratur, Gr. 308/19.
[25] fede, ital. Bescheinigung, Vertrauen; von lat. fides: Beglaubigung, Bestätigung; bulletta, ital. Schein, Passierschein.
[26] TLA, Leop. Fasz. 115, 13. November 1611.
[27] Zitiert nach SCHRETTER, BERNHARD: Die Pest in Tirol 1611 – 1612. Innsbruck 1982, S. 310.
[28] Vgl. SCHRETTER 1982, S. 311.

29 TLA, Gem. Miss. 1612, fol. 217 f. an Zollamtsleute von Zirl, 28. April 1612.
30 Vgl. PRANTL, S. 99.
31 ALPENBURG, GEORG RITTER VON: Mythen und Sagen Tirols. Innsbruck 1857, S. 346.
32 Bibernelle: Pimpinella saxifraga, auch Kranewittbeere oder Wacholderbeere.
33 Vgl. HANDWÖRTERBUCH DES DEUTSCHEN ABERGLAUBENS (HdA). Neben der Wirkung gegen die Pest sollte die Pflanze vor ungewollter Schwangerschaft schützen, man verwendete sie als Liebeszauber, oder als Tee gegen Halsweh.
34 Vgl. PRANTL 1960, S. 100.
35 RUNGG, JOSEF: Das Pestmarterl in Leithen. in: Tiroler Heimatblätter, 1928, Heft 3, S. 83.
36 SCHERMER, HANS: Reith bei Seefeld. Reith 1985, S. 71.
37 AUER, WERNER: Bildstöcke und Wegzeichen in Tirol, Innsbruck 1990, S. 97.
38 Vgl. Bayrisches Hauptstaatsarchiv München, Bestand Mittenwald, 202.
39 Vgl. TLA: Ältere Provinziale des Landschaftlichen Archivs zu Innsbruck, Nr. 515, Schuber 17.
40 TLA: Urkunde des Landschaftlichen Archivs zu Innsbruck (=Tiroler Geschichtsquellen Nr. 29), S. 96.
41 TLA: ebd. S. 96.
42 TLA: Ältere Grenzakten, Fasz. 32, Pos. 9.
43 Vgl. Bayr. Hauptstaatsarchiv München: Bestand Pfleggericht Werdenfels, 1–5.
44 Vgl. Bayrische Archivinventare, Heft 40: Markt- und Pfarrarchiv Mittenwald, S. 39.
45 Vgl. TLA: Ältere Provinziale des Landschaftlichen Archivs zu Innsbruck, Nr. 515, Schuber 17.
46 Vgl. SCHROFENSTEIN, HANS VON: Von Hirten, Herden und Viehkrankheiten vor 50 Jahren. in: Tiroler Heimatblätter, 1949, Heft 7/8, S. 141.
47 TLA: Ältere Provinziale des Landschaftlichen Archivs zu Innsbruck, Nr. 515, Schuber 17.
48 GUARINONI 1610, S. 436.
49 Vgl. ebd. S. 491.

Peter Schwarz

DER VERLAUF DER ROTTSTRASSE DURCH DIE GRAFSCHAFT WERDENFELS

Der mittelalterliche Handelsverkehr zwischen Venedig und den süddeutschen Reichsstädten Ulm, Augsburg und Nürnberg, verstärkt einsetzend ab dem 13. Jahrhundert, wurde auf zwei Straßen abgewickelt: Auf der »Oberen Straße« über Reschen- und Fernpaß, Reutte, Füssen nach Kempten und Ulm sowie auf der »Unteren Straße« über den Brenner, Seefeld, Mittenwald, Partenkirchen, Oberammergau nach Schongau und Augsburg. Die Obere Straße überquerte den Inn »oben« bei Landeck, die Untere Straße weiter »unten« bei Innsbruck. Beide Rott-Straßen gehen auf römische Heeresstraßen zurück.[1]

Der Verlauf der Rottstraße durch die Grafschaft Werdenfels soll anhand von zwei Aufzeichnungen aus dem 18. Jahrhundert beschrieben werden:

1. nach einem Bericht über den Zustand der Straße, den der fürstliche Rath, Land- und Amtsschreiber Johann Josef Anton Braun von Schongau aufgrund einer *Bereitung und Visitierung der alten Zoll- und Rottstrass von Schongau bis Mittenwald* vom 29. Oktober bis 1. November 1749 anfertigte. Dieser Besichtigungsritt, an dem der Schongauer Bürgermeister, Salz- und Rottfaktor Johann Chr. Semmer teilnahm, war von der Augsburger Kaufmannschaft angeregt worden, nachdem die Rottfuhrleute jahrelang über den schlechten Zustand der Straße geklagt hatten.[2]

2. nach einer, ebenfalls wegen des schlechten Straßenzustands entstandenen Karte der *uralten Augspurg Rott- und Landstrass ... in der hochfürstl. freysingischen Grafschafft Werdenfels, nemlich von Steinern Brückl über Partenkürch, Mittenwald und die Tyrollische Festung Scharnitz bis an das alldortige Landmarch*, im April 1764 vom Churfürstlichen Hofkammerrat, Ingenieurhauptmann und Geometer Castulus Riedl gezeichnet.[3]

Die Rottstraße von Ettal über den Kienberg herab traf in Au mit der (östlich der Loisach verlaufenden) Straße aus München zusammen und erreichte am Steinernen Brückl über den Ronetsbach die Werdenfelser Landesgrenze. *Dieses Stainern Brückl muß das Zollamt Mittenwald, die Straße von da bis zum sogenannten Plättele (bei Kaltenbrunn) der Markt Partenkürch underhalten.*

Die Rottstraße durchquerte Farchant nicht im Kirchdorf, sondern weiter östlich im Ortsteil Mühldörfl. Unter der heutigen »Partenkirchner Straße« zog die alte Straße von Farchant in gerader Linie weiter bis an die Loisach. *Über den Loisachfluß gehet die sogenannte Land-Brukken, so die Gärmischer alleinig unterhalten müssen.* Diese Bestimmung geht auf einen Spruchbrief vom Jahre 1455 zurück, der Bischof Johannes von Freising im Streit zwischen den Garmischern und Partenkirchnern fällte und womit Garmisch – obwohl abseits der Straße gelegen – ein Anteil

an der Rott zugesichert wurde.[4] In der gleichen Urkunde wird Garmisch als Hauptort der Grafschaft mit Sitz der Urkirche bezeichnet. Denkbar wäre, daß die ursprüngliche Rottstraße auf der Kramerseite (unterhalb der 1219 erbauten Burg Werdenfels) verlief und erst in der Gegend von Garmisch die Loisach überquerte, die Garmischer daher also einen Anspruch an der Rott besaßen. Als dann die Straße direkt von Farchant nach Partenkirchen verlegt wurde, kam es zu dem erwähnten Streit.

Doch zurück zur Straßenbeschreibung von 1749, als die Straße schon am Fuße des Wanks entlang führte. In der Gegend des heutigen Partenkirchner Friedhofs lag zur linken Hand der Werdenfelser Hochgerichtsplatz, in der Riedl-Karte als Galgen eingezeichnet. Hier verlief die Rottstraße anscheinend in einem tiefen, ausgefahrenen Hohlweg, da *in denen Hohlwegen das unmegliche Gestripp ausgehauen werden mueß,* das ablaufende Wasser auszuleiten sei und überhaupt *es verträglicher sein würd, wann die Straß neben der Tiefe über einige Feldgründe ganz neu gezogen würd.*

Hohlwege werden an vielen Stellen der Rottstraße erwähnt. Die damaligen Handelsstraßen besaßen keine Deckschicht, so daß die schweren Fuhrwägen bei Nässe und weichem Untergrund tiefe Spuren hinterließen. Zur Ausbesserung wurde die zerfahrene Oberschicht der Straße abgetragen, bis wieder fester Grund anstand. So bildeten sich im Laufe der Zeit immer tiefere Hohlwege.

In Partenkirchen durchquerte die Handelsstraße den Unter- und Obermarkt (die heutige Ludwigstraße). Hier befand sich wie in allen Rottstationen ein Ballenhaus zur Niederlage der Waren sowie eine Waage zur Feststellung des Ladegutgewichts.

Der Hohlweg zwischen Kaltenbrunn und Plattele vor Gerold ist vermutlich ein Teil der Rottstraße.

Gsteigkapelle am Ortsausgang von Partenkirchen.

Auch hier in Partenkirchen dürfte sich der ursprüngliche Verlauf der Rottstraße geändert haben. Dafür spricht unter anderem der Standort des im 15. Jahrhundert errichteten Fuggerhauses (in der heutigen Ortsstraße mit der Bezeichnung »Römerstraße«. Da die Augsburger Handelsfirmen ihre Partenkirchner Niederlage kaum abseits der Straße erbaut haben dürften, muß um diese Zeit die Handelsstraße über das Hasental geführt haben.[5]

Die Rottstraße des 18. Jahrhunderts nahm jedoch ihren Weg in Richtung Mittenwald über das »Gsteig«. Am Ostausgang von Partenkirchen, am Beginn der Steigung, liegt die um 1570 erbaute Gsteigkapelle (Mariahilf-Kapelle).[6] Sie war die Kapelle der Fuhrleute, die hier zu kurzer Andacht einkehrten, bevor sie sich auf den gefährlichen Weg machten: *Von Parttenkürch bis Kaltenbrunn ist wohl der schlechtigste Berg zu ersehen gewesen, der denen Fuhrleuten die allermehrsten Beschwerden macht* berichtete die Schongauer Kommission. Die Straße verlief bis auf die Höhe von Höfle (Schlattan) fast durchgehend als steiler, nasser Hohlweg. Bei Höfle führte eine Holzbrücke über den oberen »Ele-Graben«. Von hier senkte sich die alte Straße zur heutigen Bundesstraße 2 hinab, unterhalb der sich einige Meter einer alten Stützmauer erhalten haben. In einem Hohlweg, der jetzt als Radlweg benützt wird, wurde Kaltenbrunn erreicht.

Noch schlechter als am Gsteig war der Straßenzustand von Kaltenbrunn bis zum Plattele, so daß man, nach Meinung des Schongauer Raths, glauben müsse, »in der obern Hölle« zu sein. Hier helfe nur die Herstellung eines ganz neuen Weges außerhalb des tiefen Hohlweges, damit auch schwere Güterwägen diese Strecke ungehindert passieren könnten. Das Plattele ist *ein Eck von Felsen und ein solch kurzer Rieb allda, daß ein Fuhrmann in größter Sorge stehen muß, ob er nicht durch einen (Um)Wurf mit dem Wagen verunglücken werde oder durch Ruinierung von Pferd und Wagen ohne Hilf auf der Strass verbleiben müsse.* Die Schongauer Kommission empfahl, von dem »fainblattigen Felsen« (daher der Name »Plattele«) soviel als möglich abzusprengen und damit die Kurve zu verbreitern. Für die Engstelle am Plattele waren übrigens die Partenkirchner und Mittenwalder gemeinsam zuständig, während vom Plattele bis zur Landesgrenze die Mittenwalder alleine für den Straßenbau aufkommen mußten.

Im Hohlweg verlief die Rottstraße weiter bis zum

Alte Rottstraße bei Gerold.

Weiler Gerold. Der östlich vom Ort gelegene Gerolder See heißt auf älteren Karten »Wagenbrech-See«. Übereinstimmend damit lautet der Bericht von 1749: *Bei den sogenannten Widenwang (zwischen Gerold und Klais) ist die Strass so schlecht, daß man mit schwären Wägen kaum fortkommen kann.* In der als »Widenwang« bezeichneten Talmulde zwischen Gerold und Klais lag übrigens ein zweiter See, auf der Riedl-Karte als »Wiedenanger Weyer« eingezeichnet, später zu »Weigmannsee« verstümmelt.[7]

In Klais wurde gegen Ende des 17. Jahrhunderts eine weitere Straßenkapelle errichtet. Auch hier begann, wie nach Partenkirchen, eine für den Rottverkehr besonders gefährliche Strecke.

Das zwischen dem Quicken und dem Kranzbach nach Süden fortführende Straßenstück bezeichnete der Bericht von 1749 als »Gwiggenhölle«. Hier war durch lange Benützung (vielleicht auch künstlich) eine sogenannte »Geleisestraße« entstanden. Die Fahrrillen im Fels im Abstand von 1,10 m entstanden in römischer Zeit sowie durch den mittelalterlich-neuzeitlichen Rottwagenverkehr. Erst im Zuge umfassender Bauarbeiten an der Handelsstraße im Jahre 1765 wurde die Engstelle bei Klais durch Straßenverlegung umgangen (heutige Staatsstraße Klais-Mittenwald).[8]

Südlich des Quickens beim sogenannten »Stich« verlief die Rott(Römer)straße über zwei Hohlwege nach Osten bis zur Staatsstraße. Im weiteren Verlauf nach Süden ist sie als Hohlweg im Gelände

Vermutliche Trasse der Römerstraße in Klais vor dem Bau des Bahndammes. Die Rottstraße nahm einen anderen Verlauf, Fotografie 1908.

unterhalb der heutigen Straße zu erkennen. Während die römische Straße vor der Schmalenseehöhe nach Osten in Richtung Buckelwiesen abbog, behielt die Rottstraße ihre Richtung nach Süden, führte nach der Schmalenseehöhe als steiler Abfall zum Schmalensee hinunter, umrundete westlich den See und senkte sich als Wald- und Hangweg über das »Alte Gsteig« ins Isartal hinab. Der heutige Abstieg der Staatsstraße wurde erst 1890 aus dem Fels gesprengt.

In der Ebene stand früher eine alte, mächtige Linde, bei der auch die Poststraße über den Kesselberg einmündete. Kurz vor dem Markt Mittenwald teilte sich die Straße: Eine Abzweigung führte in den Untermarkt, eine zweite über die heutige Ballenhausgasse (Judengasse) in den Obermarkt. In Mittenwald befand sich die zweite Werdenfelser Handelsniederlage mit Ballenhaus und Waage.

Südlich des Marktes, bei der Obermühle, überquerte die Rottstraße die Isar zum ersten Mal. Unmittelbar danach erhielt sich bis Anfang der 50er Jahre ein Stück des Hohlwegs, in dem 1947 eine Augsburger Zweipfennig-Münze aus dem Jahre 1637 gefunden wurde. Bis zur Landesgrenze nach Tirol blieb die Straße auf der Ostseite des Flusses, durchlief das Scharnitzer Festungsbauwerk und führte im Dorf Scharnitz über die zweite Isarbrücke.

Vermutete Trasse sowohl der Römerstraße als auch der Rottstraße zwischen Klais und Schmalenseehöhe, Fotografie 1908.

Anmerkungen:

1. KLINNER, HELMUT: Vom Saumpfad zur Rottstraße. In: »Bozener Märkte« in Mittenwald 1487–1679. Hrsg. Marktgemeinde Mittenwald. Mittenwald 1987, S.15–24.
2. BayHStA KL Fasz. 210/51. Der Verfasser dankt Herrn Dr. Heinz Schelle, Oberau, für den freundlichen Hinweis. Alle Zitate in »Anführungszeichen« sind diesem Schriftstück entnommen.
3. BayHStA Plansamml. 7277/7278. Die Karte existiert in zwei Ausfertigungen, einer geometrischen Aufnahme und einem schön gezeichneten Endprodukt (vgl. den Beitrag von ANDREA HEINZELLER).
4. PRECHTL, JOHANN BAPTIST: Chronik der Grafschaft Werdenfels. Garmisch 1931, S.153–157.
5. WIEDENMANN, ANTON: Unsere Rottstraße. Partenkirchen ca. 1935, S.2–3.
6. ROCK, EDUARD: Werdenfelser Land in früherer Zeit. Partenkirchen 1938, S.122–123.
7. HOLZNER, HANS: Nur mehr der Name verkündet von ihnen... s'Goldene Landl, Beilage zum Garmisch-Partenkirchener Tagblatt, Garmisch-Partenkirchen 1957/1, S. 1–2.
8. BULLE, HEINRICH: Geleisestraße des Altertums. In: Sitzungsberichte der Bayer. Akademie der Wissenschaften, Phil.-historische Klasse. München 1947 (1948) 2, S.105–110.

Dieser Aufsatz ist eine leicht überarbeitete Fassung des gleichnamigen Beitrages in: JOSEF OSTLER, MICHAEL HENKER, SUSANNE BÄUMLER (Hrsg.): Grafschaft Werdenfels 1294–1802, Garmisch Partenkirchen 1994, S. 84–87.

Renate Erhart, Claudia Gombocz,
Doris Hillebrandt

VON DER PORTA CLAUDIA ZUR EDI-LINSER-KURVE

Von Scharnitz nach Leithen

Die Verbindung zwischen Mittenwald und Innsbruck führt auf engen Straßen durch das Karwendelgebirge. Ein regelmäßiger Handelsverkehr auf dieser Strecke, von Scharnitz über Seefeld, Reith, Leithen und den Zirlerberg nach Zirl, begann sich ab dem 11. Jahrhundert zu entwickeln. Eine Hochblüte erlebte die Strecke seit Herzog Sigismund dem Münzreichen, als der Bozner Markt nach Mittenwald verlegt wurde (1487–1679).

Der deutsch-österreichische Grenzort Scharnitz liegt in einer Talenge am Oberlauf der Isar. Am Westhang sind die spärlichen Reste der Porta Claudia zu sehen, einer Festung, die als Talsperre diente. Sie wurde von der damaligen Landesfürstin Claudia Medici erbaut und nach ihr benannt. Das Bollwerk wurde 1805 von den Franzosen erobert und zerstört.[1]

*Die Grenzfestung Scharnitz mit Porta Claudia vor der Zerstörung durch die Franzosen,
kolorierter Kupferstich um 1790.*

Die damaligen Verkehrswege lagen abgeschieden und einsam. Noch heute verläuft die Straße vorwiegend durch Waldgebiet. *So sah Seefeld im 13. Jahrhundert aus: Wald, Wald und wieder Wald, Moor an Moor, mitten drinnen das Kirchlein mit der Herberge und im Burgfrieden von Schloßberg wohl auch einige zinspflichtige Gehöfte.*[2] 1384 hatte sich in diesem Kirchlein die Wundergeschichte des Oswald Milser von Klamm, dem Herrn der Feste Schloßberg nordöstlich von Seefeld, ereignet. Dieser sank nach einem Hostienfrevel bis zu den Knien in den Kirchenboden ein. Dieses Ereignis brachte Seefeld einen wirtschaftlichen Aufschwung: Zur Beherbergung der Pilger wurde eine Gasthauskonzession erlassen, und in den Jahren zwischen 1423 und 1465 erbaute man eine größere Pfarrkirche. Nach 1600 stand in Seefeld auch ein Ballhaus für die Kaufmannsgüter, die zwischen Mittenwald und Zirl transportiert wurden. An die Feste des Oswald Milser, von der bis zum Ende des 19. Jahrhunderts noch Mauerreste zu sehen waren,[3] erinnert heute nur noch die Flurbezeichnung Schloßberg. Seit Mai 1999 steht an dieser Anhöhe neben der Straße allerdings eine neue Burg: Sie heißt »Play Castle«, ist ein moderner Sport- und Erlebnispark und ganz aus Plastik.

1516 wurde im Anschluß an die Kirche ein Kloster gegründet, in das 1604 Brüder des Augustiner-Ordens einzogen. 1785 fand Kaiser Josef II. dieses Kloster (wie auch andere) entbehrlich, die dortige Bierbrauerei aber blieb erhalten. Bis zum touristischen Aufschwung Seefelds seit Beginn des 20. Jahrhunderts blieben die Wallfahrtskirche Sankt Oswald und das »Klosterbräu« die Hauptanziehungspunkte des Ortes. Der alte Weg führte weiter hinunter ins Auland und hinauf nach Reith, das von der heutigen Bundesstraße umfahren wird. Hier wurde ein unbeschrifteter römischer Meilenstein gefunden, und die Forschungs-

Die Ortschaft Reith mit ursprünglichem Straßenverlauf, Gemälde von Albert Neger. Ansichtskarte aus den 1930er Jahren.

ergebnisse deuten darauf hin, daß die römische Straße mit geringen Abweichungen entlang der heutigen Ortsdurchfahrt verlief.

Weiter führt der Weg nach Leithen, wo ebenfalls ein unbeschrifteter Meilenstein gefunden wurde. Bemerkenswert sind die bemalten Häuser, deren Fassaden unter anderem den Heiligen Christophorus – den Patron der Reisenden – zeigen. Ein Pestmarterl aus dem 17. Jahrhundert, das früher an der Straße stand, mußte aus konservatorischen Gründen um einige Meter versetzt werden.

»Leiten an der Mittenwaldbahn«, Postkarte um 1910.

Der Zirlerberg

Bald darauf beginnt der Abstieg vom Seefelder Sattel über den Zirlerberg hinunter ins Inntal, wo das Kastell Teriolis (Zirl) beim Martinsbühel die Fährstelle über den Inn und die Straße weiter zum Kastell Veldidena (Wilten) bei Innsbruck beherrscht. Die Bergstraße hat einen Höhenunterschied von etwa 350 Metern zu überwinden. Ihr Beginn ist durch eine Absetzkapelle markiert. Hier endeten die Spanndienste der Zirler Fuhrleute. Die alte Kapelle fiel 1958 dem Straßenausbau zum Opfer, dafür wurde in nächster Nähe ein moderner Ersatz errichtet.
Der Zirlerberg ist in mehrfacher Hinsicht eine Schlüsselstelle der Strecke. Für den Verlauf, den die römische Straße an dieser Stelle nahm, gibt es mehrere Möglichkeiten, da die Funde nur geringen Aufschluß geben. Eine endgültige Klärung ist aufgrund des mehrfachen Ausbaus der Straße eher unwahrscheinlich. Die naheliegendste Wegführung weicht am wenigsten von der heutigen Straße ab. Die alten Wege blieben bestehen, bis Erzherzog Sigismund der Münzreiche (1439–1490) mehrere Straßenprojekte in Tirol durchführte, darunter 1466 die Stra-

ße bei Seefeld und am Zirlerberg. Die Kehren konnten für den Fuhrwerksverkehr in einem engen Winkel gehalten werden, allerdings wurden breite Plattformen angelegt. Erst für den motorisierten Verkehr wurde ein größerer Kurvenradius nötig.[4]

Der Fuhrbetrieb war eine sehr gute Einnahmequelle für die Zirler. *Die schweren Fuhrwerke kamen nur vier- und sechsspännig über den Zirlerberg hinauf.*[5] Bei der Absetzkapelle wurden die Waren dann, der Rottordnung entsprechend, von den nächsten Frächtern übernommen. Erst 1966 verstarb der letzte Vorspannfuhrwerker von Zirl, Anton Plattner, im Alter von 92 Jahren.[6]

Der regelmäßige Postverkehr von Zirl über Seefeld nach Mittenwald wurde erst 1791 eingerichtet, als die Poststation vom nahen Dirschenbach nach Zirl verlegt wurde.[7] Die Fahrtdauer von Innsbruck nach Mittenwald betrug knapp sechs Stunden. Als die Route über Kufstein Mitte des 19. Jahrhunderts an Bedeutung gewann, fuhr die Post nur noch drei- bis viermal die Woche.

Die Straße des großen Fluches

Wie auch auf der Werdenfelser Seite[8] wurde über den Zustand der Straßen geklagt. Nicht zuletzt empfahlen die Beamten öfters, *die Straßen zu verbessern, damit das Fluchen und Gotteslästern der Fuhrleute nachlasse.*[9] Auch andere Probleme, die bezüglich eines Straßenprojektes von Zirl bis Seefeld im Jahre 1807 dem *Koenigl. Bajerischen General Landes-Comihsariat als Provincial-Etats-Curatel* vorgetragen wurden, blieben bis Mitte des 20. Jahrhunderts nahezu unverändert bestehen:

Unterthänigster Vorschlag die Strasse von Zirl bis Seefeld betrefend. Die unverhältnismässige, den Fuhrwagen und gerade den so schweren Lastwagen, die diese Strasse befahren, äußerst nachtheilige Steigung, die in manchen Fällen sich bis auf 14 Zoll auf einen Klafter beläuft, macht eine verbesserte Directions-Linie derselben umso nothwendiger, als dieselbe gegenwärtig wegen der ungleich stärkeren Paßage nach München und Augsburg vorzüglich Rücksicht verdient. ...

Es wird ausgeführt, daß der Weg von Zirl nach Seefeld einen großen Höhenunterschied überwinden müsse, woran nichts zu ändern sei. Die einzig mögliche Verbesserung sei daher eine Verlängerung der Straße, um das Gefälle zu verringern.[10] Im Verlauf der kommenden Jahrzehnte (1820 bis 1850) konnte zwar kein völlig neuer Straßenzug, aber wenigstens eine Verbesserung der Straße erreicht werden. 1835 wurde die »Verlängerung« der Straße durch den Ausbau der Haarnadelkurve durchgesetzt und ihre verrufene Steilheit dadurch etwas gemäßigt.[11]

Mühsam war die Auffahrt mit noch wenig Pferdestärken auf den Zirler Berg, Fotografie 1903.

Die Bedeutung der Scharnitzer Straße nach Zirl für den Güterverkehr nahm mit dem Bau der Mittenwaldbahn 1912 ab, mit dem Aufkommen der Automobile begann jedoch ein neues Straßenzeitalter. Daß die Bewältigung des Zirlerberges bis in jüngste Zeit eine Herausforderung war, und zwar nicht nur als Test- und Rennstrecke für den Motorsport, läßt sich einem Zeitungsbericht aus dem Jahre 1953 entnehmen:

Die ›Straße des großen Fluches‹ ...(ist) von zahlreichen Rinnsalen durchfurcht, steinig und holprig windet sie sich zwischen Felsen einen steilen Berg hinan. Es ist die Bundesstraße über den Zirlerberg, traurig berühmt von Hamburg bis Neapel... Die Flüche, die sie Kraftfahrern aus allen Weltgegenden schon entlockt hat, entsprächen, gesammelt, wohl einer Höllenstrafe, so lang wie die Geschichte der Straße.[12]

Schon 1939 hatte man Verbesserungen durchgeführt, und einige Jahre zuvor die Zirler Ortsdurchfahrt geteert, aber am Berg war ein etwa zwei Kilometer langes Mittelstück ungepflastert geblieben. Offenbar schien der Schotterboden noch immer das beste Mittel, die Rutschgefahr zu verringern. Das Ergebnis waren tiefe Fahrrinnen, in denen der Regen die Straße hinablief.

Etwa 150 Jahre nach dem Verbesserungsvorschlag von 1807 wurde wieder oder noch immer über eine neue Wegführung diskutiert. Letztlich blieb es bei einem Ausbau der vorhandenen Strecke. 1954 wurde die Straße verbreitert und die Anlage der Haarnadelkurve (Edi-Linser-

Kurve) verbessert. Durch Sprengungen, Absenken und Auffüllen der Straße konnten die fast 19 % Steigung am sogenannten Plattl und die bis zu 24 % Steigung der Straßeninnenränder in den oberen Kehren auf 15 % Steigung reduziert werden. Zudem wurde zur »Staubfreimachung« ein besonders rauher Straßenbelag angelegt. In den Jahren 1972 bis 1975 folgte noch die Nordumfahrung der Ortschaft Zirl. Den Abschluß der Verbesserungsarbeiten bildete der Ausbau der Bremswege in den 80er Jahren.

Otto Mathé mit dem futuristisch anmutenden »Berlin-Rom-Porsche«, dem Ahnherrn des 356 am Zirlerberg, etwa 1949/50.

Das Zirler Bergrennen

Bald nach der Erfindung der ersten Automobile starteten die ersten Rennen am Zirlerberg. Welches Fahrzeug hatte das beste Chassis, den leistungsstärksten Motor und wurde vom besten Fahrer gelenkt?[13] Verlangte man den Rennwagen schon auf ebener Strecke viel ab, so zeigte sich besonders bei Bergstrecken, wessen fahrbarer Untersatz wirklich belastbar war. Neben dem bekannten Kesselbergrennen ist auch das Zirler Bergrennen noch vielen Leuten im Gedächtnis. Berühmte Tiroler Namen wie Edi Linser und Otto Mathé sind damit verknüpft. Es waren internationale Rennen, deren Bedeutung man auch daraus ersehen kann, daß mit heutigen Formel-Eins-Größen vergleichbare Fahrer wie der mehrfache Sieger Hans Stuck daran teilnahmen.

Der Zirlerberg war erstmals im Jahr 1906 Teil der »Herkomerfahrt«, die ihn als Etappe zwischen Innsbruck und München bewältigen mußte. Am 14. Juni 1914 organisierte dann der Automobilclub von Tirol und Vorarlberg die ersten Rennen am Zirlerberg.[14] Gestartet wurde in der heutigen Ortsmitte von Zirl. Die 5,2 km bis hinauf nach Reith waren über den Zirlerberg mit zwei Durchgängen zu bewältigen.

Der Erste Weltkrieg brachte eine Zwangspause im Tiroler Rennsport. Erst am 12. Oktober 1924 erfolgte eine Neuauflage des Zirler Bergrennens, das bis 1930

Otto Mathé am Zirleberg in der zukünftigen Edi-Linser-Kurve, 1927.

jährlich wiederholt wurde. Teilnehmende Klassen waren Motorräder, Beiwagenmaschinen, Tourenwagen, Sportwagen und Rennwagen. Der Bergkönig und Grand-Prix-Rennfahrer Edi Linser, nach dem die Haarnadelkurve auf den Zirlerberg benannt wurde, gewann von 1924 bis 1927 gleich viermal hintereinander in seiner Klasse (Motorräder) auf seiner Sunbeam 500 und sicherte sich auch jeweils die absolute Bestzeit vor den Automobilen.[15] Am 5. Oktober 1930 sahen 40.000 Zuschauer ein Rennen mit einer Rekordbeteiligung von 56 Solomotorrädern, 17 Gespannen und 56 Automobilen. Rudolf Runtsch auf einer 500er Douglas fuhr Rundenrekord mit 93 km/h vor Hans Stuck auf Austro Daimler.

Die durch den Börsenkrach 1929 ausgelöste Weltwirtschaftskrise brachte den Tiroler Motorsport nach 1930 praktisch zum Erliegen. Somit war auch die Zeit der Rennen am Zirlerberg beendet. Nach dem Zweiten Weltkrieg war die Strecke über den Zirlerberg nur noch Bestandteil und Höhepunkt von Rallyes, wie zum Beispiel der Rallye du Tyrol, die von den damaligen französischen Besatzern unterstützt wurde. Einer der Teilnehmer war der bekannte Tiroler Konstrukteur und Rennfahrer Otto Mathé,[16] der in dieser Zeit den legendären Berlin-Rom-Wagen (den Ur-Porsche) pilotierte. Mathé hatte schon in den 1920er Jahren am Zirlerberg Rennen gefahren – damals allerdings mit dem Rennrad. Später fuhr er Motorradrennen, hatte jedoch einen schweren Unfall, bei dem sein rechter Arm gelähmt wurde. Wegen und trotz dieser Behinderung stieg er auf Autorennen um und hatte in den

50er Jahren mit Porsche und dem *Fetzenflieger,* einem Eigenbau, sehr viel Erfolg.

Erst in jüngeren Jahren wurden wieder Rennen über den Zirlerberg gefahren. Nun waren es Oldtimer-Rennen mit historischen Fahrzeugen. Otto Mathé zum Beispiel fuhr dort 1981 wieder einmal seinen berühmten Fetzenflieger.

Das Rasthaus Zirlerberg[17]

Das Rasthaus Zirlerberg in der Edi-Linser-Kurve war über Jahrzehnte ein Begriff für Reisende, die die Scharnitzer Straße nach Zirl benützten.

Der Ursprung dieser Raststätte war ein ›Marktstandl‹ der Familie Albert Kuen, das zu Beginn der 50er Jahre Obst, Schokolade, den berühmten ›Stroh-Rum‹ und kanisterweise Wasser für die kochenden Kühler der Autos verkaufte. Die Straße über den Zirlerberg hatte damals noch keinen Asphaltbelag, und der Fremdenverkehr begann erst langsam aufzublühen. Aufgrund des steigenden Gästestroms wurde dann ein größerer Kiosk gebaut. Das Warenangebot wurde erweitert, die Öffnungszeiten blieben jedoch auf die Sommermonate beschränkt.

Ende der 50er Jahre wurde der bekannte Innsbrucker Architekt Hans Rauth mit der Planung eines Rasthauses für den Ganzjahresbetrieb

betraut. Die Straße über den Zirlerberg war zu diesem Zeitpunkt ausgebaut und immer mehr Busreisende frequentierten diese Strecke. Der für die damalige Zeit ob seiner Architektur außergewöhnliche Bau hatte weder Wasserversorgung noch Kanal- und Stromanschluß. Das Wasser wurde täglich von einem Bauern aus Zirl angeliefert. Später übernahm die Straßenverwaltung die kostenfreie Wasserversorgung (Tankanlieferung) – als Gegenleistung für die Benützung der Toilettenanlagen des Rasthauses.[18] Für den Strom sorgte ein Dieselaggregat. Der Anschluß an das öffentliche Stromnetz erfolgte erst 1964, Wasser- und Kanalanschlüsse existieren bis heute nicht. Der Versuch der Betreiber, das Wasserproblem in Eigeninitiative zu lösen, scheiterte nach einigen Versuchen. Man engagierte einen Wünschelrutengänger, der unterhalb des Parkplatzes eine Wasserquelle ortete. Unter großen Mühen und Kosten wurde ein Stollen gegraben. Bei einer der letzten Sprengungen wurde die Quelle (so vorhanden) verschüttet und man hatte wiederum kein Wasser. Der Stollen wurde anschließend als Getränke-, Gemüse- und Kartoffelkeller verwendet, wofür er ausgezeichnet geeignet war. Erst im Zuge des Baues der ›Bremswege‹ wurde der Stollen zugeschüttet.

Durch den großen Gästezustrom wurde das Rasthaus,[19] das nur Platz für circa 50 Personen hatte, schnell zu klein. Anfang der 60er Jahre wurde es ausgebaut und erhielt seine jetzige Gestalt. Während der Saison machten dort im Schnitt 50 Busse pro Tag einen Zwischenstopp.[20] Bezahlt werden konnte in 10 Währungen. Beispiel: Englische Busreisende, die aus dem Italienurlaub zurückkamen, bezahlten einen Teil der in Schilling ausgestellten Rechnung mit den vom Urlaub verbliebenen Lire, den Rest in englischen Pfund. Herausgegeben wurde in DM, damit bei der nächsten Rast in Deutschland bezahlt werden konnte. Ein Service, der heute unvorstellbar wäre.

Beschäftigt waren zu dieser Zeit nur 10 Personen, was bedeutete, daß diese die gesamte Saison, ohne auch nur einen freien Tag, durcharbeiten mußten. Wie Frau Sailer, die 22 Jahre lang als Kellnerin in dem Betrieb arbeitete, jedoch erklärte, war der Zusammenhalt innerhalb der Belegschaft so groß, daß die viele Arbeit und die kaum vorhandene Freizeit nicht als negativ empfunden wurden – wenn man bedenkt, daß das Rasthaus im Sommer bereits um 5 Uhr morgens für Frühstücksgäste geöffnet wurde, war die Arbeitsleistung des Personals enorm. Der Betrieb war ganzjährig geöffnet und nur zu Weihnachten und Silvester geschlossen.

Der Tod der Wirtin 1979 und die Abnahme des Bustourismus führten dazu, daß immer weniger Gäste kamen. Auch wählten immer mehr Busunternehmer andere Routen, da der Zirlerberg wegen seiner häufigen Unfälle gemieden wurde. Anfang der 80er Jahre wurde das Rast-

Cafe Restaurant Zirlerbergstrasse, um 1960.

haus verkauft; auch unter dem neuen Eigentümer und seinen Pächtern erlebte es aber keine ›Auferstehung‹ mehr.

1999 ging das Zirler Rasthaus wieder auf neue Eigentümer über, die nunmehr eine Art Erlebnisgastronomie betreiben möchten. Serviceangebote für Biker und ein Kinderspielplatz mit einer 36 m langen Rutsche sind geplant. Das bestehende Gebäude, dessen Bausubstanz ausgezeichnet ist, bleibt erhalten, wird aber modernisiert und die Terrasse zum Teil in einen Wintergarten umgewandelt. Man ist bestrebt, mit diesem neuen Rasthaus nicht nur Touristen und den eiligen Gast anzusprechen, sondern auch dem heimischen Gast gehobene Gastronomie anzubieten. Eröffnet werden soll noch zur Sommersaison 2000.

Anmerkungen

[1] MITTERHOFER, RUDOLF: Von der Porta Claudia. In: Tiroler Heimatblätter 1926, Heft 7, S. 214.
[2] PÖLL, JOSEF: Seefeld in alter Zeit. In: Tiroler Heimatblätter 1934, Heft 9, S. 345.
[3] Ebd. S. 344.
[4] FEIST, LEO: Vom Saumpfad zur Autobahn, Innsbruck 1980, S. 271.
[5] FLÖSS, BENJAMIN: Zirl in Wort und Bild, Innsbruck 1983, S. 182.
[6] Tiroler Tageszeitung (TT) 1966, 208/4.
[7] PRANTL, NORBERT: Heimat Zirl, (= Schlern-Schriften 212), Innsbruck 1960, S. 285. Bis zu diesem Jahr wurde der Weg nach Telfs und über den Fernpaß bevorzugt.
[8] Vgl. den Beitrag von ANDREA HEINZELLER
[9] STOLZ, OTTO: Geschichte des Zollwesens, Verkehrs und Handels in Tirol und Vorarlberg, (= Schlern-Schriften 108), Innsbruck 1953, S. 186.
[10] Tiroler Landesarchiv, Baudirektionspläne C15.
[11] PRANTL 1960, S. 273/274.
[12] TT 153, 191/3.
[13] Das älteste Autorennen der Welt fand 1897 auf der Strecke von London nach Brighton statt.
[14] Ein ausführlicher und reich bebilderter Beitrag zur Geschichte des Rennens von Helmut Krackowizer findet sich in Austro Classic, 1 (2000) S. 32–35.
[15] Edi Linser verunglückte nicht etwa am Zirlerberg, wie die gängige Meinung lautet, sondern am 12. Mai 1929 in Niederösterreich, in Laab im Walde, während der Österreichischen Tourist-Trophy, wo er bei einem schweren Sturz einen Schädelbasisbruch erlitt.
[16] GEUTEBRÜCK, GABRIELE : Otto Mathé-Teufelskerl mit Herz. Bild- und Textdokumentation eines rasanten Lebens. Hall in Tirol 1998
[17] Für dieses Kapitel vielen Dank an Frau Windisch vom Wirtschaftsförderungsinstitut Innsbruck und Frau Annemarie Sailer aus Zirl
[18] Laut Österr. Straßenverkehrsordnung haben auch Straßenbenützer, die nichts im Rasthaus konsumieren, das Recht, die Toilettenanlagen eines Rasthauses zu benützen. Vor der Regelung mit der Wasserzufuhr durch die Straßenverwaltung war die Umgebung des Rasthauses mit einer »Freilufttoilette« zu vergleichen.
[19] Frau Anni Niederkircher, die Tochter von Albert Kuen, führte das Rasthaus bis zu ihrem Tod im Jahr1979.
[20] Hauptsaison war Oktober – die Busse, die aus München vom Oktoberfest kamen, blieben hier stehen, und die Busse, die aus Südtirol vom Törggelen kamen, blieben ebenfalls hier stehen. Die Effekte, wenn busswise »Besäuselte« eintreffen, kann man sich vorstellen.

Abbildungsnachweis

(Die Angaben beziehen sich auf die Seiten in diesem Buch.)

- 4 Ansicht von Partenkirchen, Aquarell, um 1880. Werdenfelser Museum, Partenkirchen.
- 9 Limesmuseum, Aalen.
- 11 Merkantil Museum, Bozen.
- 12 Josef Kofler, Innsbruck.
- 15 Limesmuseum, Aalen.
- 16 Helmut Krämer, Gröbenzell.
- 17 Bayerisches Landesamt für Denkmalpflege, München.
- 18 Römisches Museum, Augsburg.
- 19 Bayerische Staatsbibliothek, München.
- 20 Römisches Museum, Augsburg.
- 20 Österreichische Nationalbibliothek, Wien.
- 21 Deutsches Museum, München.
- 22 Freilichtmuseum Glentleiten, Großweil.
- 23 Erzdiözese München und Freising, Kunstreferat, Philipp Schönborn.
- 27 Verein für Kultur- und Heimatpflege, Kaltern.
- 29 Hauptstaatsarchiv München.
- 30/31 Hauptstaatsarchiv München.
- 32 Andreas Otto Weber, München.
- 33 Andreas Otto Weber, München.
- 34 Weinmuseum Kaltern.
- 37 Verein für Kultur- und Heimatpflege, Kaltern.
- 39 Andreas Otto Weber.
- 41 Andreas Otto Weber.
- 42 Andreas Otto Weber.
- 45 Erzdiözese München und Freising, Kunstreferat, Philipp Schönborn.
- 46 Werdenfelser Museum, Partenkirchen.
- 49 Ernst Höntze, Großweil.
- 51 Andreas Otto Weber.
- 55 Josef Ostler, Garmisch-Partenkirchen.
- 59 Leonhard Nöhmeier.
- 61 Staatsarchiv München.
- 69 Leonhard Nöhmeier.
- 69 Leonhard Nöhmeier.
- 70 Werbung / Leonhard Nöhmeier.
- 71 Registratur des Bauamts Garmisch-Partenkirchen.
- 74 Peter Schwarz, Grainau.
- 79 Historische Postkarte.
- 81 Werdenfelser Museum, Partenkirchen.
- 83 Erzdiözese München und Freising, Kunstreferat, Philipp Schönborn.
- 84 Werdenfelser Museum, Partenkirchen.
- 89 Bayerisches Hauptstaatsarchiv, München.
- 91 Deutsches Museum, München.
- 96 Heimat- und Krippenmuseum, Zirl.
- 97 Werdenfelser Stiche-Chronik, Adamverlag, Garmisch-Partenkirchen.
- 98 Fotostudio Baumann/ Schicht, Bad Reichenhall.
- 100 Wegmacher Museum, Wasserburg am Inn.
- 101 Marktarchiv Mittenwald.
- 103 Dr. Erika Groth-Schmachtenberger.
- 106 Archiv für Hausforschung des Instituts für Volkskunde der Bayerischen Akademie der Wissenschaften, München.
- 108 Deutsches Theatermuseum, München.
- 110 Bayerische Verwaltung der staatlichen Schlösser, Gärten und Seen, München.

111	Bayerische Verwaltung der staatlichen Schlösser, Gärten und Seen, München.
112	Bayerisches Hauptstaatsarchiv, München.
117	Ernst Höntze, Großweil.
121	Erzdiözese München und Freising, Kunstreferat, Philipp Schönborn.
122	Ernst Höntze, Großweil.
123	Ernst Höntze, Großweil.
125	Erzdiözese München und Freising, Kunstreferat, Philipp Schönborn.
129	Erzdiözese München und Freising, Kunstreferat, Philipp Schönborn.
131	Erzdiözese München und Freising, Kunstreferat, Philipp Schönborn.
134	Freilichtmuseum Glentleiten, Großweil.
137	Marktarchiv Garmisch-Partenkirchen.
139	Werdenfelser Museum, Partenkirchen.
141	Staatliche Graphische Sammlung, München.
143	Erzdiözese München und Freising, Kunstreferat, Philipp Schönborn.
156	Ernst Höntze, Großweil.
156	Ernst Höntze, Großweil.
159	Karl Berger, Innsbruck.
160	Ernst Höntze, Großweil.
161	Ernst Höntze, Großweil.
161	Ernst Höntze, Großweil.
168	Peter Schwarz, Grainau.
169	Peter Schwarz, Grainau.
170	Peter Schwarz, Grainau.
171	Verein "Bär und Lilie" e.V., Grainau.
172	Verein "Bär und Lilie" e.V., Grainau.
173	Werdenfelser Museum, Partenkirchen.
175	Wilhelm Heidegger, Reith.
177	Heimat- und Krippenmuseum, Zirl.
178	Josef Kofler, Innsbruck.
179	Josef Kofler, Innsbruck.
180	Heimat- und Krippenmuseum, Zirl.

Hinweis: In manchen Fällen war es der Redaktion nicht möglich, die Urhebersituation zuverlässig zu klären. Wir erklären uns deshalb ausdrücklich bereit, Ansprüche von nichtidentifizierten Bildautoren abzugelten.